JN275622

私説 観音経

高城産霊齋

叢文社

私説　観音経

高城産霊斎

序

ある外国人は日本の仏教のあり方を評して、総じて観音信仰であると喝破《かっぱ》したと言う。我々、日本人には観世音菩薩はそれほどに身近な存在であり続けている。

しかし、その観世音菩薩とはどんな存在なのか、その本当の正体とは何であるかについて殆ど知ることがない。

また、観音の本質論などは普通の人には縁がないものであると思われてきた場合もあったろう。

ただ、何となく、有り難い仏様、菩薩様として寺院等に参詣《さんけい》した機会に手を合わせてくるだけである。はたしてそれだけで納得してしまって良いのか。

日本だけではなく、世界の仏教圏の殆《ほとん》どの地域でいろいろな形式で広く信仰されている観世音菩薩なのだから簡単に一筋縄で行く訳《わけ》がない。

その解釈方法も時代、地域、集団によって実に多種多様、一つとして固定的なものはないとさえ考えられる。

ここにわたしのような者が観世音菩薩を解釈しようとして筆をとるような無謀な計画が発生する余地がある。

非常な冒険であることは知悉《ちしつ》しているが、多少とも照明の角度を変え、民族信仰的要素に囚《とら》われることなく私的解釈を試みたのが本稿である。

第一の手続きとして観世音菩薩を説いている代表的経典である妙法蓮華経観世音菩薩普《ふ》門品《もんぼん》第二十五を取り上げた。

大蔵経《だいぞうきょう》には観音を主体として説く経典《きょうてん》は多数あり、脇役《わきやく》的な扱いであればほとんど全ての経典に登場していると言って良いほどだ。

それらの経典を引っぱり出して、いちいち比較、吟味《ぎんみ》していたのではいつまでたっても終わらないし、私の手に余《あま》る。

その危険を避けるために基準経典と考えられる普門品に限ることにした。

解釈するに当たっては既存の宗派、教団にとらわれることがないように極力、注意したつもりである。

特殊な仏教用語を羅列《られつ》して読者を煙《けむ》に巻くようなことはしたくはないので、これらの使用は最低限に抑制したつもりだが、解釈の対象になっている経典がインドの生まれで、それの漢訳本だから日頃《ひごろ》は聞き慣れない言葉や文字が多少あるのは致し方ない。

本稿によって観音菩薩の外観がぼんやりとでも読者に伝われば目的は達する。

生れて初めて仏典を読んだという人でも簡単に理解出来るようにしたつもりで、書き方としては、まず最初に普門品の原文を適当な範囲で記載し、次にそれを現代文にして（意訳文）とした。

但し、この意訳部分には私なりに相当自由に書き込んだ所もある。

原漢文の読《よ》み下《くだ》し文を付けておいたが、読み下し方法はかなり統一性を書いた下手《へた》なものになってしまった。

さらに解説部分を加えて全体として成立させた。

過去や現在の事実関係についてもろくに資料を確認しないで、記憶のみによったので錯誤や錯覚も多いと思うので、後日書き直す必要にせまられるだろう。

平成も十年を過ぎた頃から世の中全体、もしくは世界と言うべきかも知れないが、動きが変になってきた。

以前からその兆候《ちょうこう》は十分過ぎる程にあったのだが、加速度的におかしくなったのは平成十年を境《さかい》にしてだと思っている。

何かと言えば情報化社会などと言う言葉がもてはやされ、各種の情報が周辺に溢《あふ》れ始め、その伝達手段が簡易化《かんいか》されるとともに、情報量の増加を招いた。

我々の周囲を見回せばよく分ることなのだが、情報の授受に関する機器がいかに多くなっていることか。

思いつくままに列挙してみても既に古典的位置にある新聞、書籍、雑誌、郵便などの印刷物。次にラジオ、テレビ、有線放送、ファクシミリ、電話、携帯電話、パソコン通信、インターネット、電子メール、それらの複合された方法など、数え上げればきりがない。

同時に我々の生活時間の中に占めるこれらの機器に対応する時間が長くなり、経済的な出費とともに笑って済《す》ませられる状況ではないことに気がつく。

一番に問題にしたいのはこれらの機器によって授受されている情報が本当に現在の我々に必要なのかどうかである。

つい数十年、いや人によっては数年前までは必要でなかった情報が必要と思えるような状況に、何者かによって誘導《ゆうどう》されているのではないだろうか。

人類の歴史が何年になるかは議論のあるところだが、どんな短い学説を採用してもここ数年の変化は人類史の中での異常点だ。

異常によって生れ始めているのは氾濫《はんらん》する情報洪水に流されて自分を見失う危険であり、他との表面的連系妄想《もうそう》であろう。簡単に言えば自分を確立するべき時間やエネルギーの多くを他の不必要、有害な情報の傍受《ぼうじゅ》に無駄遣《づか》いしている現実のことである。この事実は人間が人間らしく生活するには危険であり、全く無反省な状況に流されてしまえば、後悔することになるだろう。

しかし、周辺から全ての情報伝達手段を一掃《いっそう》して、たった一人で山の中に籠《こ》もりなさい、と言っている訳ではない。

不必要、有害な情報に接して無駄な行動をするのだったら、もっと有益な行動の可能性もあります、と提案しているだけなのだ。

その行動とは他からの情報排除《はいじょ》によって生れる時空間を自己の本質を考察するために使用することである。

自己中心的になって、内向《ないこう》の度合《どあ》いを増《ふ》やせ、と言うことではない。

むしろ自己の本質の考察は自然《しぜん》に他にも及び、その人の人間性をさらに豊かにする。過去にも多くの先人《せんじん》がこの問題に挑戦《ちょうせん》してきたことは洋の東西を問わず、思想史の片鱗《へんりん》をみるだけで十分である。

現在の我々を見る限《かぎ》り、先人たちの努力が本当に実《み》を結んだとはとても思えないが、その努力の跡《あと》をいろいろな方法でたどってみるのも大切だと思う。

世界遺産が話題になるが、物体としての世界遺産よりも思想としての世界遺産級のものは山ほどある。

その一つでさえ理解して見ろ、と言われても私には挑戦する勇気も時間も残されていない。しかし、従来から慣《な》れ親《した》しんだ自己観察の方法として人間の行為としての宗教に関係する書を読む習慣があった。

聖典《せいてん》、経典であっても有《あ》り難《がた》い書物とか、信仰対象とかの立場とは縁《えん》のない興味本位のものである。昔から宗教関係の事象を調べるのが好きで高校三年生の頃には既《すで》に当時、話題であった宗教団体の本部や本山は既成《きせい》、新興《しんこう》を問わず殆ど足を運んで実地調査をしていたほどだった。

日本に現存する宗教団体は便宜《べんぎ》的《てき》に神道《しんとう》系、キリスト教系、仏教系、諸教《しょきょう》系などと分けられている。

幼《おさな》いときから祖母に仏壇の仏具《ぶつぐ》磨《みが》きを教えられていた環境からであろうか、仏教系の団体とその教義に興味が集中していた時期があった。

その後、キリスト教系の学校に入ったことからキリスト教系の団体を、日本の古代史を学んでいるうちに神道系教団に、研究の対象が移《うつ》り変《か》わっていった。

そんな中でも仏教系として一括《いっかつ》されている教団の教義があまりにも違い、とても同じ教祖、釈尊に源を発するとはどうしても思えないようになった。

一時、流行したかに見える原始仏教に帰れとかの運動も中には詐欺《さぎ》まがいのものがあったりして、あきれ果てたのを思い出す。

学問としての仏教史を振り返ってみても研究課題だらけで実際、すぐには役に立ちそうもないし、その専門家になりたいとも思わなかった。

私の宗教に対する基本的態度は人間の心を写す鏡としての宗教であり、その時代や地域によって様々《さまざま》に展開された華々しくも、時には残酷《ざんこく》な宗教史ではないからである。簡単に言ってしまえば、いつも傍観者の立場に徹《てっ》したいのであり、今に至るも特定の教団に信者として在籍《ざいせき》した覚えはない。

人間には何らかの形で集団に帰属《きぞく》したいとの欲求があると聞く。

私の場合はそのような行動は取れなかった。いつも対象とする教団とかその信者の周辺を比較検討しながら人間の行動パターンを探し出していたような傾向がある。しかし、このようなパターンを繰り返しているうち自分の内面に何か変化が起きていることに気がついた。

それは人間の持っている最も基本的性質である宗教心の発露《はつろ》とでも称《しよう》すべきかも知れないが、その心の一部分が観音経の私なりの解釈を書かせたと思っている。

第一章……名前の不思議

（原文）爾時　無尽意菩薩　即従座起　偏袒右肩　合掌向仏　而作是言　世尊　観世音菩薩　以何因縁名観世音　仏告無尽意菩薩　善男子　若有無量百千万億衆生　受諸苦悩　聞是観世音菩薩　即時観其音声　皆得解脱

（意訳文）その時にアクシャヤ・マティと呼ばれる悟《さと》りを求める修行者は座《ざ》より立ち上がり、敬意を表する為に右肩を顕《あら》わすと、合掌して釈迦牟尼世尊《しゃかむにせそん》に向かうとこのように質問致しました。「釈迦牟尼世尊よ、尊者《そんじゃ》たる観世音菩薩はどのような理由によって観世音と言う御名前で呼ばれているのでしょうか」

釈迦牟尼世尊は無尽意《むじんに》菩薩の質問に次のように答えられました。「正しい道を志す者よ、もしここに数えきれない程に多数の人々がいて、その一人一人がいろいろな種類の苦しみ、悩《なや》みを受けているものとします。そしてこれらの人々が観世音菩薩の御名を聞き、または観世音菩薩の存在を認識したとしましょう。その上で一心に観世音菩薩の御名を称《とな》えるならば、観世音菩薩はその御名を称《とな》える声、苦悩《くのう》の訴えなどを感知して全く時をおくこと無くすぐにそれらの苦しみから人々を解放してくれます。

爾時（にじ）　その時、という意味であるが法華経全体の流れから言えば、前段の妙音《みようおん》菩薩品第二十四が終了した時点ということ。古来からよく知られている通り、法華経《ほっけきよう》は大乗経典の中でも演劇的要素、物語性がきわめて高く、特異《とくい》とも称すべき構造を備えている。従って、もし法華経全体を解説するのであれば、大乗経典の中の法華経の位置、法華経内の普門品の位置、経典成立の歴史的背景や過去、現在の諸学説までを含めて解説していかなければならない。しかし、本稿の目的は仏教学的な意味の観世音菩薩普門品の解説ではなく、飽《あ》くまでも観音経を現代に生活する我々自身の為に役立たせるための必要知識を身につけることにある。それ故にあまりに専門的になる解説はなるべく避《さ》けて、観音経の実体を浮《う》き彫《ぼ》りにするために周辺の事項《じこう》に注意して、私自身の実体験や実生活に即した観点から観音経を読み取って行くことに主眼《しゆがん》をおきたい。私なりにきわめて身勝手、わがまま、思いつく通りに解釈して行くつもりである。勿論《もちろん》、この様な態度に関してはいろいろな批判が起るであろうことは十分に承知の上ではあるが、現在の私の力で、精一杯に努力して解釈した観音経という点が本稿の最大の目標だから、このような非難、批判は一時棚上《たなあ》げにして読み進んで頂《いただ》きたい。さて、本質的な受け取り方で爾時《にじ》という文字に含まれている概念《がいねん》は単に時期、時間を特定するだけではない。読む方から考えれば、我々一人一人が観音経という経典を開いて、何が書いてあるのだろうと興味を持ちそれを見たまさにその時とも言える。つまり、現在、只今なのである。これは過去、現在、未来の三世に渡って、観音経を繙《ひもと》く全ての人に公平に与えられた機会であり、その中から自分の人生に役立つ何物かを得《え》ようとする人々にとっては全《すべ》てはこの爾時《にじ》から始まる。

無尽意菩薩（むじんにぼさつ）　アクシャヤ・マティ菩薩のこと。梵語を漢訳して無尽意菩薩と呼ばれる。この法華経の他の大乗経典にもよく説かれている菩薩であり、その名の根本的な意味は尽《つ》きることのない意志と言える。

本来、菩薩という言葉はボーディサットヴァの漢訳であり、簡単に言えば真実の悟りを求めて修業する人―求道者《ぐどうしゃ》―のこと。従って、無尽意菩薩という言葉全体を言《い》い換《か》えれば（尽き果てることのない強靭《きょうじん》な意志を持って真実の悟りを求めて努力する人）となる。このような人物はそのまま仏教徒の理想像であるばかりではなく、とかく意志薄弱《はくじゃく》で迷いやすい我々人間全体の理想的な心の在《あ》り方とも言えよう。そして、無尽意菩薩なる言葉で代表されているものこそ我々人間の中に遺伝的特質として潜在《せんざい》している素晴らしい人間的本質である求道心、智恵に対する憧《あこが》れにほかならない。つまり、観音経のこの場に出ている無尽意菩薩は我々自身にそのまま置《お》き換《か》えて考えるべきであり、ここで釈迦牟尼世尊に質問を発しているのは現在の私達自身なのだ。

即従座起（そくじゅうざき）すなわち座《ざ》より起（た）ちて。

法華経が釈迦牟尼世尊によって説かれている舞台《ぶたい》はインドの王舎城《おうしゃじょう》（ラージャグリハ）にある霊鷲山《りょうじゅせん》（グリドラクータ）ということになっている。現在の霊鷲山はそれほどに大きな山ではなく、むしろラージャグリハの郊外《こうがい》にある小高い岡《おか》のような所である。歴史上の釈迦牟尼世尊もここで多くの弟子や大衆に説法したのは事実であろう。聴衆より少し高い所に座った釈迦牟尼世尊の前面、側面に多くの人々が彼を取り巻くように腰をおろしている場面を想像してみよう。その人々は釈迦牟尼世尊の言葉を一つも聞き漏《も》らすまいと真剣に目をこらし、耳を傾《かたむ》けていたに違いない。その聴衆の中にはどうしても、理解不十分な事柄や疑問が心に浮かび、殆《ほとん》ど反射的に立ち上がって釈迦牟尼世尊に問いかけた人も多かったであろう。つまり、聞きたいと思う気持ちが抑制《よくせい》出来ないほどに心の中で大きくなり、やむにやまれずにいるうちに、気がついたら立ち上がってしまっていた、というような状況だ。釈迦牟尼世尊の説法を聴聞《ちょうもん》する人々の間で、質問の順序があらかじめ決まっていて、次の質問者は無尽意菩薩さんですよね、などとの予《あらかじ》め出来上がったシナリオに基づいて彼、即《すなわ》ち無尽意菩薩が質問をするために立ち上がったとは想像したくない。このような奔放《ほんぽう》な想像が許されるか否かは別として、このように想像する訳は、もし現実にその場に私がいたらきっと質問したいことが山積するあまり、突発的《とっぱってき》に立ち上がって質問してしまうと思うからだ。

偏袒右肩（へんだんうけん）ひとえに右の肩を袒（あらわ）して。

このような読み下しで良いかどうか些《いささ》か迷う所だが、要はインドの伝統的礼法の一つであり、尊貴《そんき》なる人物に対して敬意を表する時には着ている服の右肩を脱《ぬ》いだ。

現在のインドでも広く行われている礼式で、日本でも僧侶の袈裟《けさ》にその伝統《でんとう》が残っている。今の我々、日本人からすれば奇妙にも思える習慣であるが、こればかりは文化、風習の相違であるから文句を言う必要はない。このような礼式一つをとっても仏教とはインド亜《あ》大陸《たいりく》の暑い所で生れた宗教だということが実感出来る。

もし仏教が極北のイヌイット（エスキモー）の中で生れたのであれば、こんな礼法を実《じっ》践《せん》していたのでは凍傷《とうしよう》になってしまう。——などとつまらぬことを考えること自体がひどい脱線であり、意味もないことであるのは十分に承知している。

しかし、本稿は私の勝手な解釈や出鱈目《でたらめ》に近い思考方法によって書かれていることは既に断っておいた筈《はず》で、怒らないで勘弁《かんべん》して欲しい。

合掌向仏　而作是言（がっしょうこうぶつ　にさぜごん）合掌して仏に向かい、この言を作（な）さく。

この合掌《がっしょう》という作法は日本でも広く一般化している。本家のインドにあっては合掌は日本におけるお辞儀《じぎ》に相当する作法《さほう》である。日本に仏教が伝わるまでは合掌という作法はなかったのかも知れない。魏志《ぎし》の倭人伝《わじんでん》などには、倭人《わじん》は貴人《きじん》に出会うと拍手して敬意を表わすとしている。そういえば我々も神社に参拝する時は柏手（かしわで）と称する拍手《はくしゅ》をする。この方が日本ではより古態《こたい》を残しているのだろう。

およそ人が何かを他人に尋ねる場合には、質問者は解答者の方をまともに向かい、正視《せいし》するのが常識。もし、この常識、礼儀がきちんと守られなければ解答者は質問者の質問内容や真剣さの度合い、さらには質問をした理由の裏までも疑ってしまうだろう。

この霊鷲山の場面では無尽意菩薩は釈迦牟尼世尊に対してかねてより心に抱《いだ》いていた疑問の解答を得る絶好の機会に恵《めぐ》まれた。彼の持つ知識を得たい、知りたいという欲求はたいへんに強烈なものだったと思う。この質問者、無尽意菩薩の真剣さの度合いに応じて、解答者である釈迦牟尼世尊も非常に重要な真理の一端を開陳《かいちん》してゆくのである。

職業上でも何かと私に質問してくる人は多いが、その質問の内容よりも質問態度自体によって真剣に答える気持ちがなくなってしまうことを時として経験する。

それ故に、人に何かの質問しようと考えたならばその質問の内容もさることながら、質問態度そのものに十分に注意しなければならない。古今東西《ここんとうざい》、この重要な第一原則を無視《むし》したために大変な事態を招来してしまったという失敗談は実にたくさんある。

而作是言《にさぜごん》――この言葉は仏経典の慣用句《かんようく》の一つで、（しこうしてこのげんをなす）と訓《くん》ずることが出来る。つまり簡単に言えば、このように発言しましたということ。

世尊（せそん）無尽意菩薩が釈迦牟尼世尊に呼《よ》び掛《か》けた言葉。
梵語《ぼんご》のバガヴァットの漢訳であり、本来は幸運を有する者という意味であったが、仏に対する敬称に変化した。漢訳の文字面をそのままに捉《とら》えて、世にも尊き人と考えても良い。釈迦牟尼世尊という固有名詞も分解すれば、シャカ族の聖者（ムニ）たる世にも尊きお方という意味になる。仏を呼ぶには伝統的に十種類の呼び方がある。世尊もそのうちの一つで、その他としては如来《にょらい》、応供《おうぐ》、世間解《せせんげ》、正遍知《しょうへんじ》、無上士《むじょうじ》、明行足《みょうぎょうそく》、善逝《ぜんぜい》、調御丈夫《ちょうごじょうぶ》、天人師《てんにんし》、仏陀《ぶつだ》、などである。これを仏の十号《じゅうごう》といい、中にはその文字から簡単に意味の推測が可能なものもあれば、何を表わすのかすぐには判断しかねるものもある。仏教関係の文章を読んでいて、これらの言葉にぶつかったらそのまま仏を表現しているのだと思っても大きな間違いではない。

観世音菩薩（かんぜおんぼさつ）梵名《ぼんめい》は一般にはアヴァローキテーシュヴァラであると考えられている。観自在《かんじざい》菩薩とも訳される。その他、歴史的にはいろいろな名称のもとに漢訳されてきたが、現在の日本では最も一般的な呼び方は観世音菩薩、またはその略称の観《かん》音《のん》菩薩、観音様である。法華経の第二十五章である普門品を始めとして多くの大乗経典に説かれている菩薩で、古来よりインドでも篤《あつ》く信仰されてきた。

この信仰が中国、朝鮮等を経て仏教の渡来とともに日本にもたらされた。仏教渡来時には物部《もののべ》、蘇我《そが》両氏を中心とする廃仏崇仏《はいぶつすうぶつ》闘争が起こったが、物部氏衰退《すいたい》後の聖徳《しょうとく》太子の施政方針により、仏教が国造りに大きな影響を与えたことは、今に残る斑《いか》鳩《るが》の法隆寺をみれば一目瞭然《りょうぜん》である。この聖徳太子の仏教理解の中で大きな比重を占《し》めていたのは観音信仰であったらしく、明治までは久しく秘仏であった法隆寺夢殿《ゆめどの》の救世《くせ》観音の存在などの多くの資《し》料《りょう》がこれを裏付けている。この観世音菩薩なる仏格がいつ頃の時代、どのあたりで成立したかという問題については昔から多種多様な意見、学説が提起《ていき》されているが、その全てについて詳細に検討するのが本稿の目的ではないので、ごく皮相《ひそう》的《てき》に述べておく。歴史上の釈迦牟尼世尊の没後、多くの弟子達は師より聴聞《ちょうもん》した教えを各自が持ち寄り、確認して後世に残そうとする運動を始めた。所謂《いわゆる》、経典の結集（けつじゅう）作業である。何回かに渡ったこの結集作業の中で、師説《しせつ》に対する見解の相違《そうい》や弟子たちの間での意見の対立なども、当然のことながら起こったことだろう。

最初は比較的小さかった意見の相違も世代が移《うつ》り、時を経《ふ》るに従って次々と拡大されてしまった。とくに後世《こうせい》になって小乗仏教を生み出す母体となった思想と大乗仏教の根本的発想である考え方の対立は、まさに運命的とでも評すべき決定的な段階に達した。

この状況のもとで、主として大乗の徒から提案されたのが菩薩（ボーディサットヴァ）の概念《がいねん》の飛躍《ひやく》的拡大である。この菩薩の最も大きな特徴は自行化他《じぎょうけた》の働きにあると言える。自行《じぎょう》とはみずからが真理を悟《さと》るための修業《しゅぎょう》を示し、化他《けた》とはみずからの努力にて他を真理へ導き、救済する働きと言い換えることが出来る。

つまり、拡大された菩薩の概念《がいねん》とは小乗の仏徒《ぶっと》のように自分自身のみが悟りを得ることを究極《きゅうきょく》の目的とせず、自身を含む一切の衆生の解脱《げだつ》を目指して活動することこそが真の仏道であるとの確信に立った人々である。このようにして成立した菩薩の概念は必然的《ひつぜんてき》に特定の菩薩の存在を肯定《こうてい》するようになり、同時にその菩薩自体の神格化が進んでいった。

この神格化の過程では当時のインド及びその周辺で有力であったバラモン教や後世のヒンズー教の影響も極めて大きいものがあり、時代が下れば下る程に旧来のバラモン教やヒンズーの神々が仏教の中に取り入れられていった。

この事実の宗教上の純粋性にかかる是非は別として、多様な菩薩群を仏教を基本として作り上げていった当時の人々の精神や思考方法は、現在の我々と少しも変りはないように思える。つき詰めて考えれば、昔も今も人間の絶対者に関する観念の最《もっと》も基礎をなす部分は決して変らないものだ、という事実を証明するものだ。殆《ほとん》ど無限に変化、発展してゆく菩薩概念の中でも著《いちじる》しい多様性、超越的能力を獲得してきた筆頭《ひっとう》が観世音菩薩である。観世音菩薩はその変化、自在性と融通《ゆうずう》適合能力の故に、他の多くの神々や霊学上の存在の属《ぞく》性《せい》を吸収して、人々の心の中で巨大なイメージを形成していった。観世音菩薩が吸収した神性の一部には、はるか西方のメソポタミア文明、インダス文明の神や古代ペルシアのゾロアスター教の女神であるアナーヒター女神の特性の一部と考えられるものも窺《うかが》うことが出来る。いや、もっと遡《さかのぼ》ることが許《ゆる》されるのなら古代ギリシア、ローマの神々の影響さえ推測することが可能なのだ。このように人類の歴史のある時点で人々の要求に応《こた》えるべく創造され、発展、多様化していった観世音菩薩なる宗教上の存在を仏教的に整理して集大成したのが観音経であるとも言えよう。

仏教史から見れば法華《ほっけ》経《きょう》即ち妙法蓮華《みょうほうれんげ》経《きょう》が成立したのは西暦の紀元元年前後であるとされる。その一部に含まれている観音経はさらにそれより成立時期が遅れたという説もあるが、今はそこまで話を持っていってしまうと収集がつかなくなるので、ここ迄にしておく。そのような枝葉末節《しようまっせつ》的な問題はさておき、本当に肝腎《かんじん》なことは妙法蓮華経ばかりではなく、他の大乗経典の多くの中にも観世音菩薩なる仏教的神格を作り出しそれを崇拝《すうはい》して帰依《きえ》した無数の人間達《たち》が過去、現在を通じて厳然《げんぜん》として存在していることだ。

つまり観世音菩薩なる神格、仏格は疑いもなく人々の救済を求める声、真理を追求したいという強烈な要求によって創造され、発展していった巨大な霊的存在なのだ。

このような理由によるものかも知れないが、観世音菩薩の存在は宗教、宗派を超越している部分がある。例えば先程述《の》べたインドのヒンズー教の神々との類似性《るいじせい》や中国、台湾などにおける道教の中の観世音菩薩の位置である。道教《どうきょう》では相当の昔から観世音菩薩は観音娘娘（ニャンニャン）と称して道教の万神殿《ばんしんでん》の中に厳然《げんぜん》として認知され、現在の道士《どうし》（道教の僧侶にあたる）や道教信者も何の疑問を抱《いだ》くことなく日々これを崇拝し続けている。

この事実が他の仏教上の尊格にはあまり見出されない。まさに観世音菩薩の一大特徴である。道教の主要な神の内で太乙救苦天尊《たいいつきゅうくてんそん》と称する九頭の獅子《しし》に乗った男性神がいるが、これは明らかに仏教の観世音菩薩が道教的に解釈された存在であるとの有力な学説がある。何もこの際、他国のヒンズー教や道教までも引っ張りだす必要もない。日本でも仏教であると称する宗派、宗団は極めて多数あり、その教義教理も実にさまざまである。中にはどうしても魑魅魍魎《ちみもうりょう》のたぐいがでっち上げたとしか考えられない、おぞましくも怪《あや》しげなものもあるが、あえてそれらをも一括《いっかつ》して考えるとすれば、観世音菩薩に対する崇敬《すうけい》心を持たない教団はほとんど無いといっても言い過ぎではない。

基本的な教義の上では観音信仰は否定していても、実際の宗教活動に関してはこれを黙《もく》認《にん》している宗派とか、建前《たてまえ》としては他の尊格を至上《しじょう》としながらも、補助的な観点或いは至上尊格の一部分の働きをになう者として承認している場合もあるようだ。

以何因縁名観世音（いがいんねんみょうかんぜおん）何の因縁《いんねん》をもって観世音と名づくるや。

観音経の最初の所で無尽意菩薩が釈迦牟尼世尊に問いかける最も主要な部分。

ここで無尽意菩薩、即ちアクシャヤ・マティの立場として、どうしても知っておきたかった事柄の一つに観世音菩薩の名前の由来についての疑問があった。名前を尋《たず》ねるという、この行為はたいした意味もない儀礼的なことだろう。何気なく見過《みすご》してしまいそうだが、実は重要な問題を包含《ほうがん》している。話は多少それてしまうかも知れないが、日本人ははるかな古代から言霊（ことだま）という観念をとても強く意識して、育《はぐく》んできた民族である。

ここでいう言霊《ことだま》なる表現の中には広義の音霊（おとだま）をもその範疇《はんちゅう》に入っているので注意して欲《ほ》しい。言葉の中でも特定の個人を表現する固有名詞としての呼び名、名前には、その呼ばれている人物の霊的な個性そのものが宿《やど》り、ある人物の名前を知ることによって名前の持ち主であるその人物を全人格的に認識することが出来、広く多様な意味で所有する潜在的可能性さえも見付け出していた。現代の我々のように自分の名前を軽々しく取り扱うような軽率《けいそつ》な真似《まね》はしなかった。個人的な感想であるが、今のビジネス社会においては自己の姓名《せいめい》をあまりにも粗末に扱い過ぎるように思う。

特に現今のように宣伝第一、他人にいやが応でもに自己の存在を認識せしめることを至上の価値と見做《みな》すような奇妙な社会構造では、こんなことを主張しても時代錯誤であると嘲笑《ちょうしょう》されてしまう。とにもかくにも、いつ、どこで誰に会っても、最初には馬鹿の一つ覚えのように相手は名刺《めいし》を出すし、相手も無意識且《か》つ反射的に私の名刺を要求する。

私はそれとなく名刺は持っておりませんと断《ことわ》るとまるで異星人を眺《なが》めるような目付きで私を見る。そして私に対して軽蔑《けいべつ》の意識を剥《む》き出しにして言葉の上で嘲《あざけ》る人もいるし、不可解に過ぎるのか、極端に警戒心を呼び覚ますなどという厄介《やっかい》な御仁《ごじん》もいる。

こんな人に限ってよく有りがちなことだが、その御本人の名刺の肩《かた》書きたるや、うやうやしく頂いて眺《なが》めている当方が恥ずかしくなってしまう程に御大層《ごたいそう》なものとか、全知全能を振り絞《しぼ》って考えても理解不能なものであることが多い。

勿論《もちろん》、職業によっては多くの名刺を使用しなければならない人がいることは理解しているつもりだが、あえてここで言いたいのは必要以上に自分を表現する大切な手法である名前のなる言霊《ことだま》を無駄に使わぬ方が良いのではないか、という提言《ていげん》である。

さて無尽意菩薩は釈迦牟尼世尊の名前の由来を尋《たず》ねたのであるが、質問した無尽意菩薩の意識の中には、まずある人物を理解しようとしたら、第一にその名に関わる情報を引き出す必要があると判断したのだ。梵語でいうアヴァローキテーシュヴァラ、漢訳して観世音の意義を素朴《そぼく》に質問したと考えても一向にかまわないが、ただそれだけでは面白くもない。変に考え過ぎている、下手に深読みし過ぎているとの非難を受けることは重々《じゅうじゅう》、覚悟の上でこの質問の背後に求道者たる無尽意菩薩の情熱と意欲を読み取っても楽しいのではないか。この場の無尽意菩薩こそ、現在の我々が過去の霊鷲山に時間を遡《さかのぼ》って投影された存在なのだとの先程の論法から言えば、私たち自身の立場でどんな情熱、意欲を持って対しても、いかなる人もその意志を否定することは許されない。

仏告無尽意菩薩（ぶつごうむじんにぼさつ）仏、無尽意菩薩に告《つ》げたまわく。これも仏経典の一般的な慣用句で、説法者たる釈迦牟尼世尊が質問者に対してこの言葉の次から質問に対しての解答をすることを意味している。

善男子（ぜんなんし）善男子よ。釈迦牟尼世尊の無尽意菩薩に対する呼《よ》び掛《か》けの言葉であり、先に出た無尽意菩薩の釈迦牟尼世尊に対する呼び掛け、『世尊』に対応するもの。漢字の文字上から受ける印象は善なる男子となるが、本来の意味は正しい由緒を持つ良家の若者ということである。善男子、善女人という一対でよく用いられている。私が現在の時代を背景として、矛盾《むじゅん》なく最も適切な訳ではないかと考えのが、最初の所で書いた『正しい道を志す者』なる表現である。ここで大切なのは釈迦牟尼世尊の呼び掛けは説法場の無尽意菩薩だけではなく、時間と空間を超越して現代の我々にも届《とど》いている直接の呼び掛けと受けとめることだ。善男子とあるから女性は関係無いなどと考えてはならないことは言う迄《まで》もない。私などは善男子と呼び掛けられ、それがそのままの意味で使われたのなら、恥ずかしくて穴があったら入りたい心境になるのは疑いもない。なにしろ自分自身を省《かえり》みれば、善などと称する概念からは遥《はる》かに程遠いことをしている毎日なのだから。しからば如何《いか》なる事柄が善であり、いかなる行動が悪であるかなどと言う定義づけや議論は、そんなことが好きで好きでたまらない奇特《きとく》な人々に一切を任《まか》せておいて、この際は自身の感性に忠実な基準をもって善悪の判断をすることにしておく。勝手かも知れないが、そうでもしなければ身がもたないのである。

若有無量百千万億衆生（にゃくうむりょうひゃくせんまんおくしゅじょう）もし、無量百千万億の衆生ありて。

この場合の若《にゃく》という字はもし、の意味で仮定《かてい》を表現している。無量《むりょう》は数えることが出来ない程の多数、無限であること。百千万億は掛算《かけざん》で、百かける千かける万かける億となる訳である。つまり、１００、０００、０００、０００、０００、０００である。

どういう理由かは知らないが、古代のインドではゼロから始まって滅茶苦茶に多い数というものが思索《しさく》の対象となっていたようで、数学の発展は内向的精神性の凝視《ぎょうし》とあいまってインドの思想、哲学の一特徴のようにも思われる。近隣の中国文明では、このような厖大《ぼうだい》な数字を比喩《ひゆ》的に使用するといった古典的例はあまり見つからない。反対にインド文化ではその歴史的出来事や歴代の王朝の記録はあまり重視《じゅうし》されなかったのに対し、中国ではもうたくさんと言うほどに文献《ぶんけん》が残されていて、まさに汗牛充棟《かんぎゅうじゅうとう》もただならないのである。無量だけで十分に無限を象徴しているが、さらにそれに掛けることの十の十七乗であるから、この無量百千万億なる言葉は釈迦牟尼世尊が霊鷲山で説法をしているこの時に現存していた衆生ばかりでなく、未来の永遠にわたって存在するであろう一切の衆生と考えるべきだ。我々の立場に立って、今一つ深く考えてみれば、この言葉の中には現代の私たち自身も含まれているのを忘れてはならない。

衆生は一切の生物を指す言葉とされている。ここで言う生物とは意識を有する存在を意味するから何も人間のみには限らない。全ての生物、意識を持つ存在などと言っても現在の生物学上の知見からすれば、どこまでが生物と言えるのか判断不可能ともなりつつあり、動物か植物か線引《せんびき》が困難なものもあり、果《は》ては生物なのか無生物なのか判らないという奴さえ出てきている。ここまで話を持っていっては、論議の対象としては大変に面白いかも知れないが、観音経を読むという本稿の趣旨《しゅし》から外《はず》れてしまうので一応、中止しておく。何よりも肝腎《かんじん》な点は法を説く釈迦牟尼世尊の本旨《ほんし》を素直《そっちょく》に捉えることであり、それは常に問題を我々自らの心身に引き付けて考えることに他ならない。

受諸苦悩（じゆしょくのう）もろもろの苦悩を受けんに。

人としてこの世に生を受け、一切の悩《なや》み、苦しみのない人はいない。その反対に悩み、苦しみだらけの人は、私も含めて多いはずである。仏教では人の苦しみをいくつかの種類に分類して説明している。所謂《いわゆる》、四苦八苦《しくはっく》であり、四苦とは生《せい》、老《ろう》、病《びょう》、死《し》の四種類。其の他に怨憎会苦《おんぞうえく》（いやな奴にも会わなければならない苦しみ）、愛別離苦《あいべつりく》（愛する者とでも別れなければならない苦しみ）、求不得苦《ぐふとくく》（いくら欲しがっても得られない、欲求不満が生み出す苦しみ）、五陰盛苦《ごうんじょうく》（現実に存在する世界は一切が苦であるという身もフタもない認識）。先の四苦に加えたこの四種類で合計が八苦となる。人によっては、オレの苦しみはオレだけにしか判らないと開《ひら》き直《なお》る向《む》きもあろうが、冷静に考えればいずれもこの四苦八苦の中にあてはまるか、これらのいくつかが複合《ふくごう》したものに他ならないことに気付く。もし、ある人が人生では苦が普通の状態であると悟りきったような根本認識に立っていたとしても、いざさらなる苦悩に直面した時はおおいに慌《あわ》てふためくものではないだろうか。特に自分の生命に直接的に関わる問題による苦悩ははなはだ大きいものがある。

我々を存在せしめている生命はある意味では甚《はなは》だはかなくて弱々しい一面があることは否定出来ない。

その中でも苦悩という要素が多くの比率《ひりつ》を占《し》めているので、この弱々しい一面がいやが上にも強調されてしまう傾向がある。しかしながら、ここで単に弱々しい、はかないと嘆《なげ》き悲しんでばかりいては観音経の主旨《しゅし》から大幅に外《はず》れてしまう。この経典はこの苦悩から脱出するための方法を説いているといっても間違いはないのだ。

聞是観世音菩薩（もんぜかんぜおんぼさつ）この観世音菩薩を聞《き》きて。

考えてみれば不思議な言《い》い回《まわ》しである。観世音菩薩を見るとか観世音菩薩の声を聞くとか言うのなら話は解り易《やす》いのだが、観世音菩薩を聞《き》くとは一体、どのようなことなのか。

この辺に妙法蓮華経の中に観音経が普門品第二十五の形で、それとなく入っている重要な秘密が隠されている。この点に関しては後の方で再三にわたって述べる機会があると思うから、ここでは先程に意訳文の全体の中で説明した文章に従って考えておく。この文章では一応、（観世音菩薩の御名《みな》を聞き、または観世音菩薩の存在を認識したとしましょう）としておいた。つまり、観世音菩薩なる存在の名前を聞くばかりではなく、その働きの主要な部分を直感的に理解して、存在する事実を自分の心の中に焼《や》き付《つ》けるという複数の作業が瞬時に実行される過程を聞の一字で表現したと理解する。何もここまで複雑に考えなくても良いと反対されるかも知れないが、実際の作業手順から言えばこうした理解の方法が最も有効な手段であることに後になって思い至《いた》る。

一心称名（いっしんしょうみょう）一心に御名《みな》を称（とな）えるならば。

ここの眼目《がんもく》は一心という点にある。何かの行為をするに際《さい》して、大切なのは真剣さの度合いであり、この真剣さが欠けており、いい加減な気持ちや態度で実行していたのでは、どうあがいても期待する効果は得られない。本来、人としての大きな苦悩に相対して真剣になれないようでは、もともとその苦悩の程度が大したものではなく甘ったれているのか、その人物本人が苦悩との戦いの決戦場から敵前逃亡をはかり、苦悩を克服《こくふく》することを諦《あきら》めてしまったかのどちらかであろう。観世音菩薩の御名を称《とな》えるにしても、単なる形式的な方法に堕《だ》していたり、第三者に強制《きょうせい》されて称《とな》えていたのでは何もならない。

言葉に出すか、発音するのか、その他の方法によるのかはこの際は関係ない。方式は問題ではなく、要は称名なる行為を純粋な形で裏打ちしている気持ちにかかっている。念仏という言葉がある。これは阿弥陀如来《あみだにょらい》の名号《みょうごう》を唱えること、即ち南無阿弥陀仏《なむあみだぶつ》と唱えることとされている。しかし、これも仏教史に鑑《かんが》みればいろいろな問題を含んでいる。言葉や音を発することなく念仏することも出来るとされる。所謂《いわゆる》、観想念仏と口称《こうしょう》念仏の相違に関しては多くの専門的研究が為《な》されてきたので、今更《いまさら》私の如《ごと》きの出る幕《まく》ではないから興味のある人はそれらの専門書を読んで頂きたい。ここで言いたいのは観世音菩薩の御名を称えるとは方法の如何《いかん》に拘《かかわ》らず観世音菩薩を受け入れることという真理である。

観世音菩薩　即時　観其音声（かんせおんぼさつ　そくじ　かんごおんじょう）観世音菩薩は即時にその音声《おんじょう》を観じて。

その音声とは前の一心称名《しょうみょう》の音声《おんじょう》である。ここでも不思議な文字使《づか》いが出てきた。

観なる文字は普通、一般には光学的な視覚上の意味に用いられている。観察、景観《けいかん》、外《がい》観《かん》などである。一方、音声とは明らかに音波の作用によるものであり、聴覚上の働きをするもの。しかし、ここではあえて聴覚による作用を視覚で捕捉《ほそく》するという、一見すると矛《む》盾《じゅん》した行為が認知されている。これは一体どうした理由に基づくものだろう。

疑問に対する解答の一つは観の一字にある。単なる文字遊びではないので十分に考えて欲しいのだが、同じ視覚的能力の使用を意味する動詞でも見、覧《らん》、観《かん》、視《し》、窺《き》、などがあり、各々の中にはそれぞれ見の字が含有《がんゆう》されている。従って、本質的には見字が主要な意義を持っていることは否定出来ないが、見以外の文字は見という行為をさらに特定、細分化した行為の表現になっているらしい。その原則を踏《ふ》まえて観《かん》の字を突《つ》き詰《つ》めてゆけば観によって説明、表示される行動とは単純に見るだけではなく、きわめて注意深く見る、観察する、すぐにでも対応出来得る体勢を整えて観測すると言うような意味があると思えるではないか。つまり、観世音菩薩には一切衆生《いっさいしゅじょう》の苦悩を十分に感知《かんち》し、それを注意深く観察した的確な判断のもとに、衆生の要求に応じてそれらの苦悩から救済する能力があるとも言える。観世音菩薩が新訳（唐の玄奘三蔵法師《げんじょうさんぞうほうし》）では観自在菩薩になっていることの意味もこの辺にあるのかも知れない。観自在とは観ることが自在な菩薩、或は一切を観じて自在に行動、認識する能力を有する菩薩ともとれる。

皆得解脱（かいとくげだつ）みな解脱するを得ん。

解脱とは普通に言うならば、何らかの束縛《そくばく》している原因から解放されることだが、この原因自体が物理的存在であれ、心理的存在であれ、束縛《そくばく》される方はたまったものではないので、何としても逃《のが》れようとする。このために諸々《もろもろ》の苦しみが生ずる訳《わけ》であるが、仏教ではこの束縛の最も大きな要素となる実体こそ自他の煩悩《ぼんのう》にあるとする。

およそ人間としていろいろな煩悩の全くない人などはいないと思うので、観世音菩薩的な働きはいつの時代、空間的にはどこにあっても必要になる。救済《きゅうさい》と解脱《げだつ》では意味がかなり違うような印象を受けるが、実際問題としては一連の作用であり、一枚の紙の表裏のようなものだから、ここで説く解脱という概念には救済の意義が多く含《ふく》まれていると考えてよい。

第二章……火難水難

（原文）若有持是観世音菩薩名者　設入大火　火不能焼　由是菩薩威神力故　若為大水所漂　称其名号　即得浅処　若有百千万億衆生　為求金銀瑠璃硨磲瑪瑙珊瑚琥珀真珠等宝　入於大海　仮使黒風　吹其船舫　漂堕羅刹鬼国　其中若有乃至一人　称観世音菩薩名者　是諸人等　皆得解脱　羅刹之難　以是因縁　名観世音

（意訳文）「もし、この観世音菩薩の御名を保《たも》ち、常に心から離《はな》さない人がいたとしましょう。この人はたとえ燃《も》え盛《さか》る大火の中に入ろうとも、その火も焼くことは出来ないのです。なぜならこの観世音菩薩の威神力《いじんりき》の故《ゆえ》にこそです。もし、大河大水の氾濫《はんらん》に巻き込まれて、知らない所に漂《ただよ》い流されてしまった時でも、その観世音菩薩の名号を唱えるならば、すぐに浅い所にたどりついて助かるでしょう。もし、数えきれない程の多くの人々がいて、金、銀、瑠璃《るり》、硨磲《しゃこ》、瑪瑙《めのう》、珊瑚《さんご》、琥珀《こはく》、真珠などの貴金属、宝石等の宝物を求めて果てしない大海に船出したとします。その時に乗った船が猛烈な悪風《あくふう》に吹きまくられて、何と運悪く凶暴な食人鬼だらけの土地に漂着《ひょうちゃく》してしまいました。
こんな非常事態に陥《おちい》った時、その一行の中にたとえ一人であっても観世音菩薩の御名を唱える者があれば、これらの仲間の全ての人たちは凶暴な食人鬼の災難から逃れ、危機から脱《だっ》することが出来るのです。このような理由によってこの求道者《ぐどうしゃ》たる菩薩は観世音と名づけるのです。」

若有持是観世音菩薩名者（にゃくうじぜかんぜおんぼさつみょうしゃ）もし、この観世音菩薩の名を持《じ》する者有らんに

ある人がいて、観世音菩薩の御名を持《じ》していれば、ということであるから、当然、（持《じ》する）という言葉が重要になる。簡単に持と言えば手に何かを持っている形が原点だが、ここではその意味ではない。ここの持には何かを継続的《けいぞくてき》に持っている、保持している意味がある。つまり、いささか大胆に解説してしまえば、常日頃《つねひごろ》から観世音菩薩の存在を意識して、その働きを感じているとも言えるだろう。

日本の古典、特に今昔物語《こんじゃくものがたり》のような仏教色の強い文献には時々《ときどき》、持経者《じきょうしゃ》という言葉が出てくる。これは経典を記憶して、いつも読誦《どくじゅ》している人々を指《さ》す言葉だが、当時にあっては持《じ》するとはこのようにとらえられていた。経典信仰は平安時代に盛んになった信仰

形態の一つで、経典に説かれている仏、菩薩等もしくはその内容よりも、経典そのものを尊い存在として信仰する考え方であり、持経者はこの時代背景から生まれて来た。この経典信仰は仏教ばかりではなく、一部のキリスト教徒の中にも見られる。

設入大火　火不能焼（せつにゅうだいか　かふのうしょう）たとえ大火に入るとも、火も焼くことあたわず。

設《せつ》はやはり仮定を表現する言い方であるから、もし大火災の中に身をおいたとしても、その身が焼け尽くすようなことはないとの意味。観世音菩薩を信じ、その御名を保つ者はこのような危難にあっても救済されるということだが、実際に火の中に飛び込んで実験してみようなどと考えない方がよい。生身の人間であれば火の中に入れば焼け死ぬのは当たり前。観音経をそのように単純に何らの思索や批判もなく信じてしまっては大変な誤《あやま》りとなる。この種の誤りはあらゆる種類の宗教活動につきものとも言えるが、そうなってしまっては解脱《げだつ》を求《もと》めて、最悪の死を招くことになり、まさに愚痴《ぐち》の極《きわみ》となってしまう。さて、ここで説く大火とは物理的なそれではなく、人の心の中に燃え盛《さか》る煩悩の火でもある。不動明王の背にある大火炎は、人の煩悩を仏側から象徴的に表現したものだとの説もあり、まことにその通りと思う他はない。

この部分を煩悩の火なる観点からすれば、観世音菩薩の御名を保《たも》つ者は、自己の心の中に如何なる煩悩の大火が燃え盛って渦巻《うずま》こうともその煩悩に焼き尽くされて、身を滅《ほろ》ぼすようなことにはならない、と要約できる。火事が発生した時に最も有効な消火手段は昔も今も水である。観世音菩薩は古来から水徳《すいとく》を表《あらわ》した菩薩として崇敬《すうけい》されてきた歴史があった。この観世音菩薩と水との関係は想像以上に古く、観世音菩薩の尊格形成に重要な要素の一つとなっている大地母神《ぼしん》、豊饒《ほうぎょう》女神の神格が農耕社会に移入されて、穀物の豊穣《ほうじょう》を支配する水を司《つかさど》る者とされたのであろう。日本で現在も信仰されている弁才天女は、元来はサラスヴァティーという名のインドの神話に出てくる大河川の神であったが、この女神のイメージが観世音菩薩の中にかなり取り込まれた形跡がある。

宗教の世界にはいろいろな奇跡《きせき》の物語があるが、この観音信仰ほど多くの奇瑞《きずい》、奇跡を伝え残しているのも珍《めずら》しい。それだけ広く一般大衆に受け入れられて来た証拠なのだが、それにしても古代から現代に至るまで、実にさまざまな話が生まれてきた。

それらの中には本当に大火に囲《かこ》まれながらも、毛筋《けすじ》一本も焼けずに助かったとか、太平洋戦争末期の空襲に会い、爆弾、焼夷弾《しょういだん》の雨の中を軽い火傷《やけど》だけで逃《に》げだせたなどという話も伝わっている。この事実を何と解釈するかは各人の自由であるが、信仰とはこのような出来事の認識の方法如何《いかん》によって生じたり、滅したりするものなのだ。

由是菩薩威神力故（ゆぜぼさついじんりきこ）この菩薩の威神力の故によって。

何で大火の中に入っても焼かれずに済《す》むのかということの理由の解説である。その理由に関してはたった一語の威神力《いじんりき》と述べているが、この言葉自体があまり普段《ふだん》では親しみのないものなのでいささか面食らう。試《ため》しに漢語字典で調べてみると、威の字の基本的な意味は人を恐れさせ、命令に従わせるに足りる品格や勢力を指すとのこと。

威力となると他を圧倒するような強い力、となっていて何か少し解ったような気がしてくる。威と力の間に神が挟《はさ》まれているから、高い品格と強い勢力を有する神秘的で圧倒的《あっとうてき》な観世音菩薩の力となるだろう。観音経の後方部分にも具足神通力《ぐそくじんつうりき》と説かれている箇所《かしょ》がある。この神通力と今言う威神力は本質的には同じものだと解釈しても誤《あやま》りではない。

神通力とは通常の人間の能力をはるかに超越して発揮される自在で不可思議な能力という意味。現在、巷《ちまた》で流行の言葉に超能力というのがあり、何かしらとかくに胡乱《うろん》であるらしく、諸々の物議《ぶつぎ》を醸《かも》しているが観世音菩薩の威神力とはこのような怪しげな力ではなく、実に真正な慈悲《じひ》の発現であり、働きなのだ。

若為大水所漂　称其名号　即得浅処（にゃくだいすいしょひょう　しょうごみょうごう

そくとくせんじょ）

日本は昔からその地理上の特性によって台風を始めとして、多くの水害に見舞《みま》われてきた。これは現在でもいささか変っていない。私の家は川の堤防に沿《そ》って建ててあるので、先年の台風による大増水では非常に心配してしまった。何しろ三十分おき位に川面《かわも》を覗《のぞ》き込《こ》むと、その度に水位《すいい》が目に見えて上がってゆくのが分かり、しまいには堤防を造っている赤土《あかつち》部分が水を含《ふく》みきってブョブョになってしまい、表面の芝生《しばふ》に長靴で立っただけでもくるぶし付近までもぐってしまう有様《ありさま》。このままの調子で増水が続けば、あと何時間ももたないのではないか、などと言い合っているうちに何とか干潮《かんちよう》によって水位が下がって助かった。この程度の増水でも不安になるのだから、昔のように治水《ちすい》工事が不備だった時は人々の河川の氾濫《はんらん》への恐怖は大変なものだったに違いない。

お隣の中国では黄河《こうが》という巨大な河が有史以来、数えきれない程に大氾濫、大洪水《こうずい》を引き起している。時には一回の洪水で数百万以上の人命を奪い、時の王朝の運命をも左右する結果にもなってしまったことがある。大水《おおみず》の一種とはいっても河川の氾濫ばかりではなく、日本では津波《つなみ》のことも忘れてはならない。地震による津波はその襲来が予想しがたく、突発的であるだけに危険度ははるかに高い。このような諸種の水難に会った時にも観世音菩薩の名号を唱えれば、すぐにでも浅い、安全な所に漂《ただよ》い着くことが出来て、結果として命が助かるとの説明である。さて、ここに易経という書がある。

四書五経のうちの一つで途轍《とてつ》もなく難解《なんかい》な書物だが、その内容はさておき、易経をもとにして実践《じっせん》する占術《せんじゅつ》に、俗に言う八卦《はっけ》を置いて占う方法がある。

この方法はごく簡単に言ってしまえば、八なる数が基本数になっており、天沢火雷風水山地の八象《はっしょう》に配当され、この八象を掛けた数字である六十四通りの卦《け》が最低限、出来るシステムになっている。この上にいろいろな方法で変化の要素を重ねあわせて考えて行くのだが、あまり深入りすると煩雑《はんざつ》になるのでやめておく。

この六十四通りの卦の中でも易占《えきせん》の四難卦《しなんけ》と呼ばれているものがある。

その四難卦を全て示すと次のようになる。坎《かん》為水、水電屯《ちゅん》、水山蹇《けん》、沢水困《こん》の四種類。

この字面を見ただけですぐに判断出来るように、どれもが水の要素を含んでいる。

特に坎為水《かんいすい》は二つの水象《すいしょう》が重なった形の卦《け》であり、両人溺水《できすい》の象《しょう》などと言う注釈さえもあるほど。ことほど左様《さよう》に水は人間の生活には不可欠なものでありながら、一度猛威《もうい》を揮《ふる》いだすと想像以上の被害《ひがい》を人に与《あた》えてしまう。易占師として易占の現場でもこれらの四難卦を得るとはなはだ読み切りにくいので、時には困惑をかんじてしまう事実があると白状しておこう。この場で観音経と易経を突然のように並べて説明し出したのには理由がある。それは、ある意味では両者ともに現実の物理的な存在としての水ばかりではなく、精神面の象徴としての水をも扱っているからだ。観音経では先の大火の箇所《かしょ》で述《の》べた如く、火は我々の煩悩《ぼんのう》の火とも言い換《か》えることができたように、水も又、人の心の作用の一つに置《お》き換《か》えて、当てはめることが可能なのだ。心の中に起こる水の氾濫、洪水《こうずい》、津波とは何を指《さ》すのかはある程度予想がつくと思う。それは人間が時として抱く極めて陰鬱《いんうつ》な感情、どうしようもない程の停滞感、鬱積《うっせき》してはけ口を失った陰性の怒りなどである。これらの感情はとても危険な作用を抱《いだ》き、本人のみではなく、その周辺の社会にも悪影響与えてしまう。その感情に伴《ともな》う作用が周囲に害毒を及ぼした時こそが、大水と表現されているのだ。従って、時にこのような心理状態に追い込まれてしまっても、観世音菩薩を忘れることなく、念じていれば自然のうちに恐るべき精神状態から脱出できると説いている。観世音菩薩は水徳を有する菩薩だと言ったが、全く同じ水であっても使用法によっては毒にも薬にもなる。

若有百千万億衆生　為求金、銀、瑠璃、硨磲、瑪瑙、珊瑚、琥珀、真珠、等宝　入於大海

(にゃくうひゃくせんまんおくしゅじょう　いぐこんごんるりしゃこめのうさんごこはく

しんじゅとうほう　にゅうおだいかい）もし、百千万億の衆生ありて金、銀、瑠璃、硨磲、瑪瑙、珊瑚、琥珀、真珠などの宝を求めんがために、大海に入らん。

今度はいよいよ海に出発することになった。ここに書いてある諸種の貴金属や宝石は一括して八宝《はちほう》と呼ばれて、多くの仏典に出てくる。経典によって多少の相違はあるものの、基本的には同様と考えて良い。金と銀については特別の説明の必要はないだろう。瑠璃《るり》は今で言うラピス・ラズリでアフガニスタンやチリに産出する紺《こん》色から深青色の美しい貴石《きせき》である。中には部分的に黄銅鉱《おうどうこう》が自然に散っているものもあり、それが金色に輝き一層の魅力《みりょく》を生んでいる。この貴石はインドばかりではなく、古代オリエント、エジプト、キリスト教文化圏などでも宗教的に独特の意義を認められて、珍重《ちんちょう》された。古代の西欧やインド、エジプト等で使用された瑠璃《るり》はアフガニスタン産のものに違いない。硨磲《しゃこ》は貝の一種といわれているが、その実体は諸説があるようで明確に限定できない。いずれにせよ、海産貝類の中から希少で美麗《びれい》なものを選《えら》んで、宝物としての価値を与えたのであろう。宝貝（たからがい）という貝は古代世界では通貨の役割をしていたとされているし、現在の中国語でも宝貝（パオペエ）と言えば宝物一般を表す。

瑪瑙《めのう》は水晶《すいしょう》と同様の科学上の構造式を持つ貴石で、本質的には二酸化珪素《けいそ》である。

しかし、水晶のように結晶がはっきりしていないのは、潜晶質《せんしょうしつ》なる独特の性質による。

潜晶質とは簡単に言えば、非常に微細な結晶が多数より集まって形成されているもので、この特質から自由に着色出来る。硬度《こうど》は七ほどで、とても硬《かた》いが、昔からいろいろな形に加工されて用いられてきた。珊瑚《さんご》は海産の珊瑚《さんご》虫《ちゅう》によって造られた、生物由来の宝物であり、赤珠《せきしゅ》とも称されたようにオレンジ、赤色系統のものが珍重《ちんちょう》された。

他の鉱物質由来する宝石よりも比較的、柔らかいから加工もしやすい。

特に珊瑚珠《さんごじゅ》としては直径の大きい、傷のないもの価値があるとされている。

琥珀《こはく》は古生代の樹脂《じゅし》の化石であり、現在では主要な産地はロシアのシベリア一帯。中には古代の昆虫がそのままの形で封《ふう》じ込《こ》められている品もあり、宝石としてだけではなく、生物学上の標本としても貴重だ。真珠はご承知の通りだが、人魚の涙とうたわれるこの白珠は可憐《かれん》なうちにも独特の華やかさを持っていて、いつまでも飽《あ》きがこない。現在のように御木本幸吉翁《おう》の開発による大規模養殖が可能な時代とは違い、昔は本当の天然物《てんねんもの》しかなかったのだから、大変な貴重品であったのは容易に想像がつく。

例のエジプトの女王、クレオパトラが自分の財力を誇示《こじ》するために、ローマのジュリアス・シーザーの目前で真珠を酢に溶かして飲んで見せたと言う話が伝わっている。

この行動は単に財力誇示《こじ》の為だけではなく、美容の目的でもあったと、多くの女性をうらやましがらせるような説もある。が、真珠自体はカルシウム化合物だから決して意味のないことではない。この構成素材の意味では前記の宝貝、珊瑚も真珠も同様のものである。生薬《しょうやく》、漢薬の世界では今でも、この真珠や蝸牛《かたつむり》の殻《から》などの動物由来のカルシウム質は人間にとって極《きわ》めて有効であるとされ、鉱物を原料とするそれよりも圧倒的に珍重されて広く用いられている。このように順を追って考えてゆくと、古代にあっては宝物は現在より多くの比率《ひりつ》で海をその供給源としていたことが分かる。宝石というと鉱山から掘りだされる鉱物の印象が強いが、当時では随分《ずいぶん》と事情が違っていたようだ。

観音経のこの場面にしぼって考えると宝石を海に求めた理由も明白に理解出来る。なぜなら、この経典の成立した舞台はインド亜大陸である。インドには南方の海を渡れば、比較的近くにスリランカ（セイロン）という一大宝石産出地が控えている。

スリランカは現在でも世界の宝石産地のうちの五指に入っているくらいだから、昔でも有力な宝石供給地であった。以上に述べたような諸々の宝物を求めて、何人かの人たちが船に乗って大海原に出発したのだ。

仮使黒風吹其船舫　漂堕羅刹鬼国（けしこくふうすいごせんぼう　ひょうだらせつきこ

く）たとい、黒風そのを吹きて、羅刹鬼国に漂《ただよ》い堕（おと）されんに。

宝物を求めて、はりきって出港したまではよかったが、航海の途上《とじょう》で予想もしなかった大暴風にあってしまい、船は難破船《なんぱせん》と化し、乗組員一同はどことも知れない所に打ち上げられてしまったのである。その漂着《ひょうちゃく》した場所が不運なことに羅刹鬼国《らせっきこく》。

羅刹は梵語のラークシャサの訳語。古代インドの神話、伝説に頻繁《ひんぱん》に登場する悪役《あくやく》で、極めて凶悪な暴力的な鬼神《きじん》の一種。食人鬼ともされるところから、具体的なイメージとしては、探検船が難破して食人の習慣を持っている凶暴な原地人がいる島に流れ着いてしまった探検家たちを考えればよい。ここに出てくる羅刹なる言葉は仏教の広まった国々では、その国に従来から伝えられていた妖怪、鬼神などと重ね合わされて多様に変化していった。明代に成立したとされる奇書《きしょ》、西遊記《さいゆうき》でも羅刹女《らせつにょ》なる女妖《じょよう》がでてくるが、彼女などは中国の風土から生れた羅刹であろう。この羅刹女こそ、夫はかの有名な牛魔王《ぎゅうまおう》、倅《せがれ》は号山火雲洞の紅孩児《こうがいじ》は聖嬰《せいえい》大王。はなはだ気は強いが子煩悩で家庭的一面もあり、夫の浮気に嫉妬するなどの人間的な弱さも持っている。しかしながら、一つ扱いを間違えてしまうと、中々に厄介《やっかい》で始末の悪いオバサンである。この羅刹女が芭蕉扇《ばしょうせん》をめぐって孫悟空と丁々発止《ちょうちょうはっし》の喧嘩を繰り広げるのが西遊記の見せ場のひとつになっている。

一般に男にとっては、女性という存在は程度の相違こそあれ、みなこの羅刹女の基本要素を持っているように思える。その証拠に私の家にも現役の羅刹女、羅刹女の予備軍、羅刹女の大雛《おおびな》（成鶏になる直前の鶏・養鶏業界用語）の三匹が住み着いている。恐ろしいことではありませんか。

其中若有乃至一人　称観世音菩薩名者　是諸人等　皆得解脱　羅刹之難　以是因縁　名観世音（ごちゅうにゃくうないしいちにん　しょうかんぜおんぼさつみょうしゃ　ぜにょんとう　かいどくげだつ　らせつしなん　いぜいんねん　みょうかんぜおん）

その中にもし、観世音菩薩の名を称する者、乃至《ないし》一人あらん。この諸人《しょじん》等は皆、羅刹の難より解脱するを得ん。この因縁をもって観世音と名づくる。

さて、危険な所に漂着してしまった一行な運命だが、この中にかねてより観世音菩薩信仰に篤《あつ》い人物が、偶然《ぐうぜん》にも一人または数人いたとする。このような人たちから、危機に際《さい》して反射的に観世音菩薩の御名が口をついて出るのは当然のことである。

従って、この人たちは必死の思いで観世音菩薩の御名を唱え、同時にどうしたらこの危機から脱出して自分たちの生命を全《まっと》う出来るかを考えるに違いない。

ここで肝要《かんよう》なのは、ただ観世音菩薩に呼び掛けるばかりではなく、自分たちでも可能な限りの努力をして、窮地《きゅうち》から逃《のが》れるようにすることである。自分の努力は一切することなく、ただ漫然《まんぜん》と観世音菩薩を唱えていても、その結果はあまり期待できない。

なぜなら、観世音菩薩の働きは我々の予想や想像をはるかに絶した形で顕現《けんげん》するからで、顕現の方法は誰を、もしくは何をどのように通じて起こるものなのかは予想つかないのだ。お里《さと》、沢市《さわいち》の壷坂霊現記《つぼさかれいげんき》の舞台ではあるまいし、毎度々々、観世音菩薩がその形を示現《じげん》して救済にあたるばかりではない。デウス・エクス・マキナを常に具象《ぐしょう》として期待するのは愚かなことだ。もう一つ、大切な点は先程《さきほど》に述べたことの繰《く》り返《かえ》しになるかも知れないが、一心、一意に観世音菩薩を念ずることであろう。勿論《もちろん》、このような危急存亡《ききゅうそんぼう》の際だから、一生懸命になるのは当たり前だと言ってしまえばそれまでだが。

不可思議な救済と言うべきであろうか、甚《はなは》だしい場合には救われた当人《とうにん》でさえ、その事実を認識し得ない程に巧妙《こうみょう》な救済も現実にある。しばらく時間が経過して初めて、自分が非常な危機を逃れられたと悟《さと》ることがある。このような全ての要素を一括《いっかつ》して観世音菩薩の働きと称するのであり、ゆえにこそ観世音と名づけるのである。

（原文） 若復有人　臨当被害　称観世音菩薩名者　彼所執刀杖　尋段段壊　而得解脱

若三千大千国土　満中夜叉羅刹　欲来悩人　聞其称観世音菩薩名者　是諸悪鬼　尚不能
以悪眼視之　況復加害　設復有人　若有罪　若無罪　杻械枷鎖　検繫其身　称観世音
菩薩名者　皆悉段壊　即得解脱

（意訳文）もし、またある人がいて、何かの理由によって、まさに刀で斬《き》られたり鞭《むち》や刑《けい》杖《じょう》で打たれたりするような災難に会ったとしましょう。その人が観世音菩薩の御名を唱える者であれば加害者の持っている刀や杖《つえ》は、その場でいくつにも折れ砕《くだ》けてしまい、目的を果《は》たすことが出来ずに、その人は危機から逃れることができるのです。

もし、この国ばかりではなく、宇宙全体に一杯になるほどに妖怪、鬼神《きじん》、食人鬼などの恐るべき連中が溢《あふ》れかえっていて、人々を悩ませ、苦しめようと頑張《がんば》っているとしましょう。こんな時であっても、ある人が一心に観世音菩薩の御名を唱える声を聞いたり、姿を見たりすれば、このような凶暴な悪鬼等はどうあがいても、観世音菩薩を念ずる人を邪念、憎しみなどがこもった目で見ることさえ出来ません。ですから、さらにその上、実際に危害を加えることなどは決して出来はしないのです。たとえば、ある人がいて本当に罪があろうとも、実際には無実の冤罪《えんざい》であろうとも、いろいろな手かせ、足かせ、鎖《くさり》などでその身体を繋《つな》がれて拘束《こうそく》されて苦しんでいる場合があるとします。この人が観世音菩薩の御名を唱える人であるならば、これらの身を縛《しば》っていた手かせ、足かせ、鎖《くさり》などは全《すべ》て壊《こわ》れたり、切れたりしてしまい、すぐにも自由の身となってのがれ出ることが出来ます。

若復有人　臨当被害　称観世音菩薩名者　彼所執刀杖　尋段段壊　而得解脱（にゃくぶうにん　りんとうびかい　しょうかんぜおんぼさつみょうしゃ　ひしょしゅうとうじょうじんだんだんね　にとくげだつ）

もし、また人ありて、まさに害《がい》せられるに臨《のぞ》んで、観世音菩薩の名を称《しょう》せん者は彼《か》のとる所の刀杖《とうじょう》、ついで段段に壊（お）れて解脱するを得ん。

この場合の彼とは刀杖を持って害を加えようとしている敵対者や刑吏《けいり》を指《さ》している。刀杖の刀とは一般的な兵器としての金属製の刀剣を想像してよい。

刀は日本刀や出刃《でば》包丁のように片刃《かたば》のもの、剣とは両刃のそれである。

刀剣の本来の目的は人を殺傷《さっしょう》すること。昔から刀は武士の魂《たましい》だとか高尚《こうしょう》な芸術品であるとか、とかく綺麗事《きれいごと》をならべ立てられてはいるが、所詮《しょせん》、他を殺傷《さっしょう》するための道具であることは否定しようがない。世の中には刀剣の蒐集《しゅうしゅう》が趣味だと言う人もいる。この人は途方《とほう》もない大金を払《はら》って、何本も日本刀を買い集めて悦《えつ》に入っている。古刀だ新刀だといっては一喜一憂し、正宗《まさむね》だ長船《おさふね》だと騒いで、たちの悪い業者に騙《だま》されて偽物《にせもの》を法外な値段で買わされたりしているらしい。私の個人的な偏見《へんけん》であり、刀剣趣味《しゅみ》を持つ人は怒るかも知れないが、刀剣の蒐集《しゅうしゅう》は決して良い趣味とは思はない。なぜなら、本来の殺傷兵器である刀剣は、常に身近《みぢか》におくことによって、その持ち主の人格に重大な影響を与えかねないからである。その重大な影響とは何といっても、その持ち主が知らず知らずのうちに殺伐《さつばつ》の気を帯びてくることである。そのうちでも、かつて実際に戦場で使用されたり、人を殺傷したことのある刀剣はこの危険度合《どあい》いが著《いちじる》しい。簡単に言えば、実際に何らの必要もない殺傷用兵器を自分の傍《かたわ》らにおいておくな、という原則である。これは何も刀剣だけに通用する原則ではなく、同種の目的で生産された銃砲《じゅうほう》にも言えることなのだ。

銃砲、刀剣類を好んでひねくりまわすような人間にはろくな奴はいない。

私の知っているわずかな範囲でも、このような趣味、道楽を持った人には思いもかけないような事故や不幸を招いたケースが多い。特に私が軽蔑《けいべつ》してやまないのは、趣味として銃猟《じゅうりょう》をする狩猟者《しゅりょうしゃ》である。何らの必要もないのに、ただでさえ少なくなっている自然界、野生の動物達を遊びのためにだけ殺して歩く人々。こんな奴らは疑いもなく、人類の恥《はじ》、自然に対する犯罪者である。万一、こんな趣味をもっている人がいるとしたら、私は今すぐにもやめるように忠告する。ここでは杖と書いてあるが、この杖は老人のつく杖《つえ》ではなく、刑具としての杖《じょう》である。包括《ほうかつ》して杖刑《じょうけい》、杖罪とよばれるこの刑は、死にあたいする程の重罪を犯したのではないが、一定の犯罪に対して執行《しっこう》された叩《たた》き刑として杖《じょう》や鞭《むち》、棍棒《こんぼう》などによるものがある。その執行方法、叩きの回数などは洋の東西、歴史時点によって実にさまざまだが、ごく形式的な軽いものから時には命を奪《うば》ってしまうほどの強烈な場合もあった。観音信仰の霊現譚《れいげんたん》にはいざ殺されんとする最後の土壇場《どたんば》になって、刑吏の持った刀がいくつにも折れてあやうく助かったというパターンが多い。

これが事実であるか否かを詮索《せんさく》するのはさておき、当時の司法制度に人々が抱いていた恐怖心、不公正な裁判制度への不満、その裏返しである正義の執行者としての観世音菩薩への人々の期待の片鱗が推測出来る一段である。

若三千大千国土満中　夜叉羅刹　欲来悩人（にゃくさんぜんだいせんこくどまんちゅうやしゃらせつ　よくらいのうにん）

もし三千大千国土中に夜叉《やしゃ》、羅刹の満《み》ち、人を悩まさんと欲《ほっ》して来たらんに

三千大千世界とは例によって、古代インド人の途方《とほう》もない数字を愛好した大宇宙観であ

り、中心たる須弥山《しゅみせん》のまわりにある四大洲《しだいしゅう》、九山八海《きゅうせんはっかい》などを一単とした一須弥《しゅみ》世界を千個集めて、小千世界という。この小千世界を千個集めて中千世界。さらにこの中千世界を千個集めて大千世界とする。つまり、三種の千世界からできているので、三千大千《さんぜんだいせん》世界と称するのである。三千大千世界は一須弥《しゅみ》世界を千かける千かける千個、即ち、十億個集合させた世界をいう。ようするに当時として考えられる限りの広大無辺《むへん》な全宇宙を示しているのである。あまり意味のない計算かも知れないが、この世界観を現代の宇宙観に少し重ねて考えて、暇《ひま》つぶしをしてみよう。まず基礎となる仮定条件としては一須弥世界をこの惑星《わくせい》、地球と同様に生命の存在が可能な星とする。次に宇宙にある恒星《こうせい》の五個に一個は惑星を持っているものとする。この惑星を伴っている恒星系を仮に太陽系と呼ぶ。太陽系の一つあたりの平均惑星保有数を八個とする。但《ただ》し、全ての惑星に生命が存在できる訳ではないから、太陽系を十個集めた中に、やっと生命がある惑星が一個あるとする。つまり、惑星八十個につき一個割合で生命が存在できるとする。これの生命形態は地球のような炭《たん》素《そ》型生命とばかりは限らず、珪素《けいそ》型その他想像を絶する奇々《きき》怪々《かいかい》なものも、全て含めることとし、この摩訶《まか》不思議な生物の星も一須弥山世界と考えるのである。

このように計算すると、一個の生命を有する惑星が存在するためには、恒星が四百個必要になる。これでは三千大千世界の惑星総数である十億個を満足させるためには、いくつの恒星が存在しなければならないのであろうか。答えは四千億個となる。

つまり三千大千世界とは四千億個の恒星群からなる、巨大な系《けい》と認識してもそれ程の誤りではなさそうである。基礎数字の設定はかなり出鱈目《でたらめ》で何の根拠《こんきょ》らしきものもないが、現代の我々はこのように、まがりなりにも数字によって表現される系という発想で宇宙を捉《とら》える。しかし、観音経が成立した歴史的時点の認識では、この三千大千世界なる言葉は当時の宇宙論で認識出来る限りの全宇宙を指し示す用語であった。

もっとも、こんな所で私がいくら怪《あや》しげな数字をもてあそんでも、本質的には宇宙の真実の規模に関しては何も理解出来ないのは古代の人々とまったく同様である。

さて、この全宇宙に一杯に犇《ひしめ》いているのが、夜叉《やしゃ》と先程出てきた羅刹《らせつ》である。

夜叉は梵語のヤクシャの音をそのまま写した漢訳語であり、元来は人里《ひとざと》離れた深山や広大な原始林に住むと考えられていた超自然的神霊であった。それが人間の方から山や森林に進出するようになるにつれて次第に身近なものとなり、人々の恐怖心が肥大化《ひだいか》していった結果として畏怖《いふ》すべき鬼神のイメージが形成、定着されていった。

しかしながら深山、森林を支配していた自然神霊として人間に諸々の恵みをもたらしていた時代の面影《おもかげ》と記憶は最後まで残り、夜叉《やしゃ》は扱《あつか》いようによっては人を助けてくれたり、恵みを与えてくれる有り難い神々としての一面が残った。この特性がいつも並べて語られる羅刹には殆ど窺《うかが》えない。どうも羅刹の方は終始、悪役に徹する他はないようである。

この夜叉や羅刹の目的はただ一つ、人々を悩ませ、苦しめるにある。どんな方法で我々を苦悩させるかについては、今更になって列挙《れっきょ》する必要などは毛頭ない。

その理由は我々は既《すで》に、いろいろな意味での苦悩をいやという程に知っているからである。観音経のこの部分は表面的に読めば、夜叉、羅刹のたぐいは外部の存在であるような印象を受ける。しかし、これらの恐《おそ》るべき魔物《まもの》は人の外部にのみあるものではない。

外部のそれよりもはるかに悪質の退治《たいじ》しがたい夜叉、羅刹が人間一人一人の内部に厳然《げんぜん》と図々《ずうずう》しく巣食《すく》っている。この人間の内面に巣食う魔物《まもの》どもは自分自身も他人にも、目に見ることも出来ず、肉体の耳に聴《き》くことも出来ず、手に触《ふ》れて知覚することも出来ない大変に始末《しまつ》の悪い相手である。この魔物どもの名前を一部分だけでもあげておこう。

それは貪欲《どんよく》、憎悪《ぞうお》、嫉妬《しっと》、卑怯《ひきょう》、虚偽《きょぎ》、憤怒《ふんぬ》、無知《むち》、愚昧《ぐまい》、不信、絶望等々簡単には数えることが出来ない程。我々の心の中にはこれらが大きな顔をして住みついている。そして宿主である我々の隙《すき》を虎視眈々《こしたんたん》と狙《ねら》っている。この隙《すき》をつかれて大きな失敗をしたり、取り返しのつかない事態を招いたりした苦《にが》い経験は誰もが持っている。外部の夜叉羅刹と異《こと》なり、内部のそれがより以上に厄介《やっかい》で退治することが難しい原因は、これらの魔物が我々の自意識という名前の堅固《けんご》な要塞《ようさい》に籠城《ろうじょう》しているからで、この難攻不落の要塞で彼らが振るう武器こそ利己主義という剣《つるぎ》であり、旗色が悪くなって彼らが隠れる楯《たて》は自己正当化という名前を持っている。

聞其称観世音菩薩名者　是諸悪鬼　尚不能以　悪眼視之　況復加害（もんごしょうかんぜおんぼさつみょうしゃ　ぜしょあくき　じょうふのうい　あくげんじし　きょうぶかがい）其《そ》の観世音菩薩の御名を称する者を聞けば、これらの諸悪鬼は尚《なお》、悪眼《あくげん》を以《もっ》てこれを視ること能《あた》わず。況（いわん）やまた害を加えんおや。

悪眼《あくげん》とはその見る対象物に対して有害な作用を及ぼす能力のある目、という意味と、主観的に悪意や憎悪の感情を込《こ》めて眺《なが》めるという意味がある。前者ですぐに思い出すのは西欧世界で中世以前から、広く信じられて来たＥＶＩＬ　ＥＹＥ（邪視《じゃし》）の観念で、悪魔によってもたらされたものとされ、魔女の中でも特に力が強く権能のある者は、悪魔からその信任の印として邪視能力を与えられていたとも言われる。この伝説は中世のヨーロッパ全土に吹き荒れた魔女狩りの衝動《しょうどう》に根拠《こんきょ》を与え多くの悲劇を生み出した。

インドの神話、伝説の中では毒のある眼の話としてガネーシャ神が象頭になった由来物語がある。物語の大筋《おおすじ》はこのようなものである。シヴァ神とその妻であるウマー妃の間に誕生したガネーシャの誕生祝いの宴《うたげ》が開かれて、生まれたばかりの赤ん坊を祝福するために多くの神々がやってきた。多くの神たちが赤子のガネーシャを見て、口々に賛美と祝福の言葉をプレゼントしてゆく中で、ただ一人、土星だけは赤子の方を見ようともしない。

これに気がついた母親のウマー妃はおおいに気分を害して、土星のそばに行き何で我が子を見てもくれないのかとなじった。土星は実を言うと自分の眼には毒があるから、ご子息を拝見したいが、私が見てしまうとご子息のためにならないので遠慮《えんりょ》していたと答えた。ウマー妃はそんなことは何でもない、大丈夫だから見てくれと執拗《しつよう》に頼んだ。

土星も断《ことわ》りきれずに、やむなくガネーシャの顔を一瞥《いちべつ》したところ、その猛毒の視線を浴《あ》びた赤子の頭は一瞬のうちに燃え上がって、消えてしまった。嘆《なげ》き悲《かな》しむウマー妃、驚き騒ぐ神々たちで大混乱を演じているところへ、ヴィシュヌ神が到着し、事情を聞くとすぐに部下に命令した。命令とは門より外へ走り出て、何でもよいから最初にあったものの首を切って持ってまいれというもの。部下は急いで外へ出たが中々、人に出会えないので困《こま》っていたところ、向こうの方から象が一頭やってきた。最初に会ったものとはこれだとばかり、その象の首を切り落としてヴィシュヌ神に届《とど》けた。ヴィシュヌ神もやむを得ずにその象の首をガネーシャの胴体にのせると、完全にくっついて赤子は生き返った。

だから今でもシヴァ神の子であるガネーシャ神は象頭人身なのである。ついでながら、このガネーシャ神も後になって仏教に取り入れられて、大聖歓喜尊天《だいしょうかんぎそんてん》として崇拝されるようになった。一般的には聖天《しょうてん》と呼ばれ親《した》しまれているが、その像は日本でも象頭人身である。この話は毒眼についてだが、観音経のこの部分にある悪眼とは基本的に同じ要素を含むといってもよいだろう。後者の主観的に悪意、憎悪《ぞうお》の込《こ》められた眼で人や物を眺《なが》めるという行為は我々が日常で経験するものであるから、解説の必要はない。

我々はつくづく反省しなければならない。それは自分の視線、目付きによっては無言のうちに大きく人を傷つけることがあり得る、という事実である。また、このような視線や目付きは自分が人に知られたくない感情を洩らしてしまうことが多いから、余程に注意するべきなのだ。目は口ほどにものを言う、と教えられているではないか。

観世音菩薩の御名を唱える者に対しては、このような悪眼で見ることも不可能……つまり悪意や憎悪を抱くことが出来ないのだから、実際に肉体的、精神的その他の害は加えられる筈がない。同時に観世音菩薩を念ずる者は悪眼の徒《と》と言われたくないものである。

第三章……威神の力

設復有人　若有罪　若無罪　杻械枷鎖　検繋其身（せつぶうにん　にゃくうざい　にゃくむざい　ちゅうがいかさ　けんげごしん）たといまた人ありて、もしは罪あらん、もしは罪なからんも杻械枷鎖《ちゅうかいかさ》によって其の身を検繋され、

建前《たてまえ》としては昔も今も犯罪を実行すれば、罰《ばつ》を受けることになっている。その罰の一種として肉体を拘束《こうそく》する方法がある。拘束して自由を奪《うば》うこと自体が罰の執行方法である場合と社会から隔離《かくり》して再犯《さいはん》を防止する目的の拘束がある。

江戸時代には比較的軽度の犯罪に対しては手鎖《てぐさり》何日という刑がかせられた。

これは文字どおり両手を鎖で繋《つな》ぎ、拘束する方法だが、身柄《みがら》は牢《ろう》に入れられずに自宅に居《い》てもよいとされた。これなどは手の自由を制限して拘束することがそのまま刑の執行を意味している典型的な例である。どのような場合でも人間は本能的に自由を奪《うば》われることを嫌《きら》い、拘束されることから逃《のが》れようとする。それ故にこそ刑罰が犯罪予防効果ありと考

えられている大きな拠《よ》り所《どころ》であるが、社会が複雑化すればするほど、そんなに単純なものではないのが明確になりつつある。自分の身に罪を犯した覚えがあって自由を奪われたり、牢獄に繋《つな》がれたりしたのなら、まだしもあきらめられる。しかし、これが自身ではまったく身に覚えがないのに一方的に犯罪者とされて、いろいろな形で拘束されたら非常に残念に思うのは当然のことである。このような冤罪《えんざい》事件は人間が社会生活を始めたと同時に起こり始めたものであろう。過去ばかりではなく現在でも、いや未来に於《お》いてさえ冤罪《えんざい》はなくなりそうもない。しかしながら観音経では、観世音菩薩の威神力《にじんりき》は事実としての罪のあるなしに拘《かかわ》らずに発揮《はっき》されると断言《だんげん》している。この点は少し考えると何とも納得《なっとく》出来ないような気がするかも知れない。その理由は観世音菩薩が犯してもいない罪で手かせ、足かせに苦しんでいる人を救済するのは解《わか》るにしても、本当に罪を犯した者でも同じように救済してしまうのか、解脱させてしまうのかという疑問である。それでは極言《きょくげん》すれば罪は犯《おか》し放題になってしまうのではないか、正直者が馬鹿を見るのではないかとの心配する人もあるだろう。一見、妥当《だとう》な疑問のようであるが、この問題提起は根本《こんぽん》の所で大きな錯覚《さっかく》に陥《おちい》っている。何故なら観世音菩薩は罪の有無《うむ》を立証する検察官でもなく量刑を決定する裁判官でもないからである。あえて観世音菩薩の立場が人間のそれに置き換えられると仮定したならば、罪の有無に拘らず牢獄《ろうごく》に現実に繫《つな》がれている人を最も愛する家族であろうか。この家族の立場に身を置けば、本人の罪の有無とか犯罪の具体的な内容など、全て枝葉末節《しようまつせつ》にこだわることなく、被拘束者が一日も早く自由の身になれるように家族として可能な限りの努力をし、真剣に祈るのが唯一《ゆいいつ》で最もふさわしい行動であり、被拘束者やその家族が必死に観世音菩薩を念ずる力に応じて、物資としての鎖、手かせ、足かせ、法律としての拘束の正当性など崩壊《ほうかい》してゆくものなのである。

称観世音菩薩名者　皆悉断壊　即得解脱（しょうかんぜおんぼさつみょうしゃかいしつだんね　そくとく　げだつ）

観世音菩薩の名を称《とな》えん者、皆ことごとく断壊《だんね》して、解脱するを得ん。

観世音菩薩の御名をかねてより保《たも》つ者は、このような自由を奪われるような事態《じたい》に立ち至っても、必ず抜《ぬ》け出せると述べる一段。しかし、ここでいささか考えてみる必要があるのではない。それはこのてかせ、足かせとも称すべき精神作用は自分の心の中に厳然《げんぜん》として存在するからなのだ。何らかの正当で必要な行動をとらなければならない時に躊躇《ちゆうちよ》してしまい、事を成就《じようじゆ》させる時期を逸《いっ》した体験は皆が持っていると思う。この時に実際行動に出ることが出来なかったのは、やはり目に見えない心の中の鎖、手かせ、足かせの妨害によるものだ。人生には早急に過ぎる決断によって誤《あやま》りを招くことも多いのは疑いない。しかし、それ以上に消極的な姿勢、怠慢《たいまん》によって失敗することの方が多いようにおもう。勿《もち》論《ろん》、この両者の割合は個人によって大きな差があり得ることは言うまでもない。私などは怠慢によって失敗を続けている典型例であろう。理《り》屈《くつ》では十分に理解しているつもりではあるが、中々に実行が困難なのだ。このあたりに観世音菩薩の力を必要とする原因があるらしい。自分自身を呪縛《じゅばく》している心の中の鎖《くさり》をすみやかに切断して、本当の自由を得ることが解脱の要点である。自分で設計、製作した牢獄《ろうごく》に自身で入るのは愚《おろ》かなこと。その上にこの牢獄の牢番《ろうばん》は、これもまた自分の分身であることに気がつかなければならない。何事にもあれ、難題を抱えるような状況に追い込まれたら、第一にそれに対して、正面からぶつかる必要があるか否《いな》かをよくよく考えることである。

（原文）若三千大千国土　満中怨賊　有一商主　将諸商人　斎持重宝　経過険路　其中一人　作是唱言　諸善男子　勿得恐怖　汝等応当一心唱観世音菩薩名号　是菩薩　能以無畏　施於衆生　汝等若称名者　於此怨賊　当得解脱　衆商人聞　倶発生言　南無観世音菩薩　称其名故　即得解脱　無尽意　観世音菩薩摩訶薩　威神之力　巍巍如是

（意訳文）たとえばこの全世界中が凶悪な盗賊《とうぞく》どもで満《み》ち溢《あふ》れているとしましょう。

こんな物騒《ぶっそう》きわまりない世界で、一人の大商人が仲間の商人たちを一緒《いっしょ》に引きつれて、大変な価値のある財宝を運ぶ旅に出たとします。その旅の途中で険《けわ》しい山道にさしかかった所で、一行の通ることが、この一帯に縄張《なわば》りを持つ凶悪な盗賊《とうぞく》の知るところとなってしまいました。盗賊は財宝《ざいほう》を奪いとるために多くの仲間を呼び集めると、商人の一団をつけ狙《ねら》って少しでも隙《すき》があれば、襲《おそ》いかかろうとします。この事態を察した商人たちは魂《たましい》も身につかない程に驚き、恐《おそ》れたのは当然のことです。こんな危険な状況におかれた商人の中の一人が、このようなことを言いはじめました。「諸君、そんなに恐れることはありません。あなたがたは一心不乱、必死の思いを凝《こ》らして観世音菩薩の名号を唱えるべきなのです。この菩薩様は恐れることのない強さ、恐怖に負けない心をよく人々に与えて下さりますす。だから、あなた方がもし観世音菩薩の御名を唱えるならば、この凶暴な盗賊どもの災難から必ず逃れることができます。」この言葉を聞いた商人たちは真にもっともなことと思い、皆一緒になって声をあげてこのように唱え出しました。「南無観世音菩薩」と。

皆が一心に観世音菩薩の御名を唱えたので、彼ら商人たちはすぐに九死に一生とも言うべき危機から脱出することが出来ました。質問者である無尽意菩薩よ、観世音、この大きな徳を備えた菩薩の高い品格、実力を有する神秘の働きはまことに堂々たるものであり、明々白々、些《いささ》かの揺《ゆ》るぎもないのです。

若三千大千国土　満中怨賊（にゃくさんぜんだいせんこくど　まんちゅうおんぞく）もし、三千大千国土に中に満ちる怨賊《おんぞく》あらんに。

前の羅刹鬼国の段で出てきたのは船による海上の旅であったが、今度は陸上の旅で出会った危難である。相手も妖怪、鬼神のたぐいではなく、立派な人間様ではあるが、どうも他人の持ち物と自分の持ち物の区別がつかないという厄介《やっかい》で他人迷惑な性質のある人物。怨賊《おんぞく》と書いてあり、この怨の字には恨《うら》む、憎《にく》むなどの意味が窺《うかが》われるが意訳のところではこの点はあまり考えに入れなかった。もっとも、世の中をまともに歩かず、拗《す》ねて盗賊にでもなろうという男だから世間一般に対して深い恨《うら》みを抱いているのかも知れない。

昔の旅は治安が良好な所ばかりを行けたのではないから、ちょっとした旅行でも出発する時に水杯《みずさかづき》を酌《く》み交《かわ》した。旅先ではどんな災難に会うか予想もつかず、もし悲運にも異郷で客死《きゃくし》するようなことがあれば、そのまま他国の土となる覚悟が必要であった。事故、病気、天災、などの危険とともに重大な危険要素は盗賊の難である。

スリ、掻《か》っ払《ぱら》い、置《お》き引《び》き、ゴマの灰《はい》、強盗、海賊、山賊、等など実に多様な緑林《りょくりん》の徒、盗賊諸君がウヨウヨしていた場所、時代もあったろう。いや、治安《ちあん》は良いと評判の現代日本でもこんな連中はさまざまな所に密《ひそ》かに、あるいは堂々と生息している。妖怪変化《ようかいへんげ》、魑魅魍魎《ちみもうりょう》、悪鬼魔神の類《たぐい》であれば、外見だっていかにもそれらしいであろうから、見分けはつけやすい。しかし、一応は人間でござい、という姿をしている盗賊たちの方が始末が悪い。そして否定しようのない、恐るべき事実は吾々一人一人の心の中にいつ、自分自身がこうした盗賊になっても不思議ではない要素が眠っていることである。

有一商主　将諸商人　斎持重宝　経過険路（ういちしょうしゅ　しょうしょしょうにん　さいじじゅうほう　きょうかけんろ）

一商主のありて、諸《もろもろ》の商人をひきいて、重宝を斎持《さいじ》して険路《けんろ》を通過せん。

私はこの場面を読むと、いつもシルクロードを進む隊商のキャラバンを想起してしまうのだが、あながち的《まと》外れではないと思う。例えばこのようなイメージを想像してみる。

北には地平線の限りに続く天山山脈、南には茫々《ぼうぼう》たるタクラマカンの大砂漠を控えたシルクロードは天山南路。楼蘭《ろうらん》を出発した一群の人馬、駱駝《らくだ》などはオアシス都市、楼蘭《ろうらん》の生命をささえる湖の水を満たした水筒を揺《ゆ》らしながら着実な足取りで、はるかな西方を目指《めざ》して進んで行く。隊商の駱駝《らくだ》の背中に積んである荷物は、はるか東方の国で作られた珍奇《ちんき》な品々。中には最終目的地では金と同じ目方で取引される素晴らしい光沢の絹織物、東海の仙島とも言われる扶桑国《ふそうこく》の付近で採《と》れた愛らしい真珠、華麗《かれい》な陶磁器、珍獣の毛皮、製作方法の推測もつかない不思議で繊細《せんさい》な工芸品などが含まれている。この隊商の指導者であり、企画者でもある男は命がけの冒険《ぼうけん》と一攫千金《いっかくせんきん》を夢見て一族や親しい仲間たちとともにこのキャラバンを組織したのだ。仲間たちの中には何回かこの道を通った経験のある大先輩である老人や腕のたつ用心棒ともいうべき男もいる。

その他に計数に明るい者、駱駝や馬の取り扱いが上手な者、通過して来たオアシスでの商取引には欠かせない交渉のうまい者などがいる。このような人々によって組織された隊商一行はいつしか天山山脈山麓《さんろく》の峻険《しゅんけん》な道にさしかかった次第である。ここ一帯にはかねてより、凶暴極まる山賊が出没《しゅつぼつ》することを噂《うわさ》に聞いていた一行は、用心に用心を重ねて慎《しん》重《ちょう》に行動したつもりだったが、不運にもこの凶賊に発見される所となってしまった。

すでに日はとうに暮《く》れ、昼間の酷暑《こくしょ》からは想像も出来ない程の冷気が迫《せま》りくる中を一行はキャンプするために停止すると、盗賊からキャラバンを守るために出来る限りの手立ては尽くした。しかしながら、皆の顔には異様な緊張と恐怖の表情が張りついている。

其中一人　作是唱言　諸善男子　勿得恐怖　汝等応当　一心唱観世音菩薩名号（ごちゅういちにん　さぜしょうごん　にょうとうおうとう　いっしんしょうかんぜおんぼさつみょ

うごう）其《そ》の中の一人がこの唱言《しょうごん》をなさく、諸の善男子　恐怖を得ることなかれ　汝らまさに一心に観世音菩薩の名号を唱えるべし。

いよいよ凶賊《きょうぞく》に囲《かこ》まれ、危機が目前に迫った時、隊商の中の一人が不思議な事を言い出した。彼はシルクロードに沿《そ》った小さな町の出身であるが、熱心な仏教徒であるという。元来、仏教はインドからシルクロードを経過して東方に伝わったのだから、その伝播《でんぱ》していった都市や町に多くの仏教徒を創出《そうしゅつ》し、残していったのは不思議ではない。

さて、その男は次のように言った。『みんな、よく聞いてくれ。ここで決して恐れたり、震《ふる》え上がったりしてはいけない。みんなは常々、私が深く信仰している観世音菩薩の名号を唱えたらよいだろう。それも一心不乱に、みんなの心を合わせてやってみよう。』

是菩薩　能以無畏　施於衆生　汝等若称名者　於此怨賊　当得解脱（ぜぼさつ　のういむい　せおしゅじょう　にょとうにゃくしょうみょうしゃ　おしおんぞく　とうとくげだつ）

すると別の一人の男が彼に質問した。『その観世音菩薩というのは以前、どこかで聞いたことがあるが、こんな切羽《せっぱ》つまった俺達《おれたち》にどんなことをしてくれるんだ。』

皆に称名《しょうみょう》を勧《すす》めた男は答えて言う。『この観世音菩薩様は我々全ての人間にたいして、恐れることのない心を与えてくださる。ただ恐れているだけでは危難を乗りきる良い知恵も浮かばないに決まってる。だから、みんなも一生懸命に観世音菩薩様の御名を唱えれば、きっと、この菩薩様は我々の苦境《くきょう》を察知し、不思議な能力を使ってこの盗賊どもの災厄《さいやく》から抜け出させてくださるに違いない。何もしないで震《ふる》えていても仕方ないだろう。』

衆商人聞　倶発生言　南無観世音菩薩　称其名故　即得解脱（しゅうしょうにんもん　ぐほつしょうごん　なむかんぜおんぼさつ　しょうごみょうこ　そくとくげだつ）

隊商の全員はこの話を聞いてなるほどと納得した。そして、皆声を合わせて一心に唱え始めたのである。『南無観世音菩薩、南無観世音菩薩……』。そして、皆が一心不乱に観世音菩薩の名号を唱えているうちに、不思議なことに一人一人の心の名かから先程《さきほど》までは支配的であった恐怖心が次第に消えて行った。その反対に、こんなことで負けてたまるかと思う気持ちが強くなり、危機を乗り越えるために皆の心が一枚岩のように堅《かた》く団結していった。どのくらいの時間が経過したのであろう、一同がふと気がつくと周囲の気配《けはい》が明らかに変化している。不審《ふしん》に思っておそるおそる、皆で手分けして防衛のために円陣を作ったキャラバンのまわりを調べてみると、何とつい先程まであんなに大勢いた盗賊どもが影も形もなくなっているではないか。彼らがこのキャンプを完全に包囲していて、今にも襲いかかろうとしていた跡は歴然《れきぜん》と残っているのだが、不思議なことに一人もいなくなってしまった。隊商の一同は狐《きつね》につつまれたような思いで、お互いの顔を見合わせるほかはなかった。やがて皆の心の中に安心感と解放感が潮《うしお》のように押し寄せて来る。しかし、大きな謎《なぞ》は最後まで残った。その謎とは何故に盗賊が襲撃寸前になっていたのに襲撃を中止してしまったのか、襲いかかってこなかったのかの点である。盗賊の間で仲間割れをしたり、他の敵に襲われたりした形跡はまったくないのだから謎は深まるばかりである。隊商の指導者である大商人は生涯の間、不思議、不思議と言い続けたであろう。このように観世音菩薩の救済の形態の中には、人知を超越《ちょうえつ》したものがあり、その形態がいかなるものであれ、所期の目的は完全に達しているのが特徴であると言えよう。

無尽意　観世音菩薩摩訶薩　威神之力　巍巍如是（むじん　かんぜおんぼさつまかさつ　いじんしりき　ぎぎにょぜ）

無尽意よ、観世音菩薩摩訶薩の威神の力は巍巍《ぎぎ》たることかくの如し。

釈迦牟尼世尊が無尽意菩薩に対して今までの諸難について語ったことを再確認し、観世音菩薩の不可思議な働きを証明したところである。巍巍なる形容の文字はその中に山という文字が入っているので推察がつくように、巨大山脈や聳《そび》え立つ巨峰《きょほう》の形容に用いられる言葉。四方のどこからでも眺めることが出来て、圧倒的な迫力《はくりょく》をもって見る者に感動を与え、堂々たる存在感を誇示《こじ》する実体を表すと考えてもよい。

さて、ここで今までに語られてきたいろいろな種類の災難をまとめて整理しておこう。

①大火難　②大水難　③漂海難　④暴風難　⑤羅刹難　⑥刀杖難　⑦悪鬼難　⑧官刑難　⑨怨賊難

大別すれば以上のようになるだろう。この他に細かく分けると、もっと多くなるがこれらの諸難を代表的な例として釈迦牟尼世尊が説いたのである。勿論、ここに例としてあげた諸難だけにしか観世音菩薩の働きは及ばないということではない。

第四章……心中の敵

（原文）若有衆生　多於淫欲　常念恭敬　観世音菩薩　便得離欲　若多瞋恚　常念恭敬
観世音菩薩　便得離瞋　若多愚痴　常念恭敬観世音菩薩　便得離痴　無尽意　観世音
菩薩　有如是等　大威神力　多所饒益　是故衆生常応心念

（意訳文）男女の別を問うことなく、人々がいて淫欲が非常に熾烈《しれつ》で、その故に苦しみ、失敗を繰り返していた人がいるとしましょう。このような人々は常《つね》に観世音菩薩を念じ、篤く信じて敬うのであれば、次第次第にこの淫欲から生まれる苦悩より離れることが出来るようになります。また、人の中には先天的、後天的の別はあるが性質として怒りやすく些細《ささい》なことでもすぐに怒り狂い、無用の誤解や争い事を招いてしまう不幸な人がいるものです。この人のように憤怒の感情を抑制することが苦手で、他人に迷惑をかけがちな人は、つねに観世音菩薩の御力を信じ、心から恭《うやうや》しく敬《うやま》っていれば、知らず知らずのうちに怒ることが少なくなって、これに伴《ともな》う失敗も減少するでしょう。

また、人々の中にはどうしても、ものの道理や事実の筋道を明確に理解することが下手《へた》な人がいます。知識を貯《たくわ》えたり、知恵を磨《みが》くことをしようとしない人、出来ない人もいます。これらの人たちは人間にとって大切なこの種の徳目が欠けているために、不必要な所で大変な苦労することになってしまいます。このような人々こそ、いつも観世音菩薩を心に留《とど》めて、深く念ずるとともに篤《あつ》く敬《うやま》っていれば、自然のうちにこのような欠点は消滅して行くことでしょう。無尽意菩薩よ、観世音菩薩はこれらのような超越的で不可思議な神秘の力を備えています。そして、この力によって全ての人々に対して多くの恵みを与え、実益《じつえき》をもたらします。それ故にこそあなた方全ての人々は、常にこの観世音菩薩を心の中に念じているべきなのです。

若有衆生　多於淫欲（にゃくうしゅうじょう　たおいんよく）

もし衆生ありて、淫欲《いんよく》多からんに。

淫欲とは一般に言う性欲のことであり、通常の場合は男女が各々異性を求めあう精神的ないし肉体的な衝動《しょうどう》、本能を指す。人としてこの世に生を受けて、性欲のまったくない人は殆《ほとん》どいないと思うが、性欲は人間の備えている多種多様な欲望のうちでも個人差が最も著《いちじる》しいものの一つ。その発現の方法も千差万別であり、一概《いちがい》に分類処理出来るような単純なものではない。しかし、ごく普通で常識的な性欲の度合いという基準を仮定したとして、その基準より考えて非常に強いタイプから著しく弱いタイプとして、線分《せんぶん》上に目盛りを付してみる実験をしてみよう。

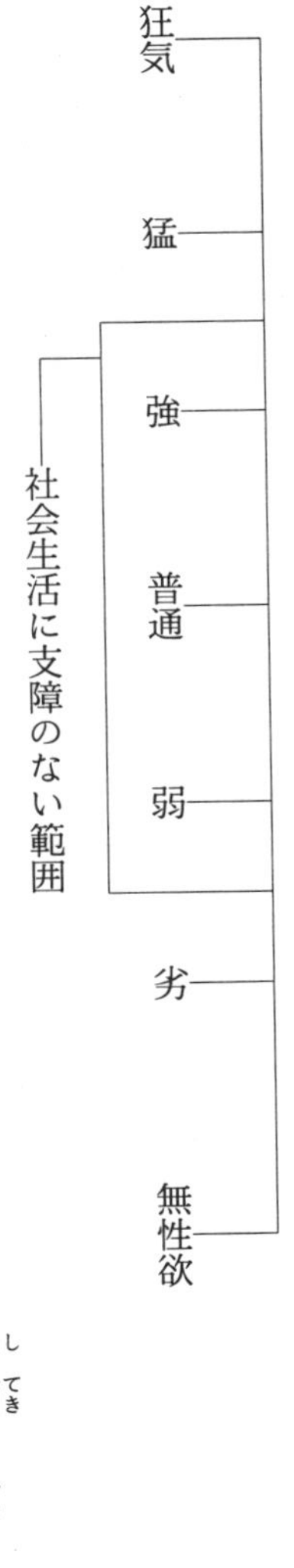

人間の性欲の段階を右図のように書き表わして、意味があるのかと指摘《してき》されてしまえば、大した意味も論拠《ろんきょ》もありません、とあやまる他はないが、一応、話を続けるための便《べん》法《ぼう》として理解して頂きたい。性欲なる現象の本質から考えてみれば、全人類が完全無性欲となった場合では自然な人類の種《しゅ》の保存は不可能になってしまうから、こんな仮定は論外としてもよい。私の自己流の判断であることを予《あらかじ》めお断りしてから説明にはいることとする。観世経で多於淫欲の多と表現されているのは右図の社会生活に支障のない範囲を逸脱《いつだつ》してしまう程に強烈な場合を指している。この社会生活に支障のない範囲なる言葉自体が非常に曖昧模糊《あいまいもこ》としていて、捕捉《ほそく》し難《がた》いのは十分に承知している。しかし、先に述べたよ

うに性欲は個人差が多いのとその時代、地域の社会的情勢によって集団内の道徳的評価が著しく変化するから、一概に規定することが出来ない。誰も否定し得ない事実として、性欲はほぼ年令に応じてその強さが変化する。通常では当然、若い時には強烈で、年をとって行くにしたがって弱くなっていく。つまり、一個人にあっても、その人の社会的生活に支障のない強さの範囲は時間的要素によって大幅に変化するのが普通である。ましてや、これらの要素に地域的、時代的背景を加味して結論めいたものを引っ張り出せなどと言われても全く不可能なのだ。従って、最大限の一般論として前述の線分を提示してみたのである。この中で、猛《もう》と表現してある部分だが、このような文字の使い方の是非は別として、性欲もこの段階に至ってしまうと、字の中のケモノ偏《へん》が示す通り獰猛《どうもう》にさえなってしまう。これでは第三者に有形、無形の悪影響を及ぼす恐れがでてくるので、やはり観音経では多と称される状態であろう。さらにその上の狂気の段階までに達したら、これは殆ど精神障害、精神病理学が扱うべき範囲になってしまう。弱い方で考えれば、無性欲は言うに及ばず、極端に性欲が減退していると実生活上でいろいろな不利益や摩擦《まさつ》を引き起こす可能性があるのみではなく、何としても人生に面白味、色気《いろけ》、艶《つや》とも言うものがなくなってしまう。勿論、この社会生活上に支障《ししょう》がない範囲とは言っても、人が男女の間のことで苦しみ、悩むことはある。この範囲の中に性欲なる煩悩が一応、納まっている限りでは自他に回復不可能な精神的、物理的障害は与えないのではないか。

私が職業上で見聞きし、経験した範囲内であってもこの性欲にからむ男女間の問題は非常に解決が困難である。その原因の第一は、個々のケースが各々それなりの特殊性を持つ場合が多いこと。原因の第二は通常の経済上のみのトラブルと異《こと》なり、金銭や物質による解決がしにくいこと。第三は一応の解決をみた後でも、多少は形を変えるが、基本的に同じトラブルが再燃《さいねん》する傾向があること。第四は当事者同士の直接的話し合いが困難な場合が多いこと。他の種類のいさかいごとであれば、当事者が冷静に話し合うのが一番の解決への近道なのが普通だが、この種の問題はそれが完全に裏目《うらめ》にでることが多い。

淫欲、性欲はその根本の性質から、かならずその発揮される対象を求める。つまり、肉体だけではなく包括して、ある人物を擬似的《ぎじてき》に所有したいと考える深層の意識が強烈に働いている。この深層意識は厄介なことに御当人が気がついていないことが多い。

いろいろなケースを扱っているうちに奇妙な事実に気がついた。それは人間には性欲は当然存在するが、その反対の作用する反性欲、反淫欲とでも称すべき感情もあるということだ。これは他に呼びようがないので、私が勝手に作り出した言葉なのだが、具体的にはきわめて説明しにくい観念であり、誤解を受けずに明解に説明する自信はない。

しかし、あえて解説するとなれば、淫欲が原因となって発生し、ある種の時間的経過、環境の変化、個人の精神構造上の変容《へんよう》等が引き金となって人の心の中に作り出される性欲とは反対の作用をする煩悩の一種、というようになる。さて、この人間の根本煩悩である淫欲に対して観音経はどのような対処方法を示しているのであろうか。

常念恭敬　観世音菩薩　便得離欲（じょうねんくぎょう　かんぜおんぼさつ　べんとくりよく）観世音菩薩を常に念じて、恭敬せば、すなわち欲より離れることを得ん。

対処方法は観世音菩薩を常念恭敬《じょうねんくぎょう》することだと書いてある。従ってどう考えても常念恭敬なるものの実体を捕捉《ほそく》しなければ、まったく意味不明。この四文字を直列につなげて熟語《じゅくご》として解釈する方法もあるが、それでは却《かえ》って解釈の幅《はば》をせばめてしまう恐れがある。多少とも冒険《ぼうけん》かも知れないが一字一字をぶつ切りにして解釈することに挑戦してみたい。まずは常の字。これは「いつも、つねに、間をあけることなく、」のような基本の意味がある。しかし、この基本の意味から派生《はせい》した意義の中には「普段《ふだん》と変わることなく、特段に意識しないで、自然のうちに、」のような意味によって代表されるものが隠されている。つまりこれらの言葉が示す観念を適当に組み合わせて、数学上の代入方式を採用すれば、試行錯誤の中から何らかの結論を得られるのではないかと予想するのだ。次には念の字。これには［思う、考える、心を集中する、祈る、］などの意味がある。例の隠された意義という点では文字遊びや字謎《じなぞ》ではないが、上下に分解して［今の心］とも言い得る。拡大解釈すれば［今現在の心そのままに］或《あ》いは多少、理屈《りくつ》づけて表現すれば［煩悩具足《ぐそく》の状態ありのままで］となるだろう。次は恭《きょう》の字である。

これは本来のはうやうやしく、つつしんでの意味であるから比較的理解しやすい。当たり前のことだが、うやうやしく、つつしんで等の状態を指す言葉はある人物が、立場が上の存在に対してとる態度である。それだから、恭の字が使用されていることは観世音菩薩の立場、働きに対して人間の方から全面的に信頼いたします、との意思表示に他ならない。最後の敬《けい》の字だが、これの意味は言うまでもなくうやまう、尊敬する、つつしむである。ただし、畏怖《いふ》すべき対象として半分強制されて、仕方なしにうやまうのではなく、非常に親しみをこめて尊敬するという隠された意味がある。

つまり、身近で尊い存在として認知する訳《わけ》で、この四字が集合すると全体では次のような意味を公正するであろう。『いつも自然のうちに、今の心そのままに、謹んで信頼し、自主的に尊敬する。』『煩悩具足《ぼんのうぐそく》の心そのままで、常に気持ちを集中してうやうやしく尊び、祈る。』このような具合になる筈であるが、これでは何やら却《かえ》って解りにくくなってしまったかも知れない。端的《たんてき》に言って、観世音菩薩にたいして常念恭敬することとは、その存在を忘れないことから始まる。そして忘れることがなければ、人の心の中で観世音菩薩の存在の占める比率《ひりつ》が自然に大きくなって行く。

比率が大きくなれば観世音菩薩の威神力《いじんりき》との名称で語られてきた霊妙不可思議な作用を具体的に、身近に感得する機会も多くなる。便得離欲《べんとくりよく》の中で肝心な点は、この場合では欲とは性欲を指すが、離《り》と表現されていることである。決して性欲そのものが消滅してしまうのではない。いくら観世音菩薩を念じたからといって、即時に全《すべ》ての淫欲、過剰《かじょう》な性欲が永遠に消え去ってしまうのではないという事実なのだ。離とは文字通りはなれる意味であり、このように性欲によって危機《きき》を招きかねないような時に観世音菩薩を念ずればこの過剰な性欲から離れ逃《のが》れることが出来て、危機を避《さ》けることが可能だとの確信を持った断言《だんげん》である。

若多瞋恚　常念恭敬　観世音菩薩　便得離瞋（にゃくたしんに　じょうねんくぎょうかんぜおんぼさつべんとくりしん）もし、瞋恚多からんに、常に念じて観世音菩薩を恭敬せば、すなわち瞋（いかり）を離るるを得ん。

淫欲、性欲の次は瞋恚《しんに》。瞋恚とは単純に言えば怒ることであり、瞋《しん》の字に目が使われているのは、目をむいて怒るの意味を含んでいる。およそ人間の行動の中で、この怒り程に大きな害毒を自分や他人に与えるものはない。その最大の理由は瞋恚の感情は必然的に憎悪《ぞうお》の意識をともなっているからだ。憎《にく》しみのない怒《いか》りはなく、怒りのない憎しみもあり得ない。この憎しみは何にもまして、それを抱く我々自身の心を傷つけ、瞬時で醜悪《しゅうあく》に変形させてしまう。私の経験であるが、今までの人生で本格的に怒り、人を憎んで良い結果を招いたことは一度もない。その反対にあまりにも人を憎んだために大きな失敗をしたことは数多くある。私自身、この事実は経験として十分に承知している筈なのだが、いまだに怒りの感情を覚えずにすむことはない。実に凡夫《ぼんぷ》のあさはかだとひたすらに反省するほかはない。瞋恚の特徴として、それを抱《いだ》く人を一時的にせよ、完全に冷静な理性、感性を喪失《そうしつ》させてしまう点がある。つまり精神上の五官を使用不能に陥《おちい》らせてしまうのだ。そして、その結果として自他を非常に困難な立場に追い込んでしまう。

瞋恚《しんに》にはいくつかの種別がある。まず、第一はきわめて激烈《げきれつ》ではあるが、一過性のもので、つまり怒りのエネルギーが一遍に爆発的に放射されてしまい、後にはあまり残らない、陽性とでも称すべきものである。もう一つは陰性な瞋恚とも言える怒りで、どちらかと言えば憎悪の度合《どあ》いが激しく、そのくせ怒りの感情が率直《そっちょく》にに表現されずに欝屈《うっくつ》してしまい、いつまでもグズグスしている種類である。かの易経《えききょう》の発想からすれば全ての事柄《ことがら》には陰と陽があるのだから、目には見えない瞋恚なる感情にも陰と陽があってしかるべきであろうと考える。陽性の怒りは瞬間的、突発的《とっぱってき》であるから、陰性のそれに比べると持続性にとぼしく、自他の物心《ぶっしん》に対して与える破壊性もそれほどではない。勿論、この場合でも著しい暴力沙汰に及ぶような例は論外である。重大で回復しがたい結果を惹起《じゃっき》するのは、どちらかと言えば陰性の瞋恚であることが経験として知られている。同じ陰性の瞋恚の中にも少しづつ発散《はっさん》可能なものと、殆ど表面に浮上することなく欝積《うっせき》して行くばかりのものがある。たとえ少しづつであっても発散が可能な種類の瞋恚であれば、まだ感情の抑制《よくせい》、調節が多少はできる範囲にある。問題なのは欝積して行く一方の怒り。

この傾向が強い怒りは長期にわたって蓄積《ちくせき》されると、大変に破壊的な結果をもたらす。瞋恚を人の心という水槽《すいそう》の中に入っている有機ゴミに例《たと》えて考えてみよう。

水槽の水が少しづつではあっても、入《い》れ替《か》えられていて、多少の酸素供給がされたなら、有機ゴミ自体は腐敗分解していっても、完全に遮光《しゃこう》環境である場合には、水槽全体はある程度の清澄度を保てる。また、光がある環境下では光合成が営《いとな》まれて、諸種の緑藻《りょくそう》類、藍藻《らんそう》類などの繁殖する所となり緑色は呈《てい》するものの著しい腐敗による悪臭、有害物の生成はそれ程には見られない。しかし、水が全く交換されず、外気の供給も完全に遮断《しゃだん》されたとすれば、この水槽は見る見るうちに腐敗してしまい、ひどい悪臭を発する有害物の塊《かたまり》ととなって濁《にご》りきってしまうだろう。このようになった水槽…即《すなわ》ち人の心はその腐敗、汚濁《おだく》が許容限度《きょようげんど》を越えてしまうと、予想もつかない程の破壊的な衝動《しょうどう》に簡単に負《ま》けてしまう。そして衝動による行為の招来する結果も大変に重大で、多くの事例では回復不能、もしくは多数の人の死をもって終わることにもなりかねない。日本歴史上の事件ではこの欝屈《うっくつ》した瞋恚、憎悪によって惹起《じゃっき》されたと思《おぼ》しきものに本能寺の変がある。

事件としてはあまりにも有名なので、経緯《けいい》を詳説《しょうせつ》することは避《さ》けるが、ここで考えたいのは、首謀者たる明智光秀が事件を起こすまでに至った彼の心事である。当時主君織田信長麾下《きか》で方面軍事司令官とも言うべき地位にあった光秀が何故に本能寺に主君を襲い、二条城に主君の嫡子《ちゃくし》信忠を殺害したのだろうか。この謀反《むほん》の理由については従来からいろいろな説が唱《とな》えられているが、殆どの説に共通する点は信長が光秀に対して過去に実行した行為が、主従関係の意志の疎通《そつう》の不足、性格面での個性の葛藤《かっとう》とも相俟《あいま》って、長年に渡って光秀の心中に瞋恚、憎悪、恐怖の種を播《ま》いてきた、というもの。本能寺の変はさきほどから私が説いてきた水槽の例で言えば、完全にその許容限界を越した腐敗生成物の汚濁とそれに伴《ともな》う気体の発生により、生じた圧力によって水槽のガラスが破砕されてしまったと例《たと》えられる。本能寺に信長を殺害した後の光秀の行動は、どう見ても天下を取らんとする男のそれではない。自分自身の決断《けつだん》が招いた結果に翻弄《ほんろう》されて確たる方策《ほうさく》もなく、右往左《うおうさ》往《おう》していると評してもいい。そして、羽柴秀吉の急追《きゅうつい》に会って数日のうちに死を遂《と》げた。織田信長麾下の諸将の中でも、知将の第一とさえ評価された明智十兵衛惟任日向守《これとうひゅうがのかみ》光秀にして、この愚を犯してしまったのである。

結果として明智一族は族滅《ぞくめつ》を招いてしまった。瞋恚の心身を滅ぼすこと激烈なのはこの通りである。ふりかえって見れば、我々自身もいつこのような愚行《ぐこう》をなすかも知れないのだから、心の中にいつも潜《ひそ》んでいる瞋恚なる魔物《まもの》に負けないように用心しなければならないし、その魔物を抑制する手段の一つとして観音経は観世音菩薩を念ずることを提案しているのだ。前段の淫欲のところでも説明したが、ここでも便得離瞋《べんとくりしん》となっていて、けっして瞋恚の心が永久に消滅してしまうのではない。観世音菩薩を念ずることによって、たとえ瞋恚の心が熾烈《しれつ》に燃え盛《さか》ろうとも、明智光秀の如く重大な結果にはならずに済《す》むということである。また、心の中の瞋恚《しんに》の猛火を一刻も早く消すための甘露《かんろ》の霊水《れいすい》の役目をするのが、水徳の菩薩たる観世音菩薩の威神力なのだ。

若多愚痴　常念恭敬　観世音菩薩　便得離痴（にゃくたぐち　じようねんくぎょう　かんぜおんぼさつ　べんとくりち）

もし、愚痴《ぐち》からんも、観世音菩薩を常に念じて恭敬せば、すなわち痴《ち》を離るることを得ん。仏教では貪欲《どんよく》、瞋恚《しんに》、愚痴《ぐち》をひとまとめにして、一口で貪瞋痴《とんじんち》と称し、三毒《さんどく》と名づけている。三毒とは読んで字の如く、人間を損《そこ》なう三種類の心の中にある毒物の意味である。観音経のこの部分（古来から三毒の段と呼ばれている。）は貪欲《どんよく》という表現はあえて使わないで、その最《さい》たるものの代表として淫欲を扱っている。この辺も観音経の作者達の人間感、人生に対する姿勢の一端のようなものが窺《うかが》えて、非常に興味があるところだ。

さて、三毒の最後を引き受けている愚痴だが、これがまた一筋縄《ひとすじなわ》で行くような、なまやさしいタマではない。その原因は第一に他の二毒と違って、極《きわ》めて言葉の守備範囲が広大で、普遍的《ふへんてき》だからだ。仏経上では、この愚痴なる観念は『真理に通じていないこと、法に暗いこと、真理に対する知見がないこと』を意味するとされる。

こんなことを言われたら私などは愚痴の典型例、貴重な標本としてホルマリン漬《づ》けの上で永久保存されても文句は言えないが、その私がここで愚痴に関してなにがしかの解釈をしてみようというのだから、凄《すさ》まじい程の暴挙である。しかし、現役《げんえき》バリバリ、鮮度抜群《ばつぐん》の愚痴だからこそ気がつく所もあると思い、無謀を省《かえり》みず、あえて挑戦してみよう。

日本語に馬鹿という言葉があるが、この言葉の語源、由来についてはふたつの説があるようだ。その一つはお隣の中国の話として伝わっているもので、ある王様と家来の有力者の出来事とされる。その家来は王の御前《ごぜん》に馬を引っ張りだして、これは鹿であると主張し、反対に鹿を出してきて、これは馬であると言う。王は当然のことだが正反対の見解を述べる。しかし、居並《いなら》ぶ他の家来どもの中には有力者に反対することが出来ず、またその御機嫌を損じることを恐れて馬を鹿、鹿を馬と言う者もいる。このようにして有力者は自分に味方する者を確認した。この故事から『馬を指《さ》して鹿となす』との諺《ことわざ》が生まれ、ついには馬鹿といえば愚か者を指す普通名詞になったとする説。

もう一つの説は、梵語で愚痴のことをモーハ（ＭＯＨＡ）というから、この音をそのまま漢訳して漢字に移して、莫迦と書いた。これを日本語読みで《ばくか》といっているうちに、いつの間にか《ばか》になってしまった、という説である。

もし、後者の説が正しいとすると、我々は常日頃、で仏経でいう所の愚痴をおおいに愛用している訳だが、日常語としての馬鹿はその規定している範囲が狭《せま》い。

しかし、仏経用語の愚痴はその適用範囲がとても広く、最初のところで述べたような結果になる。愚痴は人間のもっている最も基本的な煩悩《ぼんのう》の一つであるのは言うまでもない。煩悩に関しては後段で必ずふれなければならない時が来ると思うが、別の言い方をすれば無明（むみょう）と言う。無明とは『明《みょう》が無いこと』と読める。ここで言うと明とは明るいの意味だけではなく、智慧、知恵、智恵、知識、知見などを指している。

つまり、これらの欠如《けつじょ》が無明であり、無明＝煩悩＝愚痴＞馬鹿という等、不等式が成立する。ここで智慧、知恵、智恵と「ちえ」を三つ並べておいた。この三者は発音は同じであっても、その意味する所は相当に相違《そうい》するのではないかと考えられるので、三つ書いておいたのである。さて、ここまで来るとあまり愚痴でない人は、私が何となく論議《ろんぎ》をウヤムヤにして、怪しげな煙幕《えんまく》を張り、本題である愚痴の解釈が困難なので逃げだすことを計画しているのではないか、と疑う人もいるであろう。その疑惑は正鵠《せいこく》を射《い》るもので、まことに御尤《もっと》もであり、内兜《うちかぶと》を見透《す》かされてしまい、お恥ずかしい次第。

ただし、ここでは単に逃げだすだけではなく、知恵、智慧、智恵という、いわば愚痴の反対価値から説くことによって、本題の愚痴を浮彫《うぼ》りにしようといる意志のあることを認めて欲しい。智慧、知恵、智恵の三者の相違についてであるが、まず知恵とは一般的な知識、教養、常識などを指すと仮定しておくことにする。この仮定を承認すれば、智恵とはこの知恵を基本として、これを実生活、物理的活動に応用する能力、融通《ゆうづう》力を指《さ》す。

そして第三番目の智慧とは前二者を総合的に応用して、主として精神生活、心理的活動を行なう能力を言う。つまり智慧とは人間が生活して行く上で、最も深層《しんそう》を流れている意識を広範《こうはん》に汲《く》み上《あ》げる能力でもある。これは単に頭脳の使用のみでは発揮《はっき》することが不可能であり、さらにその上に必要とされる要素として精神面、霊的側面までも共同して調和行動をとらない限り、所期の目的の完遂《かんすい》は困難である。知恵、智恵、智慧の三者について仮定上の定義を述べてみたが、この三者など関係を図示すると次のようになる。

つまり、一種の入《い》れ子《こ》構造をなしているように見えるが、これは全体を真上から見た図であると考えて欲しい。従って、なめ横から見た場合には、下の方が面積のせまい倒立台形になるのである。
有名なお経で般若心経…摩訶《まか》般若波羅《はんにゃはら》蜜多《みった》心経《しんぎょう》…というのがあるが、この経典は智慧なる

問題を正面からとらえて、解説している。短いお経であるが解釈するとなると実際に難解《なんかい》極まる。しかし、その経題《きょうだい》がすべてを物語っている通り、大いなる智慧の完成のための最重要点を説くものだ。

ご承知の通り、この般若心経でも観世音菩薩は観自在菩薩の名で主演している。

般若心経の梵語具名《ぐみょう》であるマハー・プラジユニャーパーラミター・フリダヤ・スートラは前述《ぜんじゅつ》の通りの意味を持っている。このように愚痴を解釈するのに、その反対要件から見てきたのだが、この知恵、智慧の三要素の極端《きょくたん》に欠如《けつじょ》した状態を愚痴、莫迦《ばか》と称する次第。ここでも観世音菩薩を常念恭敬することによって、愚痴から離れられるとされている。大切なのは愚痴がなくなってしまうのではなく、その人間の基本煩悩である愚痴によって、身を滅《ほろ》ぼすようなことはさせません、という観世音菩薩側の大変に頼《たの》もしい、実効性の高い約束であると考えよう。

無尽意　観世音菩薩　有如是等　大威神力　多所饒益　是故衆生　常応心念（むじん　かんぜおんぼさつ　うにょぜとう　だいいじんりき　たしょにょうやく　ぜこしゅうじょうじょうおうしんねん）無心意、観世音菩薩はかくの如きの大威神力ありて、饒益《にょうやく》するところ多し。このゆえに衆生は、まさに常に心に念ずべし。

ここで再び、釈迦牟尼世尊は無尽意菩薩に呼び掛けられた。この呼び掛けの意味は今までの観世音菩薩の働きに対する釈迦牟尼世尊の説明が一段落したので、従来の説法《せっぽう》を聴衆たちがどの程度に理解しているかを確認するための間でもあろう。無尽意菩薩が当面の質問者であるから、彼に呼び掛けることにより聴衆全部を代表させたのである。

そして次に一応のしめくくりとして、観世音菩薩の大威神力を再度、断言している。

饒益《にょうやく》とは聞き慣《な》れない言葉であるが、仏教用語の一つで豊かな恵みを与え、大きな利益をもたらすことを言う。一般でも豊饒《ほうじょう》のような熟語《じゅくご》の形で使用し、この意味は豊《ゆた》かで富《と》んでいることの形容である。または利益（りえき）と読めば、経済活動を連想させる普通の用語であるが、（りやく）と読むと神仏が衆生に与えるプラス効果の意味になり、仏教用語とも言える。釈迦牟尼世尊はここでも念を押して、我々衆生に観世音菩薩を常に心に念じているように薦《すす》めている。

（原文）若有女人　設欲求男　礼拝供養　観世音菩薩　便生福徳　智慧之男　設欲求女　便生端正　有相之女　宿植徳本　衆人愛敬　無尽意　観世音菩薩　有如是力　若有衆生　恭敬礼拝　観世音菩薩　福不唐捐　是故衆生　皆応受持　観世音菩薩名号

（意訳文）もし、ここに女の人がいて、どうしても男の子を生みたいと心から願っているものとします。この女の人が観世音菩薩を真剣に礼拝し、尊敬の心をこめていろいろな物を捧《ささ》げたとしましょう。そのようにすればこの女の人は、生まれ付きの福徳を備えていて智慧のある、将来が期待できる男児を生むに違いありません。また、女の人が絶対に女の子を生みたいと一途《いちず》に願っているとします。やはりこの人も観世音菩薩を礼拝して、真心から供養したならば、前世《ぜんせ》で十分な徳を施《ほどこ》したために円満な人格となった、誰からでも愛され、尊敬される端麗《たんれい》で、光輝《かがや》くように美しい女の子を生むことが出来るのです。

聴衆の代表たる無尽意菩薩よ、観世音菩薩はこのような力、働きを備えているのです。だからこそ、もしいろいろな人達がいて、観世音菩薩をうやうやしく敬い、一生懸命に礼拝するのであれば、その人の福徳を生むその行為は決して無駄にはならないのです。

このような理由がありますから、全ての人々はいつも観世音菩薩の名号を受けて保ち、毎日の生活の上でもその存在を忘れてはなりません。

若有女人　設欲求男（にゃくうにょにん　せっちょくぐなん）

もし女人ありて、男を求めんと欲せしに。

女が男を求めん、と書いてあるが性欲の対象としての男性を女が欲しがっている訳ではないから、あわてて間違えてはいけない。子供を生もうとする女性がいろいろな願い事をする場面なのだ。妊娠、出産はいつの世でも女性の大役であり、それが初めての妊娠であるならば諸々の不安を抱くことは、容易に想像がつく。妊娠自体への不安、出産の不安、育児に関しての自信のなさ、などという途轍《とてつ》もない大きな荷物を背負《せお》うのである。

男である私にはとても耐《た》えきれそうもない重荷を女性連中は何やかやとやかましいことを言いながらも、本能のしからしむる所なのか、結構こなしてしまうものである。この点一つを見ても、世の中の男どもは女性恐《おそ》るべしと考えた方がよい。女を甘く見ると男はひどい目に遭《あ》う。これは古今東西、絶対の原則であるが、この原理、原則に気がつかずに失敗した男は過去から現在に至るまで無数にいる。この事は将来に渡っても不変の傾向であることは断言してもよい。結婚して正常に妊娠出来れば、それで良いのであるが、世間には子供が出来ないといって悩んでいる夫婦も多い。私の場合でも職業上、赤ちゃんが無事に誕生したという報《しら》せを受けた時ほどうれしいことはない。元来があまり楽しい話の聞けない仕事であるから、このような時にこそ仕事冥利《みょうり》につきる思いをする。観音経のこの部分はこのような子供に恵まれないで苦しんでいる女性をも対象としていると考えるべきなのだ。さて、無事に妊娠出来たとしても、人間の希望や欲にはきりがないもので、男の子、女の子のどちらでもよい、と言う人は少数派であり、大部分はどちらかが欲しいと言う。しかし、本当に出産が迫って、陣痛《じんつう》でも始まろうものなら、苦痛のひどさにともかく生まれてくれれば何でもよいとの心境に達するらしい。これは私の経験であるが、最初の子が生まれた時などは、産婦人科病院の廊下《ろうか》でマゴマゴしながら、五体満足であれば男でも女でもいいと思ったものだ。この時は男の無力さをつくづく感じて、情けない思いをした。妻の方も出産し終わった直後は、こんな苦しい思いをするくらいならば、もう子供は絶対に生まないと宣言したものである。しかし、数か月もして体力も回復して、育児にも慣《な》れた頃《ころ》になったら、次は男の子が欲しいなどと言い出して、私をあきれさせた。この時は本気で女の頭脳の構造はどんなになっているのだろうと考えたものである。現今では産婦人科学も発達して、妊娠中に胎児《たいじ》の性別が判定出来るとのことだが、何かこの方法が悪用されるのではないかという心配をしてしまうのは私だけであろうか。

さて、子供の性別を問わず、妊娠したとすれば、次の注文は良い子が生まれるようにである。良い子とは観音経のこの部分に書いてある通りの子供であろう。このように女性の子供に対する願い、希望は際限《さいげん》もなく大きくなる。

礼拝供養　観世音菩薩（らいはいくよう　かんぜおんぼさつ）

観世音菩薩を礼拝、供養せば

今までは観世音菩薩に対する我々の態度の取り方を常念恭敬《じょうねんくぎょう》、称其名号《しょうごみょうごう》などの方法で示されてきたが、ここで初めて礼拝《らいはい》、供養《くよう》なる言葉が出てきた。礼拝とは頭をたれて、合掌《がっしょう》して敬礼《けいれい》することだが、方法としてはいろいろある。中には五体投地《とうち》のような方法もあり、実行されている場所によって多少の違いはあるが、全身を地に投げて行なう礼拝の方法である。ヒンズー教の聖地でシヴァ神の霊場たるカイラス山を目指して巡礼《じゅんれい》する信徒の中には、足ばかりではなく手にも履物《はきもの》？をはいて、文字通り五体を大地に投げうって一歩一歩、至聖所《しせいじょ》に近づいて行く者もある。見ていると実に大変な行《ぎょう》だな、と感心させられるが、私自身では実行する気にはなれそうもない。これに比較すると現在日本で実行されている五体投地の作法《さほう》はいささか様式化されている。しかし、実際に行なってみると、それなりに大変な行であることが容易に実感出来る。礼拝なる熟語を仏教では〔らいはい〕と発音するのが一般的である。私も小学校を卒業するまでは〔らいはい〕とだけ読んでいた。しかし、キリスト教系の中学校に入った時に、学校の案内書に〔礼拝堂〕と書いてあったのを皆が〔れいはいどう〕と言っているのを聞いて、奇異《きい》の思いをしたのを覚えている。そして、教会や学校での〔れいはい〕という言葉が身につくのにそれから暫《しば》らくかかったような気がする。礼拝の第一の目的は、その行為によって礼拝する対象に対して敬意を表することであり、第二の目的は礼拝を実行することによって自分の信仰心を養成、強化することにある。あらゆる宗教的活動をなす個人、もしくは集団の中でこの礼拝に相当する行為を持たないものはない。それほど、基礎的で大切な作法なのである。

但し、如何《いか》に大切な作法であると言っても、礼拝する対象に対する真心からの働きを伴わない、単なる形式のみに陥《おちい》ってしまっては何もならない。その実行方法も既成《きせい》の概念《がいねん》に束縛《そくばく》されることなく、自分自身の納得出来る方法を自由に編《あ》み出してもよい。

次は供養《くよう》。この供養という言葉ほど多くの誤解《ごかい》を受けているものは珍《めずら》しい。

梵語のプジャーなる言葉を漢訳して供養としたのだが、もともとの意味は最大限の尊敬の心をもって、丁寧《ていねい》にもてなすこと。漢字の上からでは供《そな》えて養《やしな》うとも解釈出来るが、その字義《じぎ》のままに受け取るといささかの誤解を招きかねない。先に仏の十号が出て来たが、その中に応供（おうぐ）があった。この応供とは〔供養に応ずるに足る者、供養に応ずる資格のある者〕の意味がある。この応供の原語はアルハットであり、そのまま漢訳して阿《あ》羅《ら》漢《かん》とも言う。つまり、厳密《げんみつ》に言えば、供養に応じる資格があるのは応供《おうぐ》たる仏だけ、ということになる。この尊敬の心をもってもてなすの意味が時代とともに次第に拡大解釈されて、やがては物質的捧《ささ》げものを指すように変化していった。

要は悟りを開いた人である仏陀に対して、その生命の維持《いじ》に資《し》するために人々から捧げられる物質的援助を供養とする。歴史的には釈迦牟尼世尊の伝記に出てくる乳粥《ちちがゆ》供養が最も有名である。ところが、後世になるとこの本来の意味は大きく崩《くず》れてしまい、供養を受ける資格のない者達が盛《さか》んに供養と称して物品を受け取るようになってきた。特に現在の日本の宗教界を見渡すと、実に出鱈目《でたらめ》きわまる教義をでっちあげて仏教でござい、と称して無知蒙昧《むちもうまい》の信者どもから尨大《ぼうだい》な金品を搾取《さくしゅ》している教団が掃《は》いてすてる程にあるのはどうしたことなのだろうか。中でも悪質なのは御供養の金額が多ければ多いほど、御利益、功徳も大きいなど恥《はじ》しらずなことを喚《わめ》きたてている、詐欺師《さぎし》以下の破廉恥漢《はれんちかん》の存在。こんな奴らを詐欺師とならべて論ずることは、世間のまともな? 詐欺師諸賢《しょけん》に対して大変な侮辱《ぶじょく》になるかも知れない。このような教義、宣伝、勧誘《かんゆう》活動をしている人々がいたら、彼らは宗教の仮面《かめん》をかぶった餓鬼《がき》、畜生《ちくしょう》以下の存在であると考えて差《さ》し支《つか》えない。彼らがどのように豪壮《ごうそう》な建築物を建て、名目上の信者数を誇示《こじ》し、いかなる甘言《かんげん》を弄《ろう》しても誤魔化《ごまか》されてはならない。騙《だま》され、脅《おど》されて苦しむ信者から搾《しぼ》り取った金銭で造った教団の施設などはいささかも有り難がる必要はない。こんな施設等は人間の貪欲《どんよく》と愚かさの記念碑であり、この餓鬼どもの罪業《ざいごう》の深さを表示する立《た》て札《ふだ》なのである。ここで是非とも確認しておきたいのは、供養の本当の意味はその現世的な価値の大小によって決定されるものではない、ということだ。供養の価値はその供養に付随《ふずい》した当人の真心《まごころ》のみが決定するのである。何故ならば霊的世界では物質は何の役にも立たないからであり、現界と霊界をへだてる薄《うす》い障壁《しょうへき》は物質を通すことはないからである。

便生福徳智慧之男（べんしょうふくとくちえしなん）

すなわち、福徳、智慧の男を生まん。観世音菩薩を礼拝供養した結果としてどのような子供が授《さず》かるかの説明である。まずは男の子の場合。福徳とは善なる行為、もしくは善なる行為によってもたらされる善報《ぜんぽう》のことである。この原義《げんぎ》から敷衍《ふえん》して、自他に積極的に良い恵みを与えられるような能力、可能性を言うようになった。福徳は人間を評価する上でとても重要な課目の一つである。我々は福徳という言葉こそ使用しないが、実生活上で無意識の内にこれと似たような基準で自他を判断、評定《ひょうてい》することが多い。

『生来の人徳』、『元来《がんらい》、運の強い人』とか言われる人物がいることは確《たし》かであるが、本当の意味でこれらの言葉に相当する人は自分だけが幸《しあわ》せになるのではなく、周囲の人々をも幸福にする不思議な能力を身につけている。そして、今一つ興味深いのはこのタイプの人物は外部から観察していると、それ程に努力している印象を受けないことである。

つまり、何か物事をなすにあたっても、人並《ひとな》みか時としては人並み以下の努力をしただけなのに、得る結果は抜群《ばつぐん》に素晴《すば》らしいものがあるというようなことだ。

日露戦争の際に時の海軍大臣、山本権兵衛《ごんべえ》は戦時特別編成である連合艦隊の司令長官を選ぶにあたり、常備艦隊司令官日高壮之丞《ひだかそうのじょう》提督《ていとく》に替えて、退役が間近だった東郷平八郎に白羽《しらは》の矢を立てた。その理由は東郷の実績や国際法の知識もさることながら、彼の運の強さにあったと伝えられている。この山本の決断は、後日に日本海海戦でロジェストヴェンスキー提督《ていとく》の率《ひき》いるバルチック艦隊に対する空前の大勝利の形で実を結び、明治の日本を亡国の危機から救った。後から考えてみると東郷平八郎元帥《げんすい》という人は幕僚《ばくりょう》の中に秋山《あきやま》真之《さねゆき》参謀を始めとした人材を得た為もあり、本人も大変な努力をしたろうが、この乾坤《けんこん》一擲《いってき》の大海戦に完璧《かんぺき》に近い勝利をしたのには、いろいろん意味で眼に見えない福徳が随分《ずいぶん》と備わっていなければ不可能な気がする。このように一人の人物を評価するにあたって運の強さとか、福徳の程度とかは決して無視出来ない要素なのである。福徳は時には功徳と訳されていて、この方が一般的に使われてている。しかし、この言葉も供養と同様にきわめて誤解されやすく、またそのポイントをついて、前述の如くの宗教の仮面をかぶった餓《が》鬼《き》、畜生《ちくしょう》どもに悪用されていることも多い。従って、私は人と話をする上でも、意識して出来るだけこの言葉は使用しないように心掛けている。そうしなければ、中には偽物《にせもの》の功徳ばかり欲しがる功徳亡者《くどくもうじゃ》、目先の利益のみを追求する福徳餓鬼《ふくとくがき》のような人ばかり集まって誤解を招きかねないからで、こんな人たちの信仰の在り方を一口に乞食《こじき》信心という。そしてこの乞食信心の最も厄介な点は、自分自身の本当の福徳を怖しい程の速さで失《うしな》いながらも、当の本人は全く気がついていないことにある。もっとも教団側も悪く達者《たっしゃ》で、実に巧《たく》みにその点を信者達が悟《さと》らないように、現実から眼をそむけさせている。さて、女性としては男の子を生むのならば、このように本当の意味での福徳が身についた子を生みたいのは当然の欲求《よっきゅう》である。智慧に関しては前の三毒の段で一応、述べておいたので、この場での解説は避けておくことにしよう。しかし、後半になって必ず、さらなる解釈が要求される所が出てくる筈である。その理由は仏教とは、教主釈迦牟尼世尊の法の根本とは、真の解脱《げだつ》を求める智慧の獲得《かくとく》を目的として生まれたのだから、智慧そのものに関してはいくらでも解釈や説明の余地が存在するからである。解脱を求めて黒縄《こくじょうじ》地獄《ごく》に落ちるような愚《ぐ》を犯すべきではない。

設欲求女　便生端正有相之女　宿植徳本　衆人愛敬（せっちょくぐにょ　べんしょうたん

じょううそうしにょ　しゅくじきとくほん　しゅうにんあいきょう）今度は女の子を欲しいと考えた場合である。端正《たんせい》とは物事が正しく、きちんとしている様子《ようす》の形容。ここでは生まれて来る女の子の精神的側面を指し示していると考えたい。つまり、心が正しく、正確なものの見方、考え方が出来る聡明《そうめい》な子供ということである。有相《うそう》の方は肉体的側面を表現しているものと考えておく。女性としての美しさ、健康さ等《など》およそ女性の肉体に望《のぞ》まれるすべての条件を満足しているほどに素晴らしい意味である。〔宿植徳本〕は〔かって読本を植え〕と読むことが可能であり、その〔かって〕の意味は〔前世に於《お》いて〕と言い換えられる。

インドでは仏教誕生のはるか以前から輪廻《りんね》転生《てんしょう》の思想があり、仏教もこれを取り入れている。輪廻《りんね》とは梵語のサンサーラの訳で、原義《げんぎ》は何かが流れることを表現している。人間を含めた一切の生命が無限に生死を繰《く》り返《かえ》していると考えて、この事実を表現するために〔流れる〕の概念《がいねん》をもちいた。この思想からすれば人間は現世に生きている以上、死んだ後の来世《らいせ》も存在し、必然的に現世に生まれる以前の前世もある訳である。

だから、この場で言う〔宿《しゅく》〕とは女の子がこの世に生を受ける前の世での行動に言及《げんきゅう》しているのである。この子が前世でどのような行動をしたかを説明するのが、〔植徳本《じきとくほん》〕の三字である。徳は本人の内的な道徳心を表《あらわ》す場合と、他人に対して外的に施《ほどこ》した諸々《もろもろ》の恩恵《おんけい》の意味があり、ここではどちらかと言えば後者の方の意味が強いと思う。

つまり、前世でいろいろな方法を尽《つ》くして他人を助け、広く社会に恩恵を施《ほどこ》すほどの善行《ぜんこう》を積んでいたのである。十善《じゅうぜん》の天子なる言葉があり、これは天子、皇帝に関して使用される言い回しで、いやしくも天子、皇帝として生まれるには前世では十善の功徳を積んだ人物でなければならない、という考え方である。つまり、完全無欠な善徳を積んだ者だけが転生《てんしょう》して皇帝となる運命にあるとされるが、九善では駄目とされるところが面白い。

女の子も同様に前世の善行の報《むく》いで、心正しく、美しく生まれ育つのである。そしてこの子を見る全ての人から深く慕《した》われ、尊敬されるに足《た》る美徳を備えている。

無尽意　観世音菩薩　有如是力（むじんに　かんぜおんぼさつ　うにょぜりき）無尽意よ、観世音菩薩はかくの如き力あり。

ここで言う如是力は釈迦牟尼世尊の観世音菩薩の力に関しての、始めからここまでの説明を指している。

若有衆生　恭敬礼拝　観世音菩薩　福不唐捐（にゃくうしゅじょう　くぎょうらいはい　かんぜおんぼさつ　ふくふとうえん）

もし、衆生ありて観世音菩薩を恭敬礼拝せば、福は唐捐《とうえん》ならじ。

唐捐《とうえん》なる言葉がここでの鍵《かぎ》である。唐《とう》という文字を見ればほとんどの人が中国の王朝名を連想するが、ここではその意味はない。唐王朝はその祖である李淵《りえん》が前王朝の隋《ずい》代に唐という地方の領主だったので、それを取って唐を国名としたのである。ここでは現在でも使われている熟語の中の荒唐無稽《こうとうむけい》にはいっている唐の字の意味であり、その荒唐無稽とは全く出鱈目《でたらめ》で根拠がないことに使われる形容で、唐の字は〔中身がなく、むなしい、からっぽ〕の意味になる。捐《えん》は現在でも義捐金《ぎえんきん》などという形で使われている。元来の意味は〔捨《す》てる、廃棄《はいき》する、投げ出す〕などの意味である。

従って、唐捐《とうえん》の意味は大げさなばかりで価値がなく、実行するだけ無駄でむなしいとの意味になる。釈迦牟尼世尊はここで再び、観世音菩薩を恭敬礼拝することの有効性を強調するために、決して無駄にはならないと断言している。

第五章……無量無辺

是故衆生 皆応受持 観世音菩薩名号（ぜこしゅうじょう かいおうじゅじ かんぜおんぼさつみょうごう）

このゆえに、衆生は皆、まさに観世音菩薩の名号を受持すべし。

ここの釈迦牟尼世尊による観世音菩薩名号の持する勧《すす》めには、受持《じゅじ》と書かれている。前にも若有持是観世音菩薩名者 設入大火のように『持《じ》する』と表現されたことはあったが、ここでは『受持《じゅじ》する』となっている。基本的には同じ趣旨だが、微妙な違いがあるような気もする。そんな細かい点までも検討の対象にしなくてもよい、と思う人もいるだろうが、ここであえて拘泥《こうでい》してみると両者の相違は表面では『受』があるか、ないかだけである。私の個人として抱く印象では、『持』の方は自分が一生懸命になって努力して持つ感じであり、『受持』はごく自然に、無理な力を入れなくても持てる感じがするが、いかがなものであろうか。もっと簡単に言ってしまえば、『持』は自力《じりき》の要素が強く、『受持』は他力《たりき》の要素の混在《こんざい》、即ち自分の力でない他の何らかの力による援助の如きものの混在が一部、認められるように感じるのである。

（原文）無尽意　若有人　受持　六十二億恒河沙菩薩名字　復尽形供養　飲食衣服臥具医薬　於汝意云何　是善男子善女人　功徳多不　無尽意言　甚多世尊　仏言　若復有人受持　観世音菩薩名号　乃至一時　礼拝供養　是二人福　正等無異　於百千万億劫不可窮尽　無尽意　受持観世音菩薩名号　得如是　無量無辺　福徳之利。

（意訳文）無尽意菩薩よ、お聞きなさい。もしここに大変に信心深い人がいて、ガンジス河の砂粒をすべて集めた数の六十二億倍もの多数に及ぶ、諸々の菩薩《ぼさつ》達《たち》の名号をいつも受持していたとします。その人は同時に自分の財産や持ち物、その他自己《じこ》に関《かか》わるすべての物を飲み物、食物、必要な衣服、夜具《やぐ》、敷物《しきもの》、布団《ふとん》、健康維持のための保健薬、病気の治療用の薬剤等の形に変えて、これらの菩薩達に尊敬の真心《まごころ》を込《こ》めて、捧《ささ》げたとします。

無尽意菩薩よ、あなたに聞きますがあなたの考えはどうでしょうか。このようなことを実行する信仰の篤《あつ》い男の人や女の人の得ることが出来る福徳、功徳は多いと思いますか、少ないと思いますか。無尽意菩薩はお答えいたしました。釈迦牟尼世尊よ、想像も出来ないほどに甚《はなはだ》しく多くの福徳、功徳を得るに違いありません、と。

するとお仏陀、釈迦牟尼世尊は次のように教えられました。それでは、またここにある人がいて観世音菩薩お一人の名号だけを受持していたとしましょう。そしてこの人は時々、またはほんの少しの時間、或いはたった一度だけでも観世音菩薩を心から礼拝して、真剣な気持ちで捧げ物をしたとします。無尽意菩薩をはじめとして、ここにいるすべての人々に教えておきます。この二種類の人が実行した行為によって得ることが出来る福徳、功徳は全く完全に同等なのです。この人々の得る福徳は百千万億劫という無限に長い時間をかけたとしても、とても窮《きわ》め尽《つ》くすことはできないほどのものなのです。

若有人　受持　六十二億菩薩名字（にゃくうじん　じゅじ　ろくじゅうにおくぼさつみょうじ）もし、人ありて六十二億の菩薩の名字《みょうじ》を受持せん。ここでも例の如《ごと》く、とんでもない数字のかたまりが出てきた。

この六十二億なる数字の出所に関しては、いろいろな論議があるようだが、その追求をはじめると非常に大変なことになりかねない。その根拠《こんきょ》としては観音経の作者達がインドの民族的宗教意識の伝統中に身をおいて、この作品を完成させたからだ。

六十二なる数字を採用するにあたっても、これらの伝統に根ざした彼らなりの何らかの論拠《ろんきょ》があった。しかし、後世の我々がこの観音経を読み、理解しようとする時に、作者達のよって立つ論拠を完全に理解することは不可能に近い。これを無理に解釈しようとすれば。途方《とほう》もない誤《あやま》りかこじつけに陥《おちい》りかねない。何故ならば当時と現在では、時代、社会、文化その他のあらゆる背景が大きく異《こと》なるからだ。しかし、いかに社会や時代背景が大きく変化しても、何の変化がないものは人間の心そのものの本質であろう。

　人の心の作用が本質的に変化をしていないとすれば、過去の作者達と現在の我々、読者達に共通の認識が存在するのは疑いない。そこでこの最大公約数的な認識を求めれば、自ずから表現されている尨大《ぼうだい》な数字の意味も理解できる。ここに一つのヒントになりそうな人間の思考に関する一般論としての事実がある。この事実とは人間の思考能力の限界点における思考の停止、逃避《とうひ》ないしは中断、回帰《かいき》である。つまり、人間は昔から自分の認識能力をはるかに越えてしまう事態に遭遇《そうぐう》すると、思考方法を前述のようにするか、もしくは言語、言葉に置換《ちかん》して、急場《きゆうば》をしのぐ癖《くせ》がある。この特質が言語による意志の表示、表現の困難さを増加させるとともに、重大な誤解を他人に残してしまうこともある。この危険をさけるためにも、ここでは一応、非常に多数の菩薩達としておくにとどめておくことにしよう。さて、最前から何回もでてきたように、菩薩の名字を持することとはその存在を認知して、常に心から離さずに帰依《きえ》していることである。

名を持することは、その名を有する物をそのまま全的に受け入れることである。

復尽形供養（ぶじんぎょうくよう）また、形を尽くすまで供養す、

形を尽くすまで供養するということは、自分のもてる全部を尽くして供養することに他ならない。この尽形供養《じんぎょうくよう》の中には肉体、精神、労力、財産は言うに及ばず、自分の可能なものであれば、何物も残すことはない徹底的な供養、すなわち、誠意に裏付けられたところの捧げ尽《つ》くしが主要な眼目《がんもく》として実在している。現代でも怪しげな主義、主張を持つ政治団体や徹底《てってい》していんちきな宗教団体に迷《まよ》って、まさに形を尽くすまで搾《しぼ》り取られている愚か者が多いのはご承知の通りである。

飲食衣服臥具医薬（おんじきえぶくがぐいやく）

飲食、衣服、臥具、医薬　形を尽くすまで供養するのは、どのような物かの説明である。飲食は誰でもわかるであろうが、古代のインド亜大陸での話だと考えると、そのまま簡単に通過することはできない。現今でも世界の各国、各地方にはその気候《きこう》、風土《ふうど》の相違《そうい》により、実に多種多様な食物がある。その原料、調達《ちょうたつ》方法、加工、保存にかかる技術などはまさに千差万別であり、それらを全て試食することが出来れば本当に幸せこれに過ぎる

ことはないと思う人もいるであろう。人間は元来が従属栄養《じゅうぞくえいよう》型生物であるから、独立栄養型で葉緑素《ようりょくそ》を持っている植物のように光合成などの器用なまねは出来ない。

それだから、少なくとも人間に生まれれば、凡人《ぼんじん》であれ偉人《いじん》であれ、乞食《こじき》であれ皇帝であれ、まったく同じ条件として諸種の有機物を飲食物の形で取らなければ生命の維持が不可能。歴史上の釈迦牟尼世尊が率いた原始仏教教団では、釈迦牟尼世尊およびその弟子達である出家者が一般の生産、商業等の労働に従事することは厳しく禁止されていた。この原則は何も仏教だけのものではなく、それ以前のインドの宗教世界に共通の事実だった。何故に労働が禁止されているかという理由は神に仕《つか》え、或いは宗教的活動を通して世間の役に立つと期待されている人物は、社会の共同責任と全面的負担でその人の生活を保障する社会的不文律に基づいている。この原則は古代ばかりでなく、現在にあっても世界のいろいろな地域で程度の差こそあれ、宗教、国家の枠に関係なく履行《りこう》されている。実際上の問題として考えても、出家者が自分をはじめとして、家族の毎日の衣食住確保のための労働に追われていたのでは、本来の目的たる求道研鑽《ぐどうけんさん》などは出来ようもない。そこで自然発生的に出来上がったのが、在家《ざいけ》が出家《しゅっけ》の生活を保障するシステムである。出家者は在家からこれらの生活保障を受ける代償《だいしょう》として、主として精神的側面に関する在家社会の要求を満《み》たすことを要求された。このように相互平等扶助《ふじょ》を建前《たてまえ》とする両者の関係も、時代や社会構造もしくは個々の力関係によって大きく変動してしまう。世界の歴史はこの相互平等《そうごびょうどう》扶助関係《ふじょかんけい》が大きく均衡《きんこう》を失い、出家者があまりにも強大な権力を持ち過ぎ、一方的搾取《さくしゅ》にはしったが故の悲喜劇《ひきげき》に満《み》ちていると言ってもよい。

さて、出家者に対する生活保障の第一にあげるべきは、最初に述べた理由によって飲食物の供給。釈迦牟尼世尊の在世中はどのようなものが仏陀やその弟子達に供給されたかという点も興味がある問題ではあるが、その毎日の食事のメニューはともかく、おおよそ推測の出来るのは決して贅沢《ぜいたく》な食事ではなかったであろうことだ。勿論《もちろん》、この場合の比較の対象は現代の我々の基準ではなく、あくまでも仏陀在世中の社会を基準としての推測である。つまり、釈迦牟尼世尊やその弟子達は当時の標準からしても、たいそう質素《しっそ》な食生活を送っていたということだ。従って、仏陀の教団を物質的にささえる在家の信徒の負担もそれほどに過重ではなかったと思う。原始仏教教団の中で肉食《にくじき》が行なわれたか否《いな》かに関しては諸説があるが、実態としてはやはり穀菜食が中心であったが、何らかの正当と見做《みな》すべき理由があれば肉食を辞することはなかったと考えている。現代でもイスラム教徒は悪魔の化身と称して絶対に豚を食べないし、ヒンズー教徒は牛を聖なる動物として屠殺《とさつ》することはない。このように肉類を含む食べ物に対する禁忌《きんき》は、その発生原因の如何《いかん》にかかわらず社会の発展に重大な影響を及ぼし続けている一面があるのは争えない事実だ。この禁《きん》忌《き》の対象となる動物はその時代によって大きく変化してしまう。対象が設定されるのは何も宗教上の教義によるばかりではない。

今、盛んに論議されている捕鯨《ほげい》の問題などは完全に国際社会という存在が創《つく》り出しつつある新たな禁忌である。これには資源確保の側面と鯨《くじら》の知的レベルに対する保護論者の感情的な思い入れが錯綜《さくそう》してしまい、万人の納得を得られる解決法は見いだせないでいる。

観音経のこの部分に示されている飲食供養の原形は、歴史上の釈尊などの修行者に対して在家の人々が現実に実行したものであり、それは修行者の生命をささえるに足りるだけの質素な飲食物の提供であった。飲食についで重要と考えられていた供養の種類は衣服である。この時代の修行者の衣服については、教団の内部でも、かなり詳細《しょうさい》に規定《きてい》されていた様子が窺《うかが》われる。その規定の基本的な思想は第一に自分の正常な健康状態を保つに必要であること。つまり、暑さ、寒さに耐《た》えることが可能であること。

第二にインドのような地域に特有の毒虫、害獣から身をまもること。この点に関しては我々が想像する以上に重要視されていた。第三は人の中に出ても相手に不快の念を与えないだけの清潔さを維持《いじ》していること。第四にはあまりにも華美《かび》に渡り、在家《ざいけ》の反発を買わないこと。第五には以上の諸条件を満足させているものであっても、必要最低限の枚数を持つに止め、決して多数を所有してはならないこと。尸陀林（しだりん）の布《ぬの》という言葉がある。この尸陀林とは簡単に言えば墓地《ぼち》のことで、その墓地に死体を葬《ほうむ》るために布にまいて持ち込む。そして死体を埋葬《まいそう》した後に、その布は不要となり、その場に打ち捨てられる。この捨てられた布を拾ってきて、よく洗い清めて自分の衣服にすることが修行者の作《さ》法《ほう》であった。また糞掃衣（ふんぞうえ）なる物もあった。これはいろいろなところに捨ててあった布屑《ぬのくず》を拾《ひろ》い集めて、使える所だけを切り取ってつなぎあわせて必要な大きさの一枚の衣にしたものである。今、女性の間で人気のあるパッチワークの原点と同様の発想で、余り布を無駄にしない心がけである。パッチワークの場合はいろいろな布の配色を楽しむが、糞掃依《ふんぞうえ》にあってはあまりに配色がバラバラだと見苦しいとして、一枚に綴《つづ》り合わせた布を泥や腐植質の多い水溜《た》まりなどに漬《つ》けて染色した。

このような方法で製作された衣服であるからこそ糞掃依と呼ばれ、必然的に派手な色をしているわけがない。どうしても黒か灰色、茶褐色《ちゃかっしょく》に仕上がったであろう。

こうして出来た衣服を身にまとうことが出家者の心得であるとされた時代の記憶は袈裟《けさ》

という言葉で今も生きている。袈裟《けさ》とは梵語のカシャーヤの音写であり、その原義は赤褐色《せきかっしょく》である。そして僧侶《そうりょ》が法衣の上から着用するこの袈裟も、よく見るといろいろな形式のパッチワーク？ になっていることが判る。しかし、現在の僧侶の儀式用の袈裟は金襴《きんらん》、錦織《にしきお》り縫《ぬ》い取《と》り刺繍《ししゅう》も鮮《あざ》やかな、華麗極《かれいきわ》まるものになっている。何故彼らにこのような華麗なる品物が必要なのか私にはよく理解出来ないし、また理解してみるつもりもない。

例の西遊記の中に三蔵法師が旅の途中で立ち寄った寺の和尚《おしょう》の話がある。この和尚は大変な袈裟《けさ》の蒐集家《しゅうしゅうか》で、いろいろと華麗《かれい》な袈裟を所有していることが自慢《じまん》で仕方がない。

そこへ遠来の三蔵法師が来たものだから、ここぞとばかり自分のコレクションを披露《ひろう》する。ところがそのどれ一つとして三蔵が大唐の皇帝から拝領《はいりょう》した袈裟にかなわないと知ると思い悩んだ挙《あ》げ句《く》、ついには悪心を起こして三蔵を焼き殺して袈裟を奪《うば》おうとする。

何やかやということで、この和尚は自殺して身を滅ぼす羽目《はめ》に陥《おちい》るのであるが、このような愚行を笑ってばかりもいられない。人間、特に女性の中にはこの衣服に対する欲望が強すぎるのではないか、と反省する必要のある人もいるだろう。多種多様な洋服、和服、その付属品などをしこたま買い込んで、箪笥《たんす》や抽斗《ひきだし》の肥やしにしてはいませんか。

もし、そのような人がいたならば、これから私の言うことを是非とも聞いて頂きたい。

私自身が衣服に関しては全くと言ってよいほど、殆ど関心がないので、勝手なことをおおいに威張って言えるのだが、人として生まれて衣服の見栄によって自分の立場をあやうくしてしまうほど馬鹿馬鹿しいことはない。何故ならば、人間は一度に一通りの衣服しか着ることが出来ないという絶対的事実に根ざした、実に簡単極まる根拠による。このように必要以上の衣服を所有すること自体が、そのまま衣服によって自他の外面的差別を相手に対して強制することに他ならないからだ。この強制行為はそのものが自身の貪欲《どんよく》、愚昧《ぐまい》を社会に対して広く宣言していると見做《みな》されても致し方ない。自分が着用出来るか、或いはその機会があるかもろくに考えずに、発作的な衝動《しょうどう》につき動かされてこれらの衣服を購入することが賢明《けんめい》か否かは改めて説明する必要もない。

このような行動は古代からの尊ぶべき伝統によって考えても非常に反道徳的であり、少なくとも人間としてみっともものよいものではない。私の所に持ち込まれるいろいろな種類の相談中にはこの種の失敗を重ねたことによって家庭はおろか、自分のよって立つべき全てをあやうくしてしまった女性の話がままある。彼女達の特徴として共通するパターンは、とにかく凄《すさ》まじいくらいに競争心が強烈なことである。それが情けないことにすべて外面によってしか表現のしようのない要素によって競《きそ》われている。そして、最も評価しやすい外面の基準として彼女達の間で愛用されるのが衣服、装飾品である。

この虚栄《きょえい》だらけの競争はいかなる愚か者でも推察できるように、無制限の虚飾とも称すべき悪魔を育てる培養地《ばいようち》となってしまう。私は一つの事実に気がついている。

それは虚飾がそれを抱く人に精神的のみではなく、肉体的に強烈なダメージを与える傾向《けいこう》が強いことだ。冷静に考えてみれば当たり前のことなのだが、衣服を虚飾の対象にする目的の大きな部分は、自分をより美しく見せようとする本能的衝動にある。

理性を欠《か》いたこの衝動に誤って押し流されてしまうと、本来の目的である美しさ、それも余裕ある精神を通して輝き出るべき肉体の美しさが消滅してしまう。

次は臥具《がぐ》である。意訳文のところでは夜具《やぐ》、敷物《しきもの》、布団《ふとん》と訳しておいたが、この際はそれらによって代表される休息、睡眠のための一切の施設や道具をあらわしていると広く解釈しておきたい。飲食と衣服で最低限の生活は保障されたとしても、人は睡眠《すいみん》もしくはそれと等価の休息を取らなければならない。その睡眠には多少の夜具も必要であろうし、同時に何より要求されるのは安全性だ。安全性の第一条件としては気候《きこう》としての寒暑《かんしょ》、風雨、乾湿《かんしつ》などから害を受けないことが大切になる。時には害獣、毒虫などからも身が守られねばならない。現在でもインド周辺では毎年、多数の人が肉食性猛獣、毒蛇、さそり、その他の被害にあって命を失っている。釈迦牟尼世尊が在世中はこの危険は今よりもはるかに大きかったに違いない。特に一処不住《いっしょふじゅう》の生活をしていた修行者は山林、荒野でも眠る必要があったからなおさらである。第三者には諸々の盗賊や敵対する者から身を守れること。放浪の修行者といえども、時としては強盗、山賊などの手にかかって命を落とした例も決して少なくはなかったろう。この例がチベットに伝わるヤマーンタカ伝説にも見られる。この伝説の概略《がいりゃく》は次のようなものである。ある修行者が自分に課《か》した行《ぎょう》がいよいよ満《まん》行《ぎょう》に近づき今一歩で満願成就《まんがんじょうじゅ》と喜び勇んでとある山道を通りかかった。

するとそこでは盗賊の一群がどこからか奪《うば》い取ってきたらしい大きな牛の首を切って、解体しようとしている。その様子を見た修行者は身の危険を感じ、あわてて木陰《こかげ》に隠れたが、時すでに遅く盗賊どもに発見されてしまった。木陰《こかげ》から引きずり出された修行者は、ここで見たことは里《さと》に下りても決して人には言いません、命だけは助けてくださいと声を限りに哀願《あいがん》したが、無慈悲な盗賊は聞く耳を持たないでこの修行者の首を斬《き》り落として惨殺《ざんさつ》してしまう。満願成就《まんがんじょうじゅ》寸前で殺害されたこの修行者の怨念《おんねん》は凄《すさ》まじく、今までの修行によって身につけた能力をふるい起こすや、首のない体で立ち上がると数歩よろよろと歩きながら、斬り落とされた牛の首に近づいていった。そしてその首を自分の首にのせると不思議なことに一瞬のうちに一体化してしまう。修行者の怨念と牛の怨念の合体した怪物となったかってての修行者は自分を殺した盗賊どもをすべてその場で殺し尽くしてしまったばかりか、勢《いきお》い余ったのか里にまでも降りてきて、人を殺戮《さつりく》する魔物と化してしまった。困《こま》り果てた村人はこの害を取り除いてくれるようにと文殊《もんじゅ》菩薩に祈ったところ、菩薩が現われてこの魔物と戦い、ついには調伏《ちようぶく》してこの魔物を正道に帰らしめた。

この牛頭人身の神が今のヤマーンタカ護法尊《ごほうそん》であるという。その証拠にはヤマーンタカ尊の像の額には文殊菩薩がおかれている。チベット仏教に於いてのヤマーンタカは元来は《ヤマにも勝つ者》の意味であり、《ヤマ》とはインドの死をつかさどる神である。

つまり、死であるヤマにも打ち勝つことが出来る尊者の意味であり、強力な護法尊、守護尊として今でも人々の信仰を集めている。このヤマーンタカ尊は日本の密教にも取り入れられて大威徳明王と呼ばれ、六面六臂《ろっぴ》六足の仏像が京都の東寺などにある。(水牛に乗っている)

いささか、話が脱線したようだから本題に戻《もど》る。修行者に与えられるべき供養物の在り方としての臥具《がぐ》とは広い意味での安全性であるとするならば、安住の場所である家屋を提供してもよいのではないか、とも考えられる。釈迦牟尼世尊もその生涯でいろいろな人々から住居や宿舎、説法の場の提供を受けた。これが現在の寺院の淵源《えんげん》になっている。これらの施設は梵語でビハーラとよばれ、精舎（しょうじゃ）と漢訳されている。有名なものには平家物語の冒頭《ぼうとう》に出てくる祇園（ぎおん）精舎や竹林《ちくりん》精舎がある。祇園精舎は舎衛城《しゃえじょう》（シーラヴァスティー）の須達《しゅだつ》長者が釈迦牟尼世尊のために、王子の祇陀《ジェータ》太子より土地を買い取って建てたもの。この須達長者は貧窮、孤独に苦しむ者たちのためによく施したので給孤独長者（ぎっこどくちょうじゃ）と呼ばれた。

それだから、祇園精舎の別名はこの二人の名を取って祇樹給孤独園（ぎじゅぎっこどくおん）とも言われた。供養の本当の意味をここまで拡大解釈してよいものかどうか少し気にかかるが基本的には修行者の身体、環境の保護という点で大きな相違点はない。

四種類の供養品目の最後にあるのが医薬である。前三者によって衣食住が確保された修行者であっても、人間である以上病気や怪我《けが》をすることがある。この時に必要なのがいろいろな医薬品であるのは今も昔も変わらない。現在でもこの地球上で多くの国々が飢餓《きが》に瀕《ひん》していて、この飢餓人口は数千万を単位にして計算しなければならない程である。

同時代に生きる一人として何ともやり場のない怒り、後めたさ、無力感を覚えてしまうが、このような飢餓《きが》の現場にあっては食料品の必要は当然のことながら、同時に医薬品の必要性も際立《きわだ》って上昇する。栄養、衛生、居住等の環境が極端に悪化している飢饉《ききん》や飢餓《きが》の現場では、通常の健康状態であれば殆ど発生をみない伝染性の疾患《しっかん》が人々の体力、抵抗力の低下を見澄《みす》ましたように猖獗《しょうけつ》をきわめる。このような場合ではわずかな抗菌剤、抗生物質、消毒薬などの医薬品の不足が致命的となって重大な悲劇を引き起こしてしまう。この例から考えても解かるように劣悪《れつあく》な環境、居住条件のもとに粗末な食事しか食べていなかった修行者はその精神力の如何《いかん》にかかわらず、いろいろな病気にかかる可能性がとても高かったのだ。それだからこそ、修行者にとっては医薬品はなくてはならない物だったのであり在家の方でも大切な供養の対象物であった。古代インドおよびその周辺の地域の特性から判断して、寒冷な地方よりも高温で、多湿《たしつ》、乾燥、を定期的に繰り返すこの一帯は諸種の病原性微生物群の活動が活発であったろうし、これらを媒介《ばいかい》する昆虫類、小型哺乳《ほにゅう》類《るい》も盛んに活動していた筈である。従って修行者がこれらに接する機会も多く、体調の弱体化と相俟《あいま》って病気にかかりやすかった。修行者にとって恐るべきはこの微生物由来の疾《しっ》病《ぺい》ばかりではない。体力の低下は思いもしないような自身のうちに潜在《せんざい》していた内科的な疾患《しっかん》を引き起こしてしまう。意訳文でこの医薬を『健康維持のための保健薬、病気の治療用の薬剤等』と二本立てにしておいたのはこの問題があったからである。

医薬では予防と治療が欠かせない車の両輪であるが、最も能率的で有効なのが病気にかからないようにする予防である。いくら治る病気だからと言ってわざわざそれに感染する物好きは多くあるまい。医療の理想的立場として『未病《みびょう》を癒《いや》す』というのがある。つまり、病気にならないように予防し、もしもその人が病気になる何らかの因子を持っていたらあらかじめそれを察知しておいて、現実に発病させない技術、方法である。

漢方医学ではあらゆる薬品を上中下の三種類に分けて考える。この上薬《じょうやく》に属するものは無毒で、非常に長い期間服用しても副作用がなく、体調を無理なく整えて延年長寿《えんねんちょうじゅ》の働きを持つもの。中薬は多少の副作用はあるものの働きはどちらかと言えば穏健《おんけん》であり、慢性化した疾患の症状改善を目的として一定期間、使用されるもの。下薬《げやく》はその薬理作用が激《げき》烈《れつ》であるから短期間の使用に限られ、その治療効果は著しいが同時に副作用も強く長期に亘って使用すればかえって毒となるもの。この三者を換言すれば上薬は保健薬、中薬は予防薬、下薬は治療薬とすることが出来る。インドの伝承医学とされるアーユルヴェーダーでもこの漢方医薬と共通の認識が見られ、薬剤のみに頼るのではない全人的な立場で予防、治療が実行されていると聞く。この点を比較すると現代の日本の医療制度は病因の追求と患部の治療を得意とする西洋医学的発想一辺倒となりつつあるとされる。

現代の医療はめまぐるしい程の新薬の開発、ハイテク技術の最先端を行く医療機器、矛盾だらけの医療保険制度などに頼り過ぎてしまっている、という非難《ひなん》を耳にすることがあるが理解出来ないでもない。このような状況では、よく冗談に言われる『病気は治ったが病人は死んでしまった』を地《じ》で行きかねないことになってしまう。

古代の修行者達は山野、異郷《いきょう》をめざして旅に出る時には、このようないろいろな種類の医薬品を携《たずさ》えていた。また携帯はしなくても、それらの薬となる草根木皮等の自然に対する知識と応用方法は現代の我々には想像もつかないほど、身につけていた。仏教には五明（ごみょう）という言葉がある。これは修行者が学ぶべき五種類の学問であるとされ、①声明《しょうみょう》（言語学）②因明《いんみょう》（論理学）③内明《ないみょう》（心理学）④医方明《いほうみょう》（医学、薬学）⑤工巧明《くぎょうみょう》（工芸、建築）の五種類を指す。これらは一人前の修行者が学習すべき、いわば必須《ひっす》科目であったが、この中に医学、薬学を中心とした自他の肉体を治療するための学問である医方明が入っている事実はおおいに注目すべきである。このことからも推察出来るように、昔の修行者は自然の中からいろいろな薬剤を作り出すことを知っていた。現在でも少数は残っているが、仏教や道教、陰陽道《おんみょうどう》などが複雑に習合《しゅうごう》した宗教に修験道《しゅげんどう》というのがある。修験道の修行者は山伏《やまぶし》とか修験者《しゅげんじゃ》とか呼ばれていて、日本の歴史の影の部分でおおいに活躍したものだ。江戸時代にはいっても地方によっては仏教団と別枠で扱われ、幕藩体制《ばくはんたいせい》に組み込まれていった場合もあった。この山伏なる宗教家達はその名の示す通りに吉野の山々、出羽《でわ》三山などをはじめとする日本全国の霊山、名峰《めいほう》を主な修行の場として、独自の教理のもとに心身鍛練《たんれん》して法力を磨《みが》いた。

現在でも彼らが工夫し、開発した山野の動植物を利用しての病気治療法のいくつかが民間療法の中に伝えられているが、私がいろいろな機会にこれらを実際に試《ため》してみたところ、殆どが大変に有効であったのには驚く。現代医学の薬品が全然無効なような症状でも著効《ちょこう》があることさえあった。ここで錯覚しないで認識しておく必要があるは、古代、インドの修行者にせよ、日本の山伏にせよ彼らの医学一般に対する知識は彼らだけのために用いられたのではなく、彼らが供養を受ける相手である在家《ざいけ》の人々のために用いられることが多かったことだ。五明の中に医明が入っている意義もここにある。

於汝意云何　是善男子善女人　功徳多不（おにょいうんが　ぜぜなんしぜんにょにん　くどくたふ）

汝《なんじ》の意に於ていかん。この善男子、善女人功徳は多きやいなや。

釈迦牟尼世尊が質問者である無尽意菩薩に反対に質問したところである。

善男子善女人については前に述べた『正しい道を志す者』の意味にさらにつけ加えると供養行為を解脱している部分だから、『信仰の篤《あつ》い者』の意味も入れておきたい。

さて、形を尽《つ》くすまで供養したのだから、この人達の功徳は多いと思うかと師匠《ししょう》に逆に質問された無尽意菩薩は驚《おどろ》いた。私だったら無尽意菩薩が次で答えたと同じように答える他はないが、似《に》たような質問をされて、正反対の返答をした男がいるという。

この場面の登場人物は二人。時は西暦五百数十年頃、所は今の中国、王朝名は南朝《なんちょう》の一つの梁《りょう》、皇帝の名前は蕭衍（しょうえん）といい、後に梁《りょう》の武帝《ぶてい》と呼ばれた。

この男は前王朝の斉《せい》を実力で倒して梁という国を建て、三十九才で初代皇帝になったほど。中国史でもめずらしい四十八年間もの皇帝としての長期間の治世を誇《ほこ》る中々の傑物《けつぶつ》。都を建康《けんこう》（金陵《きんりょう》、今の南京）に置いて意気盛《いきさか》んな時である。この武帝はかねてから篤《あつ》く仏教に帰依《きえ》していた。五十才を越えると女色は一切断《た》って、菜食主義に徹《てつ》して在位《ざいい》中でありながら仏道修行に励《はげ》んだというから半端《はんぱ》ではない。もっとも、この仏教狂いが仇《あだ》となって、国力は疲弊《ひへい》し初代の彼の死後、六代で梁朝《りょうちょう》は滅亡してしまう。

もう一人の登場人物はご存知だるまさん、こと達磨大師《だるまだいし》である。禅門では初祖《しょそ》と仰がれる面壁九年《めんぺきくねん》という猛者《もさ》。この達磨大師が武帝に招かれて、建康の宮殿《きゅうでん》で面会した時の話である。武帝は大師に質問した。『私は以前から深く仏道に帰依し、多くの僧侶を養成してお寺も立派なのを沢山建てております。私にはどんな功徳がありましょうか？』

原文では『朕《ちん》、寺を起《た》て、僧を度《ど》す。何の功徳かある』となっている。当時は出家して僧侶になるにも官許《かんきょ》が必要で、自分勝手には出来ないことになっていた。武帝の言いたいのは朕《ちん》の努力があるからこそこの国に仏教が盛んになり、多くの僧侶が出来ているのだということ。たぶん、有名な達磨大師に褒《ほ》めてもらいたかったのだろう。

この質問に対する達磨大師の答えはただ一言、『何の功徳にもなりません』（並《なら》びに無功徳）まったく取りつくシマもなく、突き離されてしまった武帝はさぞや、ふくれ返ったことだろう。この時に達磨大師が霊鷲山の無尽意菩薩が次に答えたように言ってくれれば、武帝としてもおおいに御機嫌《ごきげん》だったに違いない。ところが世の中はそんなに甘くない。

武帝周辺でウロチョロし、皇帝の髭《ひげ》のチリを払っているようなゴマ摺《す》り坊主どもには、いつも耳に快《こころよ》い話ばかりを聞かされていたのかも知れないが、達磨大師はそうはいかなかった。ズバリと自意識過剰のいやらしさ、功徳乞食、福徳亡者の実態を指摘《してき》されてしまったわけである。この達磨大師の返答の理由についてはいろいろと考えられるが、基本的には現在でも根強く続いている【物質的供養と霊的功徳の正比例関係の幻想】を撃ち破るものである。さて、場面を江南《こうなん》からもとの霊鷲山《りようじゆせん》にもどすことにしよう。

無尽意言　甚多世尊（むじんにごん　じんたせそん）

無尽意いわく、はなはだ多し、世尊よ。いきなり釈迦牟尼世尊から逆質問された無尽意菩薩はいささかあわてて反射的にこう答えたのか、十分な確信があって自信を持って答えたのかはどうでもよい。問題になるのは答えの内容である。自分のすべてをなげうって、多くの修行者や求道者に供養した人の功徳は甚だ多いものであると答えている。

甚なる文字の成り立ちは甘匹の会意文字。甘いは甘い物、うまい物の意味であり、匹は女色の意味。つまり食物道楽や女道楽に夢中になってしまうのが元来の意味であるとされる。この二つは悠久の過去から永遠の未来まで、男が失敗する原因のトップを争うに違いない。これらの道楽《どうらく》には、どうしても、限度を越《こ》えて深入りしてしまうものだ。

この限度を越えて深入りした状態から転じて、はなはだしいという意味が生じたらしいが、こう見ると漢字の成り立ちも人情の機微をつかんでいて大変に面白い。

仏言　若復有人　受持観世音菩薩名号　乃至一時　礼拝供養（ぶつごん　にゃくぶうにん　じゅじかんぜおんぼさつみょうごう　ないしいちじ　らいはいくよう）

仏のたまわく、もしまた人ありて観世音菩薩の名号を受持し、乃至《ないし》は一時たりとも礼拝、供養せん。

無尽意菩薩の返事を聞いて、さらに釈迦牟尼世尊が説明しだしたところである。

観世音菩薩の名号を受持することについては以前に何回が出てきたが、ここでもその意義は変化はないと考えてよい。従って、この一段で重要になりるのは乃至一時《ないしいちじ》の四文字となる乃至なる言葉には二つの意味があり、その一つは《AあるいはB》を表す意味。

もう一つは《AからBまで》という連続した概念を表現するための省略《しょうりゃく》形の一種としてである。つまりA乃至Bと書かれていた時には《Aであるか、またはBである》の表現をする場合と、《Aから始まってa、bなどを含めてBに至るまで》の表現である場合の二つがあるということだ。観音経のこの部分を注意して見ると『受持観世音菩薩名号』がここで言うAにあたり、『一時礼拝供養』がBに相当する。もし、前者の解釈を採用すれば話は比較的に簡単で《観世音菩薩の名号を受持するか、あるいは一時でも礼拝、供養するか》の二者択一になる。後者だとすれば《観世音菩薩の名号を受持することを始めとして、他の諸々の方法によって恭敬し、最低限としてたった一度であっても礼拝、供養したら》の意味になる。観音経全体の趣旨《しゅし》から考えても、この際は後者の解釈を取っておいた方が判りやすい。この理由によって意訳文の所では『この人は時々、またはほんの少しの時間、或いはたった一度だけでも』と訳しておいた次第なのだ。

是二人福　正当無異　於百千万億劫　不可窮尽（ぜににんふく　しょうとうむい　おひゃくせんまんおくこう　ふかぐじん）

この二人の福、正《まさ》しくまさに異《こと》なることなし。百千万億劫においても、きわめ尽くすべからず。自己の全てを投げ出して無数の菩薩達を供養した者と、たった一度だけ観世音菩薩一人を礼拝した者の受ける福徳が同じであると釈迦牟尼世尊は説明している。

こんなことを言われてしまったら、せっかく一生懸命になって多くの菩薩達を供養してきた人が馬鹿を見るのではないか、と考えがちであるが、一寸《ちょっと》待って頂きたい。

ここで肝腎《かんじん》なのは功徳の総量でも、その性質でもなく福徳を受ける側の姿勢、受容態度の問題なのだ。もう一つ忘れてはならないのは、事柄《ことがら》を観世音菩薩を一時だけ礼拝した人の方から考えると絶対的数量によって判断するという錯覚に陥《おちい》り易《やす》いことである。

福徳、功徳とは何らかの形で定型化や定量化出来るものではないのは、誰でも自分の立場にあてはめてみて、換言すれば我が身に引き付け、おきかえてみて冷静に考えれば理解しやすい。ここで釈迦牟尼世尊が福の一言《ひとこと》のもとに説明している実態は数字によって表現可能なものではなく、あくまでもその人個人《こじん》に対する具体的な影響力の結果に他ならない。つまり、ある一つの状態乃至《ないし》物体はAなる人物にとって価値がありまし望いものかも知れないが、Bなる人物にとっては何の価値もなくどうでもよいものであり、Cなる人物にとってはひどい恐怖の的で存在してはこまるものもあり得る。

次には百千万億劫という言葉が出てきた。百千万億については最初の方で述べた衆生の数を表わした論法と同様に考えてよい。但《ただ》し、今回は人数《にんずう》を示すのに使われているのではなく、時間の長さを表わしている。まずは復習してみよう。百千万億は百掛ける千掛ける万掛ける億であったから、一〇〇、〇〇〇、〇〇〇、〇〇〇、〇〇〇、〇〇〇になった。

これは十京《けい》に相当する数字である。十京《けい》なる数字がどの位に尨大《ぼうだい》であるかを今、あわてて計算する必要はない。なぜならば、この後に出て来る劫《こう》という時間の単位がそれこそとんでもないものだから、この単位の成り立ちに比較すれば十京程度の数字は大したこともないとさえ思えてしまう。劫とは劫波《こうは》とも漢訳されているが、原語ではカルパという。

この劫《こう》についてては普通にはふた通りの説明がなされているが、どちらも我々の想像力を限界まで働かせないと追い付いていけない概念であるから、そのつもりで覚悟しておいてほしい。まずは、その一。縦《たて》、横、高さが各々七キロメートルの鋼鉄《こうてつ》の壁《かべ》で四方を囲《かこ》ったお城があります。心もとない想像力が働きやすくするために、そのお城の中から全ての建物や設備を完全に撤去《てっきょ》してしまいましょう。つまり、一辺が七キロメートルの立方体、サイコロのような升《ます》を考えればよい。この升の体積は三四三立方キロメートル。立方メートルに換算《かんざん》すると、三四三、〇〇〇、〇〇〇、〇〇〇立方メートルとなる。

つまり、三千四百三十億となり、この升に比重《ひじゅう》一の水を満《み》たしたとすれば三千四百三十億トンの水が入ってしまう。升、即ち、この鋼鉄城の大きさは理解出来たとしよう。

さて、次にこのお城の中に芥子粒《けしつぶ》を一杯になるまで詰《つ》め込《こ》むのである。

芥子粒とは（ケシつぶ）と読むものの、例の阿片やヘロインの原料になるケシではなく、栽培もされ野性化もしているカラシナ（辛子菜）の種子のことだ。

ご存じの人もいるかも知れないが、近頃はとんと見なくなってしまった。

大体の大きさは胡麻粒《ごまつぶ》の二分の一程度であろう。とにかく、小さい種である。

こんな微小《びしょう》な種をこのお城に詰め込めば、いったい何粒くらい入るのか、そろそろ想像が困難になってくる。次の作業だが、百年に一度だけ、この一杯に詰まった芥子粒の中から一粒だけを取《と》り除《のぞ》く。このように百年ごとに芥子粒一つを取って行き、最後の一粒を取り除いた時になっても一劫は終わらないという。あまりに長時間を意味しているので、真剣に考えると何だか馬鹿にされたような気持ちにさえなってしまう。

一劫《いちこう》の長さの説明、その二。やはり一辺が七キロメートルもある立方体の硬《かた》い一枚岩《いわ》があります。硬い岩で出来たお化けサイコロを想像しても、オーストラリアにある世界最大の一枚岩であるエアーズロックを四角くしたものを想像してもよい。この岩をある人が百年に一度だけやってきて、ごく薄《うす》く柔《やわ》らかい布《ぬの》で、さっと払う。いくら柔らかい布とは言っても、岩の方も目には見えないが少しは削《けず》れて、小さくなる訳《わけ》である。このようにしてこの巨岩が完全になくなっても、一劫は終わらない、という。

前者を芥子《けし》劫、後者を盤石《ばんじやく》劫という。どちらにしても我々人間には直接に縁のなさそうな時間の観念であることに間違いはない。百千万億劫とはこの一劫を十京倍した時間ということになり、さらに想像力のはるか彼方に飛び去ってしまう時間設定である。

観世音菩薩一人を礼拝、供養することによって、その人の得る福はこんなに長い、長い時間を費やしても窮《きわ》め尽くすことが出来ない程に大きなものなのだという説明である。

窮《きわ》め尽《つ》くすとは物の道理を窮《きわ》めることを主眼にする南蛮窮理《なんばんきゆうり》の学問、のような意味で使われているのではない。どちらかと言えば消費するに近い考え方に立つべきであろう。

無尽意　受持　観世音菩薩名号　得如是　無量無辺　福徳之利。（むじんに　じゅじ　かんぜおんぼさつみょうごう　とくにょぜ　むりょうむへん　ふくとくしり）

無尽意よ、観世音菩薩の名号を受持するや、かくの如くの無量無辺の福徳の利を得ん。

釈迦牟尼世尊による観世音菩薩の働きに関する再三に渡る保証、断定であるが、前の所では決して無駄（唐捐）にならない、と断言しているのに対して、ここでは福徳の量的な側面を強調して対比させているところに注意すべきである。

第六章……観音出現

（原文）無尽意菩薩　白仏言　世尊　観世音菩薩　云何遊此娑婆世界　云何而為衆生説法　方便之力　其事云何　仏告無尽意菩薩　善男子　若有国土衆生　応以仏身得度者　観世音菩薩　即現仏身　而為説法

（意訳文）修行者たる無尽意菩薩は再び質問をするために、仏陀釈迦牟尼世尊に申し上げました。世尊よ、観世音菩薩はどのようにして現実に我々が生活しているこの世界に、我々とともに存在して、その御力を及ぼされるのでしょうか。又、どのようにしてすべての人々のために正しい法、本当の真理の在《あ》り方を説かれるのでしょうか。

そして観世音菩薩がこれらの法や真理の在り方を証明するための実行する正当で巧妙《こうみょう》な手段とはどのようなものでしょうか。仏陀釈迦牟尼世尊は無尽意菩薩にこのように説明して教えられました。正しい道を求める信仰篤《あつ》き者よ、よく知っておきなさい。

もし、あらゆる国、地方など全ての所に住む全ての生命ある者に対して、完全な悟りを得た仏陀の身を現《あら》わして彼らを救い、導く必要があれば、観世音菩薩はすぐにその場で仏陀の身を現じて彼らのために正しい法を説いて救済します。

無尽意菩薩　白仏言　世尊（むじんにぼさつ　びゃくぶつごん　せそん）無尽意菩薩は仏にもうして言わく、世尊よ、

いよいよ、これからが古来から三十三身十九説法と呼ばれて来た部分に入る。

このように名づけられた理由は以下に観世音菩薩が三十三通りの種類の神、人、その他の生命形態を取って娑婆《しゃば》世界に現れると説かれているからである。

十九説法とは観世音菩薩のこの段に説法という言葉が十九回出て来るからにほかならない。

無尽意菩薩はこれから観世音菩薩の我々に対する具体的な働きについて釈迦牟尼世尊に質問し始める。考えてみれば、我々がある存在を認識するにはふた通りの方法があるように思える。その第一は存在そのものを見たり、聞いたりして直接に五官に感得《かんとく》する道《みち》である。もう一つは存在の作用した跡《あと》を知覚《ちかく》して実在を知る方法である。

たとえば冬の雪原にその足跡を発見して兎《うさぎ》のいることを知るようなものだ。

また、近代の人でいえば発明王のエジソンのように故人になっても、生前に成し遂《と》げた

功績は消えることなく、我々の毎日の生活に深い影響を与えている。この残された影響によって我々は彼の実在は忘れることが出来ず、感得できるのと同様である。

観世音菩薩　云何遊此娑婆世界　云何而為衆生説法（かんぜおんぼさつ　うんがゆうししゃばせかい　うんがにいしゅじょうせっぽう）観世音菩薩はいかにしてこの娑婆世界に遊ぶ、いかにして衆生に説法をなす。遊《ゆう》という文字が使われているが、決して娯楽《ごらく》としての遊びを意味しているのではない。無尽意菩薩の聞きたかったのは観世音菩薩がこの世界にどのような形で現われ、どのような方法で我々に対してその力を発揮するのかということである。

また、説法とは言っても言葉による話だけを意味するものではない。いや、むしろ言葉による説法はごく一部に過ぎず、その他のあらゆる手段をすべて駆使《くし》して実行されるのが観世音菩薩による説法なのだ。般若心経に色声香味触《しきしょうこうみそく》と説かれている五感のいずれか一つを使って、もしくはこれらのうちの複数を同時に使って観世音菩薩の説法は続けられている。今までいろいろと観音経の解釈をしてきたが、観世音菩薩の存在については実在を前提として話を続けて来たのは理解して頂けると思う。しかし、これでは実在を前提としているだけで、一方的な思い込みであり証明されていない、と反論されてもしようがない。そのような反論に対するためにも、ここで大変に困難ではあるが極めて重要な基礎となる事実……観世音菩薩実在の証明……について考えてみる。

あるものが実在するという事実を証明しようとする時に必要な方法で有効なものは、

①そのもの自体を提示《ていじ》してみせること。

②そのものの写真など客観的に評価出来る証拠《しょうこ》を提示すること。

③そのものが存在した明白な物理的痕跡《こんせき》を提示すること。

④そのもの自体ではないが、そのものの行動によって実現された結果からそのものの存在を証明する。

以上のような証明方法があるだろう。具体的に例をあげれば、猫が一匹いることを証明しようとする時のことを考える。

①の方法をとるならば猫を捕《つか》まえてきて見せればよろしい。

②の場合には猫の写真を撮影して提示すればよい。

③の方法をとるならば猫の梅鉢形《うめばちがた》の足跡を提示することによって出来る。

④の場合には食卓の上にあった焼き魚が誰もいないのに消滅したという結果から猫の存在を証明出来る。

このような論法で観世音菩薩の実在を証明してみると次のようになる。

①普通、世間一般にイメージされている観世音菩薩そのものを提示することは遺《い》憾《かん》ながら大変に困難である。もし特殊《とくしゅ》な能力に恵まれている人が、特異《とくい》な精神状態のもとにこのような観世音菩薩を知覚したとしても、個人的な経験であるから、万人に対する証明とは言いにくい。

②観世音菩薩そのものの写真の提示は不可能なので、それに代わるものとして古人は仏像、仏画を制作した。この中には①のようにして、実際に知覚したものを可能な限り正確に模写《もしゃ》、復元してイメージの固定化をはかった場合もあっただろう。しかし、この方法も個人によって抱くイメージが大きく相違していることが多い難点と、安易な偶像崇拝《ぐうぞうすうはい》に陥《おち》いりやすい危険をはらんでいる。

以上のような理由に基づいて①と②の方法によって観世音菩薩の実在を証明することは不可能とまでは言わないが困難で、時としては誤解を生む危険があることが解った。従って、この際どうしても③か④の方法を採用して観世音菩薩の存在を証明した方が能率も良いし、誤解も避けられそうである。それでは③と④で観世音菩薩の実在を明白に立証するには如何《いか》にするべきかが次の課題となってくる。

ついに私は愚かにも自分自身で展開していった論理（と言えるかどうか！）によって観世音菩薩存在の痕跡を探《さが》しだす必要に追い込まれてしまったわけである。

典型的な自縄自縛《じじようじばく》であるが、この辺になると非常に微妙且《か》つ、複雑な問題であるから解釈の仕方も実にさまざまに考えられる。しかし、そうは言ってもこれという絶対の決め手がないのも事実で、こじつけでも何でもいいから解釈したように装《よそお》って脱出しようと現在、只今《ただいま》四苦八苦している。筆を休めて頭から水でもかぶって来るとしよう……

さて、気を取りなおして続ける。観世音菩薩の痕跡《こんせき》とはその存在を証明するに足《た》るだけの説得力がなければならないが、過去の人々の経験の中にも相当の説得力を持っているものがある。それらの経験、体験は主として文献によって残されているもの、文字化はされないまでも言い伝えとして人々の記憶の中に残っているもの、素朴《そぼく》な形で何かの物体の存在理由として説明されているものなどがある。ここで言及しているのは、所謂《いわゆる》、霊験譚《れいけんたん》だけではなく、もっと広範囲に、より密着した形態で人々の意識の中に残されている記憶のことを言っているのだ。さらにもう一段、論議を進めると観世音菩薩とは過去にも現在にも可視的な形を伴《ともな》って存在したことのない実体であるから、物体がなくても作用だけはあると言い換えることが出来る。その作用は極めて普遍的であるから、この点は重力《じゆうりよく》に似ている。つまり、一個の物体としての特定の形をとることはないが、その働きや作用はすべて物体を通して具象《ぐしょう》として現われ、その結果を我々は五感をもって感知、認識できるのである。観世音菩薩が過去にも現在にも形を持って存在したことがないと言うと、当然のことであるが仏像などの形式で我々がよく見るあの姿は何なのか、仏像、仏画《ぶつが》の存在理由は何なのか、という反論が予想される。これに対しては次のように回答しておくべきだ。観世音菩薩の像や絵画《かいが》は、その不可視の作用を肉眼で見えるように可能な限りに実体化したものであり、製作者のイメージのままに理想化された観世音菩薩の働きの人間化像なのである。もっと簡単に言ってしまえば、仏像とは、特に歴史上で存在したことのない人を表現する仏像とは【ある種の作用の具象化《ぐしょうか》】なのだ。それでは観世音菩薩像は何の作用を具象化したものかと言えば、【慈悲《じひ》】に他ならない。

観世音菩薩はよく大慈大悲《だいじだいひ》観世音菩薩と呼ばれることがあり、観世音菩薩を祀《まつ》っている伽藍《がらん》、お堂などを大悲殿《だいひでん》と呼ぶことがあるのはこの理由によるものである。

この場合の《大》とは大きいの意味ばかりではなく、《無我《むが》》の意味を含むとされている。つまり、大慈とは途方もなく広大で普遍的《ふへんてき》であり、我他彼此《がたひし》の差別から一切解放された強力ないつくしみの作用とも言える。同時に大悲とは前者と同じ規模と力を備えた救済の作用と言うことが出来る。《全ての生きものに対して平等に働いているいつくしみと救済の作用》こそが観世音菩薩の本体であり、その作用を表現するために先人が発明した手段が仏像や仏画なのだ。従って、以前から何回も観音経の中に出てきている観世音菩薩の御名《みな》を唱えるということの本当の意味は、口に南無観世音菩薩と唱えるばかりではなく、むしろ心の中にこの霊妙《れいみょう》不可思議な作用が常に自分の身近にあることを確信して、感謝することなのである。そして、このことがまさに釈迦牟尼世尊の説明の中の常念恭敬にあたり、観世音菩薩の御名を受持することに相当する。

方便之力　其事云何（ほうべんしりき　ごじうんが）

方便の力　其《そ》の事《こと》いかん。

方便とは、元来が仏教用語であり巧妙《こうみょう》な手段、すぐれた方法を意味している言葉。「嘘《うそ》も方便」などと言い回しによって我々が親《した》しんでいるただ巧妙ですぐれているだけではなく、方の字には正しいという意味が隠されていると考える必要がある。目的を完遂《かんすい》するための巧妙、優秀な手段であっても不正、不当なそれであれば、決して方便とは言えない。この点に関して随分《ずいぶん》と間違えた解釈が罷《まか》り通っているのはとても残念である。真実と対比される概念としての方便としての一面ばかりを意図的に強調してしまう場合にこのような誤解を生む余地が出来てしまう。

無尽意菩薩は釈迦牟尼世尊にあらためて観世音菩薩の実力発揮の方法を質問したのだが、これはどのような形態で観世音菩薩の力が衆生《しゅじょう》のために役に立つかを問《と》うたのであって、その前提には仮《かり》の手段とか目先《めさき》の便宜性《べんぎせい》のみを目的とした対策《たいさく》などという卑小《ひしょう》な感覚は全くない。妙法蓮華経の第二章にも方便品《ほうべんぼん》というのがあり、古来から「三乗方便　唯有《ゆいう》一仏乗《いちぶつじょう》」などとやかましい論議がなされて来ているが、観音経の立場に立てばまったく不毛の論争であり、そんな口先の真実方便論からはるかに離れた所にある人間の本質そのままを見据《みす》えて威神力をふるうのが観世音菩薩なのだ。

仏告無尽意菩薩　善男子　若有国土衆生　応以仏身得度者　観世音菩薩　即現仏身　而為説法（ぶつごうむじんにぼさつ　ぜんなんし　にゃくうこくどしゅじょう　おういぶっしんとくどしゃ　かんぜおんぼさつ　そくげんぶっしん　にいせっぽう）

仏、無尽意菩薩に告げたまわく、善男子、もし国土、衆生ありてまさに仏の身をもって得度すべき者は観世音菩薩すなわち仏身を現じて、而《しこう》して法を説く。

無尽意菩薩の質問に対して釈迦牟尼世尊がこれから、延々《えんえん》と三十三種類の生命形態について説明していくのである。その第一番目が仏身説法《ぶっしんせっぽう》。必要とあらば観世音菩薩は仏の身を現《あら》わして法を説くとのこと。昔からうるさいことを言い出す人がいて、観世音菩薩は十界論から言えば仏の一つ下の格である菩薩なのに、何で仏に変身したり仏になりきれるのだろうかという疑問を持ち出した。山下清画伯《やましたきよし》ではないが、兵隊の位でいえば少将ぐらいの人間が大将、元帥《げんすい》の服装をしてその働きをするのが納得出来ないというのである。この疑問に答えるには、どうしても十界論にふれておかねばならなくなった。

小乗仏教の段階では人の精神、肉体の境地《きょうち》を六種類に大別《たいべつ》して考えていたが、後年に大乗思想が興隆《こうりゅう》するとこれに四種類を加えることになる。つまり、全部で十種類であり、下の方から順に言うと次のようになる。地獄《じごく》、餓鬼《がき》、畜生《ちくしょう》、阿修羅《あしゅら》、人間、天上、声聞《しょうもん》、縁《えん》覚《がく》、菩薩、仏。このうち我々凡夫《ぼんぷ》に毎度おなじみなのは地獄から天上までの六種類の境地で、合わせて六道《ろくどう》と称しこの中を永遠に輪廻《りんね》している、というのが基本的な思想である。これを六道輪廻《ろくどうりんね》と称し各々《おのおの》の世界でそれぞれに苦しんでいる衆生を救うために大活躍《かつやく》するのがお地蔵さま、こと地蔵菩薩である。墓地や路傍《ろぼう》に立つ地蔵菩薩（六道地蔵）像が六体あるのは、このためだ。また下の方の三種類だけを取り出して三悪趣《さんあくしゅ》とも言う。地獄、餓鬼、畜生の三者だが、なるほどあまり住み良さそうな所ではない。

輪廻転生の思想からすると人を含めた一切の衆生はこの六道の中を生まれ代わり、死に代わりして永劫《えいごう》の輪廻を続けるのだ。そして現世での行動によって先の三悪趣に突き落とされたり、天上界に生をうけることができるのである。けれども六道に輪廻しているうちは、どうしても苦の世界なのであり、これから脱出しなければ本物ではない。ここから離脱することが解脱であり、仏教の最終目標もここにある。

しかし、今現在は輪廻の思想などは先の話、そんなものを持ち出すどころか、現実の生活の中にこの六道全《すべ》てが完備《かんび》しているという考え方もある。つまり、現実生活の四苦八苦の中に三悪趣を体験し、人を憎み争《あらそ》うちに阿修羅道《あしゅらどう》を感得し、穏《おだ》やかになった自分の心を見つめて人間らしさを知り、何か大きな喜びによって天にものぼる気分を味わう。このように六道輪廻は来世の話ではなく、現世の我々の生活によって起こるすべての要素が絡《から》み合って織《お》りなされる一枚の布のようなものであり、現世の我々の心と身体の状況を六種類に大別して説明しているのだとも言える。小乗の六道に関してはこの程度の認識でよいかも知れないが、大乗思想の時代になると後に四段階がついている。

これらについては三十三身説法の段で各々、具体的に出て来るからその時に説明する。

話を戻《もど》して、観世音が菩薩であるのに何で仏の働きが可能なのかということについて。

これには少なくとも二つの解答があると思う。その一つは経典上の証拠に基《もと》づいての論理で、観世音菩薩は過去世にあってすでに完全に成仏《じょうぶつ》し、悟りを得た仏であるが衆生を憐《あわ》れむがゆえに、あえて菩薩の身を現じているとするもの。元来《がんらい》が仏なのだから仏身を現じて説法をするのはお手のもの、という訳《わけ》である。この思想を発展させて行くと必然的《ひつぜんてき》に大《だい》悲不成仏《ひふじょうぶつ》の観念が成立する。大悲《だいひ》不成仏《ふじょうぶつ》の思想とは菩薩は慈悲心があまりにも強いので、成仏出来るにもかかわらず、何となく取《と》っ付《つ》きにくい仏の立場をとらないで、凡夫にも親《した》しみやすい菩薩の段階に留《とど》まって衆生を済度《さいど》した下さるとの考えだ。

もう一つの解答は観世音なる霊的存在を在来仏教の煩雑《はんざつ》で統一性のない教義から完全に切り離して考えて、どちらかと言えば観世音、アヴァローキテーシュヴァラ尊の発生、誕《たん》生《じょう》の側面に光をあてた解釈方法である。最初の所で述べたように観世音菩薩は歴史的、地理的にいろいろな宗教の神格が重層《じゅうそう》、混合して成立した尊格だから、始めから絶対神の要素を色濃《いろこ》く持っている。このような絶対根源《こんげん》的神格であれば、いかなる姿、立場を取ろうとも自由自在とする思想である。つまり、観音経に説かれている観世音菩薩は仏教色で染められているものの、その素地《そじ》は仏教よりもはるか以前に成立した途轍《とてつ》もなく巨大で、より原初の息吹《いぶき》を伝える尊格だということだ。

現代に生きている我々に必要なのは前者の如く仏教なる枠の中でいろいろに論議の対象になっている染色され、ある意味ではその力を過小評価され、仏教内で認定された観世音菩薩ではなく、より古代からの息吹を伝えている本来の観世音菩薩なのである。

いわば、仏教的解釈という大地の中に埋没《まいぼっ》している巨大神格たる観世音菩薩の本体を探り出す必要があり、その本質を考究することが急務なのである。

（原文）応以辟支仏身　得度者　即現辟支仏身　而為説法　応以声聞身　得度者　即現声聞身　而為説法　応以梵王身　得度者　即現梵王身　而為説法　応以帝釈身　得度者　即現帝釈身　而為説法　応以自在天身　得度者　即現自在天身　而為説法　応以大自在天身　得度者　即現大自在天身　而為説法　応以天大将軍身　得度者　即現天大将軍身　而為説法　応以毘沙門身　得度者　即現毘沙門身　而為説法

（意訳文）観世音菩薩は無師独悟《むしどくご》の人、一つの仕事に徹《てっ》したことにより悟りを開いた人などの姿によって教え導く必要がある時には、すぐにそれらの人々の姿を現わして正しい道を示します。また仏陀の門弟や弟子、優《すぐ》れた学者のような立場の人によって教えられるべき人にはこれらの人たちの姿をとって真理を説《と》きます。またインドラ神のように勇気のある英雄の形で救済すべき人があれば、即時《そくじ》にインドラ神の身に変じて道を示して苦しむ人たちを救います。時として天上界の一部を支配している強力な神、対応によっては修業を妨《さまた》げる魔神の姿によって真理を説き聞かせる必要がある人々には、この恐るべき魔神の身に変じて教え導きます。さらに一切の破壊をつかさどる恐るべきも、慈悲深い神である偉大なシヴァ神の身によって救うべき人には、大いなるシヴァ神の姿によって救済します。天の大将軍の姿で救済すべき人たちには即時に大将軍の身を現じて解脱へ導きます。須弥山世界の四方を守護する四天王である毘沙門天、ヴァイシュラヴァナなどの身を現じて救うべき者に対しては、毘沙門天王の形をとって共済します。

応以辟支仏身　得度者　即現辟支仏身　而為説法（おういびゃくしぶつしん　とくどしゃ　そんげんびゃくしぶつしん　にいせっぽう）まさに辟支仏《びゃくしぶつ》の身をもって度《ど》するを得ん者には、すなわち辟支仏の身を現じて説法をなす。　この辟支仏とは梵語のプラティエーカ・ブッダの音写であり、縁覚《えんがく》、独覚《どっかく》とも意訳されることがある。意訳の文字からある程度推察できるように、何かの縁によって自分一人の力で一つの道を深く探求したことによって、悟りの境地にはいった人というような意味。大乗仏教の教義解釈では、とかく自己中心的で他人に無関係であると評《ひょう》されて批判《ひはん》の対象となることが多いが、元来は仏陀に次ぐ聖者として尊敬されていた。現在でも一芸に秀《ひい》でた人物の中には何とも言えない風格を自然のうちに備えている人がいる。長年の間、一心不乱にその道を極《きわ》めて行くと、その路がきっかけとなって全ての路に通じるなにものかを会得《えとく》するものらしい。その人の中には、自分の選んだ路に対しては全く妥協《だきょう》を知らずに厳《きび》しいが、その他の事柄については春風駘蕩《しゅんぷうたいとう》、他人に暖かく接して、まるで仙人を見るような人間的魅力に富《と》んだ人もいる。このような人はその製作した作品や人柄《ひとがら》自体で、言葉ではなくても何かを教えてくださることがある。

このような事実を感じて、生身の観世音による辟支仏身説法であると認識できれば、教えられる我々にとってどのくらい素晴らしいことであろうか。肝要なのはその教えをそれと気がつく我々の方の受容態度なのであり、素直《すなお》な気持ちを失《うしな》い、自身のひねくれた猜疑《さいぎ》などの分厚《ぶあつ》い鎧《よろい》を着て対応していたら絶対に感得することは不可能なのだ。

応以声聞身　得度者　即現声聞身　而為説法（おういしょうもんしん　とくどしゃ　そくげんしょうもんしん　にいせっぽう）

まさに声聞《しょうもん》の身をもって得度《とくど》すべき者には、すなわち声聞の身を現じて法を説く。

もともとの意味は仏陀の声を聞く者で、最初は歴史上の釈迦牟尼世尊の弟子達が仏陀の直接の聴聞者《ちょうもんしゃ》であったから声聞と呼ばれた。原語はシュラーヴァカであり、「教えを聴聞する者」の意義である。後世になると意味が拡大して、弟子、門弟を指すようになり、最後には出家の修業者だけを意味するようになった。

この声聞も前の辟支仏と同様に、自分の学問や悟りのみに拘《こだわ》って自己中心的で、人を救けることなどは考えない人物が多いという理由で大乗の教義では評判がよくない。

聖維摩詰《ゆいまきつ》所説と名付ける大乗経、維摩経では釈迦牟尼世尊の弟子のうちで錚々《そうそう》たる顔触《かおぶ》れの大声聞《だいしょうもん》連中が、在家の一居士である維摩詰《ゆいまきつ》に完膚《かんぷ》なきまで論破《ろんぱ》されてほうほうの体で引き下がる所が出てくる。このような声聞像が次第に発展していった結果として、小乗的発想の代名詞《だいめいし》にさえもなっていった。しかしながら理屈《りくつ》ばかりこねまわしていると評される声聞のもう一つの側面は堅実《けんじつ》な研究者、学究《がっきゅう》としての面であり、何か自分の興味を抱いた問題に関して集中して研究し、その成果で世を潤《うるお》す人達もこのタイプに属《ぞく》する。意訳文のところでは、その点に主眼《しゅがん》を置いて学者として訳したが、古今東西この学者といわれる人々が文化文明の発展の先兵になっているのは否定のしようのない事実。彼らはその生死にかかわらず学問上の功績によって人を助け、教え導いて行くものである。彼らの実績や行動の中に観世音菩薩の説法の影を見いだすか否かは我々の感性次第なのだ。

応以梵王身　得度者　即現梵王身　而為説法（おういぼんのう　とくどしゃ　そくげんぼんのうしん　にいせっぽう）

まさに梵王《ぼんのう》の身をもって得度すべき者には、すなわち梵王の身を現じて為《ため》に法を説く。古代インド哲学では宇宙創造の根源原理として抽象的《ちゅうしょうてき》に認識されていたブラフマンが、時代の変化とともに具体的な神格となり、創造神としての役割《やくわり》をになうブラフマーになった神格である。これが仏教に取り入れられると漢訳されて梵天《ぼんてん》と呼ばれた。

インドの宗教の中でも独特の三位《さんみ》一体《いったい》をなしている存在の一つで、三位とはブラフマー（梵天《ぼんてん》）は創造をつかさどり、ヴィシュヌ神（毘紐天《びちゅうてん》、遍照天《へんじょうてん》）は維持を、シヴァ神（大自在天）は破壊をつかさどる。しかし、この中でも梵天はどうしても理念神《りねんしん》の側面が拭《ぬぐ》いきれず、またはその抽象性の故か現在のインドにあってもあまり重要視されていない。破壊神のシヴァが大変な人気を集めているのと対照的である。ヴィシュヌ神もシヴァ神ほどではないが、相当の信仰を集めて、崇拝されている。

仏伝でこの梵天が活躍《かつやく》するのは菩《ぼ》提樹《だいじゅ》の下で修業者ゴータマ・シッダールタ（釈迦牟尼世尊）が無上の悟りを体得した直後に現われて、その悟りの内容を人々に説き給えと要請する場面。梵天勧請《かんじょう》と呼ばれている。梵天の本来の姿は宇宙創造原理であるとの事実に帰って考えれば、ここで観世音菩薩が梵天の身を現じて説法するということは観世音菩薩の本質を語る上で非常に重要な意味を持っているのに気づく。

応以帝釈身　得度者　即現帝釈身　而為説法（おういたいしゃくしん　とくどしゃ　そくげんたいしゃくしん　にいせっぽう）

まさに帝釈《たいしゃく》の身をもって度するを得ん者には、すなわち帝釈の身を現じて、しこうして法を説く。帝釈天《たいしゃくてん》、すなわちインドラ神こそはヴェーダにおける最大の英雄神、大立者《おおだてもの》である。常に無敵の武器であるヴァジュラ（金剛杵《こんごうしょ》）をもって悪魔、悪龍を退治する雷神でもある。帝釈天と呼ばれる理由は梵語の名前がシャクラデーヴァアーナム・インドラであるから、それを漢訳して釈提桓因天王《しゃくだいかんいんてんのう》…天の帝たる釈提桓因というところから来ている。この神は発生上からはとんでもない古代にさかのぼることが出来る存在で、インドばかりではなく、インド移住前のアーリア民族の故郷にも古代遺蹟《いせき》の中にその名が確認されている。この英雄神は古代の実在人物であるとする説もあるが、日本神話の英雄とも言うべき日本武尊（やまとたけるのみこと）と同様に、複数の人物の業績がいつのまにか混合、統一されて作りあげられた英雄像であろう。ヴェーダの中ではこのように重要な神であるインドラも時代が下るにつれて、本国のインドでも他の神々に圧倒されて次第に矮小化《わいしょうか》されてしまった。そして仏教に取り入れられる頃には仏法守護の善神の一人として他の神々と同列に扱われてしまう。観音経の作者達の神の観念、万神殿《ばんしんでん》に於いてインドラ神はどのような位置にあったかは推測するしかないが、ヴェーダのそれ程に高いものではなかった。そんな彼らがインドラ神をあえてここに持ち出す必要があった原因の一つは、仏教に取り込まれ相対的に矮小化されたとはいえ、民族の英雄の記憶は消滅しなかった証拠であるとも考えられる。

応以自在天身　得度者　即現自在天身　而為説法（おういじざいてんしん　とくどしゃそくげんじざいてんしん　にいせっぽう）

まさに自在天《じざいてん》の身をもって得度すべき者には、すなわち自在天の身を現じて法を説く。

この自在天に関しては二つの見方がある。一つは梵語名をイーシュヴァラという神でバラモン教では天地創造神の名前の一つ。すぐ後に出てくる大自在天とともに最高神の位置にあると言ってもよい。もう一つの考え方は他化自在天《たけじざいてん》であるとするもの。この他化自在天は仏伝でもなかなかの活躍？　をする存在で、梵名をパーラニルミター・ヴァーシャヴァルティンと称する。仏教的な世界観では欲界は六つに分かれていて、その最上段を他化自在天（第六天）という。ここの住人達は衆生の喜びを奪って自分の喜びにすることが出来るというおぞましい性質を持っている。

この第六天の支配者がかの有名な魔王パーピーヤスであり、漢訳して天魔、波旬（はじゅん）と呼ばれ、人間どもの仏法修業に大変な妨《さまた》げをするという。

ほかならぬ釈迦牟尼世尊もその被害者の一人で、菩提樹下で瞑想《めいそう》に没入し、いよいよ大覚を得ること間近となった時に、この他化自在天が現われて手を変え、品を変えてさまざまに誘惑して成道《じょうどう》の邪魔をする。食物、衣服、美女、権力などなど次々と並べ立てて堕落《だらく》させようとしたのである。イエス・キリストの荒野における悪魔の誘惑とてもよく似た話であるが、どうも真の宗教者にはこうした試練《しれん》がつきものであるらしい。もし私がこのような試練に会《あ》ったとしたら、衣服や権力にはあまり誘惑されない自信はあるが、食物と美女に関してはまるで自信がない。この際、肝心なのは自在天が悪魔的な要素を持っていることである。慈悲の権化《ごんげ》とも言うべき観世音菩薩が悪魔の姿を取って人を救済することなど、あっていい筈がないと思うのは一知半解である。善悪二元論の立場に立つか否かというような表面的な問題ではなく、もっと深い人間の本質の一部を形成する悪の要素を無視して人を救うことは不可能なのである。

応以大自在天身　得度者　即現大自在天身　而為説法（おういだいじざいてんしん　とくどしゃ　そくげんだいじざいてんしん　にいせっぽう）

まさに大自在天《だいじざいてん》の身をもって度するを得ん者は、すなわち大自在天の身を現じて法を説く。

ヒンズー教の最高神として現在でも大変な信仰をうけているシヴァ神こそがこの大自在天であり、もともとは暴風神のルドラから変化、発展していった神格と考えられている。しかし、長期間の変遷《へんせん》過程を経過してシヴァはその他の神々の属性《ぞくせい》を次々と吸収、肥大化してついには最高神とみなされるに到った。観音経が制作された時代にあっても、シヴァ神は強烈な存在であったろうから作者達もこの神を無視出来る筈もなかった。それどころか反対に観世音菩薩の中にシヴァ神の影響が著しく見出《みい》だされる。千手千眼《せんじゅせんげん》観世音菩薩広《こう》大円満無礙大悲心陀羅尼《だいえんまんむげだいひしんだらに》（大悲呪《だいひじゅ》）なる長い陀羅尼《だらに》があるが、この陀羅尼の後半はほとんどがシヴァ神の名号の羅列である。

この事実だけを見ても判断出来るように観世音菩薩とシヴァ神は多くの共通点をもっているが、大乗仏教徒がなにゆえに自分たちで観世音菩薩なる別個の尊格を生み出さなければならなかったのか、は当時の仏教の置かれた立場と深い関係がある。

応以天大将軍身　得度者　即現天大将軍身　而為説法（おういてんだいしょうぐんしんとくどしゃ　そくげん　てんだいしょうぐんしん　にいせっぽう）

まさに天の大将軍の身をもっと得度《とくど》すべき者には、すなわち天の大将軍の身を現じて法を説く。

ここで言う天大将軍とはいかなる存在なのかに関しては従来からいろいろな解釈がされて来た。もっとも単純に考えれば後の部分で出てくる天部の中の将軍とでも称すべき神のひとりとして、と言えよう。

妙法蓮華経のサンスクリット原本を見て比較《ひかく》すると、前に述べたシヴァの前身とも言えるルドラのようにも思える。このように多様な解釈が成り立つということ自体が天大将軍なる言葉の固有名詞的ではない事実を証明している。従って、あまり深く詮索《せんさく》することは私の力のおよばない所なので、やめておくことにしよう。

つまり、天大将軍とは強力な護法の善神であるという位にしておく。

応以毘沙門身　得度者　即現毘沙門身　而為説法（おういびしゃもんしん　とくどしゃそくげんびしゃもんしん　にいせっぽう）

まさに毘沙門《びしゃもん》の身をもっと得度すべき者には、すなわち毘沙門の身を現じて法を説く。前の天大将軍と違って、この毘沙門天王は我々に非常に親しみ深い神である。

元来《がんらい》は仏教世界観でいう須弥山《しゅみせん》の中腹、四王天《しおうてん》に住んでいる帝釈天《たいしゃくてん》の部下の四天王の一人。四人が各々一方角を守護するとされ、毘沙門天王は北の担当。同僚には東担当の持《じ》国天《こくてん》、南担当の増長天《ぞうちょうてん》、西の守護に当たる広目天《こうもくてん》がいる。毘沙門天王は多聞天《たもんてん》とも呼ばれているが、その理由はいつも釈迦牟尼世尊のそばにいて説法を聞いたから多聞というとか、備えている福徳があまりに多く、そのことが広く遠くまで雷鳴のように聞こえているからであるとか言う。もっとも前者の理由は仏の十大弟子の一人である阿難尊者《あなんそんじゃ》が多聞第一と称されたことと混同しているのかも知れない。ヒンズー教ではクベーラ神と呼ばれている財宝を司《つかさど》る神であるから、仏教にあってもこの点を重視して施財天《せざいてん》と言われる。あらゆる種類の財福《ざいふく》を気前《きまえ》良くもたらしてくれるから、四天王《してんのう》の中でも抜群《ばつぐん》の人気と知名度を誇《ほこ》っている。この多聞天が四天王の一人としてではなく、単独に信仰の対象となる時に毘沙門天王と呼ばれることが多い。右手に棍棒《こんぼう》か三叉槍《さんさそう》、左手に宝塔を持っている姿はよく知られており、何かの機会に見た人も多い筈である。

この特徴から別名を托塔天王《たくとうてんのう》ということがあるが、この言葉ですぐに思い出すのは水滸《すいこ》伝に出てくる梁山泊《りょうざんぱく》は百八人の好漢達の統領、及時雨・宋江の兄貴分にあたる托塔天王・晁蓋《ちょうがい》である。この晁蓋なる人物は非常に重い石の塔をたった一人で持ち運んでしまう程の豪傑だからこのように呼ばれた。また奇書という点では水滸伝をもはるかにこえる封神《ほうしん》演義《えんぎ》にも李靖《りせい》なる武将の形であきらかに毘沙門天王のイメージを持った登場人物が出てくる。日本に於いても毘沙門天王は七福神の中に組み入れられたり、戦国時代の越後の名将、不識庵《ふしきあん》・上杉謙信の毘一字を大書した旗印《はたじるし》によって有名である。

大阪には聖徳太子が建立《こんりゅう》したと伝える四天王寺《してんのうじ》がある。思えば、私が十六才の時に父に怒られて関西方面に家出した際に最初に着いたのがこの四天王寺であった。

何しろろくにお金も持たずに飛び出したものだから電車賃を使ってしまうと殆ど残らない。従って、どうしても食物に回す余裕がなくなり、移動するにもすべて徒歩になってしまった。自分なりに最低限の食物代金は確保していたつもりであったが、その計画は無残にも成功せず、あの時のつらさはいまだに忘れられないでいる。当時のコッペパンを一日ひとつしか食べずに大阪の町をテクテク歩き、諸方を徘徊《はいかい》したのだから。

空腹を抱えて四天王寺に着き《日本仏法最初四天王寺》と彫ってある石柱を見て非常に感動したのを覚えている。そのまま五重の塔に登って最上部から見た大阪の町並みが霞《かす》んで見えたのは空腹の為ばかりではなかったろう。聖徳太子時代から日本人に親しまれていた毘沙門天王はその奥さんが吉祥天女《きっしょうてんにょ》であるとされることから、尚《なお》一層の人気が出た。京都の北方にある鞍馬山《くらまやま》は古来から毘沙門天王の霊地、鞍馬天狗《くらまてんぐ》と源義経伝説で知られるが、ここの仏像には独特のポーズをとる毘沙門天王とその妻子が揃《そろ》っている。

毘沙門天王は確認されている最も古いインドの像様《ぞうよう》としては普通の姿、文官《ぶんかん》様式をしている。しかし、西域から中国に入るといつのまにか唐風の甲冑《かっちゅう》をつけたいかめしい武人の姿をもって表現されるようになった。そのために悪魔、外道《げどう》、外敵をとりひしぐ守護尊、護法神の印象が強化され、日本では武士の信仰の対象となったが、元和偃武《げんなえんぶ》以降の江戸時代社会にあっては本来の財神としての一面が見直されて、七福神の仲間入りすることになり農民、商人などの庶民の信仰を集めたのは面白い現象である。

第七章……社会の中に

（原文）応以小王身　得度者　即現小王身　而為説法　応以長者身　得度者　即現長者身　而為説法　応以居士身　得度者　即現居士身　而為説法　応以宰官身　得度者　即現宰官身　而為説法　応以婆羅門身　得度者　即現婆羅門身　而為説法　応以比丘、比丘尼、優婆塞、優婆夷身　得度者　即現、比丘、比丘尼、優婆塞、優婆夷身　而為説法　応以長者、居士、宰官、婆羅門婦女身　得度者　即現婦女身　而為説法　応以童男童女身　得度者　即現　童男童女身　而為説法

（意訳文）観世音菩薩は一国を支配する王として人々を救済する必要があれば、すぐに王者、覇者《はしゃ》となって人々を助けます。また経済的に豊かな上に人生経験が豊富で、人望のある人の姿をとって人々を助けるべき場合には、これらの長者《ちょうじゃ》と呼ばれる人の身を現じて真理の在り方を教えます。また、あらためて出家しないで、在家のまま一心に仏道修業に励《はげ》

む人の立場で救済に当たる必要がある時には、このような俗界修業者の姿によって教え導きます。観世音菩薩は政治にたずさわる人、有力な政治家、官吏などの形で人を助けるべき時には、これらの政治家や官吏、宰相の姿を現じて正しい法を説きます。

また、バラモンと呼ばれる階級の人々の姿で解脱《げだつ》の道を示す場合には、これらのバラモン僧侶の身を現じて救済にあたります。仏教を奉じて托鉢《たくはつ》修業する出家者である仏教僧の立場で救う必要がある時には、すぐにその形を現して真理を説きつつ人々に正しい道を教えます。同様に仏教徒として出家した女性である尼僧《にそう》の姿によって助けるべきであれば、このような尼僧の身に変じて苦しむ人々をただちに救済します。観世音菩薩は仏教を信仰する一人の男性信徒の立場で助けるべき時には、この男性仏教信徒の姿によって教えを説きます。また、仏教を篤《あつ》く信ずる女性信徒の姿によって救済するのが適当な時には、このような家庭にいる女性信徒の身を現じて真理を説きます。前に述べたような長者、在俗修業者、政治家、官吏、バラモン僧などの人々の配偶者や家族である女性達の姿に変じて救うことが必要な場合には、これらの女性の身を現《あらわ》して救済します。

また、幼児や子供の姿で法を説き、助けるべき場合には男女の別にかかわりなく幼児、子供の立場をとって人々が苦しみから逃れる道を教えます。

応以小王身　得度者　即現小王身　而為説法（おういしょうおうしん　とくどしゃ　そくげんしょうおうしん　にいせっぽう）

まさに小王の身をもって度すことを得ん者は、すなわち小王の身を現じて為に法を説く。

小王というと〈小さな王様〉あるいは〈小国の王〉なのかな、と不思議に思うだろうがこの〈小〉は肉体や国家規模の形容ではない。仏教では大王とか法王《ほうおう》とか言えば大体、仏陀一般もしくは釈迦牟尼世尊本人を指すことが多い。

これは釈迦牟尼世尊と同時代に東インドで活躍したジャイナ教の開祖であるヴァルダマーナを大雄《だいゆう》（マハーヴィーラ）と呼ぶのと同じである。現に仏陀も大雄と言われることがあり、仏寺の本堂を大雄宝殿《だいゆうほうでん》とも称することもある。つまり、小王とは非宗教的世俗世界の支配者の意味であり、王者とか覇者《はしゃ》とかを意味している。インドには昔から転輪聖王（てんりんじょうおう・チャクラ・ヴァールティ・ラージャ）の伝承《でんしょう》がある。

この転輪聖王とは聖なる無敵の武器、チャクラ（輪宝《りんぽう》）により正義をもって世界を治める理想的君主と考えられていた。新約聖書によればイエス・キリストに対して当時、一部のイスラエル人が抱いた期待は神の道を説く者としてではなく、この覇者の要素を備えた転輪聖王の如き現実の支配者、王者としての社会的救済であった。

しかし、イエスはその現実社会の王たるべく、圧政の限りを尽くすローマ帝国に対して武器を取ることはしないで、ひたすら神の愛を説いた。これが誤った期待を持っていたイスラエル人の誤解と憤激《ふんげき》を招いて、ついにはイエスを十字架上に追いやる理由の一つとなる。釈迦牟尼世尊在世中にあっても当時のインドは政治、軍事的にも混乱していた場面が多く、幾多《いくた》の悲劇が生《う》まれた。現に釈迦牟尼世尊の出身部族である釈迦《しゃか》族《ぞく》は仏滅度《めつど》の後に完全に滅ぼされてしまった程だ。このような社会情勢のもとでは人々は絶対的権威をもって正義を実行する、強力な王に対してあこがれ、その登場を期待する心は増す一方であったろう。イエス・キリストに対してほどではないにしろ、釈迦牟尼世尊に対してこのような期待を抱いた人もあるいは、いたかも知れない。

観世音菩薩は必要とあらば、理想的であるか否かをとわずに王者、覇者の身を現じて人々を救済するのだ。ここで注意したいのは今までの観世音菩薩の変身内容といささか趣《おもむき》がかわって、現実世俗的な救済をなすべき立場の人間……王として現われることである。

応以長者身　得度者　即現長者身　而為説法（おういちょうじゃしん　とくどしゃ　そくげんちょうじゃしん　にいせっぽう）

まさに長者の身をもって得度すべき者には、すなわち長者の身を現じて法を説く。

長者という言葉に関して私が持っているイメージは、どうしても日本の昔話や伝説に出てくる長者のそれから離れることが出来ない。しっかりと頭にこびりついている長者のイメージから悪い点、短所を全《すべ》て差し引いて、長所のみを掻《か》き集《あつ》めて表現したのが意訳文にある如く、①経済的な豊かさ、②人生経験の豊かさ、③人望があること、の三点となった次第。しかし、昔話に登場する長者はこのような立派な人ばかりではなく、①は裏返せばその強欲《ごうよく》、吝嗇《りんしょく》を意味しており、②は狡猾《こうかつ》さ、意志の弱さとも言え、③はそのまま人に憎《にく》まれ、恨《うら》まれているとするべき長者さんの方がどう考えても多いようである。

仏教説話の一つとして有名な信貴《しぎ》山縁起《さんえんぎ》に出てくる長者は托鉢《たくはつ》の為に飛来する命蓮《みょうれん》上人の鉢《はち》を無視したために米蔵《こめぐら》ごと持っていかれたり、驕《おご》り高ぶった大地主の長者がありあまる米を餅《もち》について、これを的にして矢をいたところ餅が白鳥と化して飛び去ってしまい、あとは見る影もなくおちぶれてしまった、などというパターンの話が多い。

長者によく似た言葉に長老というのがあるが、この場合は主として高齢であること、一族の統率者の立場にあることなどが条件となっていて、経済的な富裕さはそれほど重要な要件ではない。例のイエスに対する迫害の件ではパリサイ派の長老が悪役になっている。

応以居士身　得度者　即現居士身　而為説法（おういこじしん　とくどしゃ　そくげんこじしん　にいせっぽう）

まさに居士《こじ》の身をもって度《ど》すことを得ん者には、すなわち居士《こじ》の身を現じて法を説く。

居士とは『家に居《お》る士《し》』の意味であり、その反対が今までに何回も出てきた出家者《しゅっけしゃ》である。出家者は読んで字の如く、家を出た者であるから家に居る居士とは正反対であることがよく理解出来る。さて、そこで何のために家を出たり、家に居たりするのかの理由が大切になる。単に家を出るだけならば外出や旅行もすべてそうであろうが、ここではそんな軽い意味で使用されている言葉ではない。仏教に限って言えば、最初の出家者は他ならぬゴータマ・シッダールタその人である。釈迦族の国、カピラヴァストゥの城に王子として生まれたシッダールタ太子はいろいろな人生の苛酷《かこく》な現実を認識し、思索《しさく》を深めていくうちに苦悩にさいなまれ、最終的な解決の方法として全てを捨てて沙門《しゃもん》（シュラマナ）になる決心をした。このシュラマナの概念は当時のバラモン教にあっては一般的であり、簡単に言えば男性で家を捨てた修業者を指《さ》す。太子は家を捨てた、などと簡単に言うが我々庶《しょ》民《みん》の悪ガキが非行などというものに走って家出をするのとはわけが違う。（先述の通り、私自身がかつて家出をしたことがあるからあまり大きなことは言えない。）

家といっても将来は一国の王となるべき立場と多くの国民、家来は言うに及ばず、大切にしていた愛妻《あいさい》やその子供までの一切合財《いっさいがっさい》をすべて置《お》き去《ざ》りにして、単身で解脱の道を求めるのがシュラマナなのである。この時の太子の年令は二十九才であったとされる。

解脱の道を求めて沙門《しゃもん》になる、などと言われても残される方の家族や家来はたまったものではない。考えてみれば若き日のお釈迦様も随分《ずいぶん》と家族泣かせをしたもので、お父さんの浄飯王《じょうぼんおう》にしてみれば、それこそ一人息子が非行に走ったと思ったかもしれない。

釈迦牟尼世尊の場合はこのように家を出る道を選択《せんたく》したが、家を出なくても十分に解脱の方法、仏道は研究出来ると考え始めた人達もいた。特に後世になって出家していること自体に価値があり求道の絶対条件であるとされ、出家者の教団構成員がむやみやたらに威張りだすようになると、その事態に反発して非出家者、即ち在家の仏教信徒の中にも必死の研鑽《けんさん》の結果、出家者もはるかに及ばないような修業、実力を備えるような人物が輩出《はいしゅつ》した。この人々を居士と呼んでいる。居士などの非出家主義は釈迦牟尼世尊の在世中にはそれほど目立たなかったが、後に初期の大乗仏教運動が起こると出家者の堕落《だらく》と相俟《あいま》って大きな力になっていった。それ以来、少なくとも大乗仏教を標榜《ひょうぼう》する国や地域では、ことあるごとに何回もこの在家主義仏教が提唱《ていしょう》されてきている。維摩経《ゆいまきょう》の主人公である維摩《ゆいま》詰居《きっこ》士《じ》（ヴィマラキールティ）などはこの典型的な例であった。彼は超一流の仏教者であるのみではなく長老、大富豪《ふごう》でもあり人望《じんぼう》も厚く、政治的にも大変な実力者であった。ここに居士運動の一つの理想像が描かれている。日本の歴史を見ても毛坊主《けぼうず》……頭髪を蓄《たくわ》えた僧侶、即ち在家の仏教指導者……という言葉が見出だされるが、これは本当の意味の居士というより、特定の出家者教団の在家信徒の取《と》り纏《まと》め用の窓口としての機能が大きかったようである。人が死ぬと戒名《かいみょう》と称していろいろな名前をつけるがこの居士号が入ると戒名代が高くなる等という現実は阿呆らしくては論ずるにも足りない。

応以宰官身　得度者　即現宰官身　而為説法（おういさんかんしん　とくどしゃ　そくげんさいかんしん　にいせっぽう）

まさに宰官《さいかん》の身をもって度すことを得ん者には、すなわち宰官の身を現じて法を説く。

普段《ふだん》にこの宰《さい》の字を見かけるのは主に宰相《さいしょう》もしくは主宰《しゅさい》とかの熟語としての用法である。宰相とは現代日本の政治構造で言えば内閣総理大臣の別名である。本来の意味は皇帝、天子の補佐《ほさ》として政治上の実務を執行した高位の官職であったが、唐代には参議《さんぎ》の異《い》称《しょう》となった。また主宰とは物事の中心となって、これをつかさどる意味であり、宰の字には切り盛りしたり、つかさどるの意味がある。字の成立はウかんむりによって表現されている家の中に辛《しん》、即《すなわ》ち刃物が入っている形であり、家の中で刃物をもって主として食物を切り分け、分配するのが原義。これが次第に発展的に解釈されて皇帝に代わって、その皇帝権力を委託《いたく》されて政治、経済上の権力分配を司《つかさど》る官職となった。

簡単に考えても人事決定権の最枢要《さいすうよう》部分を完全に掌握《しょうあく》するのだから、巨大な権力が集中するのは当然のこと、結果として宰相とは最高の権力を有する官吏《かんり》、政治家の長を指すようになったのである。観音経のこの部分に使われている宰官の意味は政治的な権力と考えるのが最も適当であろう。古今東西を問わず、権力とは強ければ強い程、弱くても弱いなりに必ず腐敗するものであるから、観世音菩薩も宰官の身を現じて衆生を救済するのは楽ではなかろう。論語《ろんご》の中に孔子《こうし》の言葉として『苛政《かせい》は虎よりも猛《もう》なり』というのがある。家族をつぎつぎと人喰《く》い虎に殺されてしまった婦人が嘆き悲しんでいる所に通りかかった孔子がなぜこんな危険な虎のいる場所に住んでいるのか、早く引っ越せばよいのにくらいを言ったのであろう。しかし、その婦人がここから引っ越さない理由を聞いた孔子の嘆《なげ》きがそのまま論語の言葉になった。その婦人の答えは『苛政無《かせいな》ければなり』つまり〈ここでは苛酷《かこく》な政治が行なわれていないので、他の苛酷な政治の行なわれている地方へ引っ越すよりも、虎の危険の方がまだしのぎやすい〉との意味である。

このような事情を聞かされれば夫子《ふうし》、孔子聖人《せいじん》でなくても長嘆息《ちょうたんそく》したくなる。

貪官汚吏《どんかんおり》なる言《い》い回《まわ》しがある。権力を濫用《らんよう》して民を苦しめる貪欲《どんよく》極まりない高官どもから収賄《しゅうわい》、脅迫《きょうはく》、汚職等の思いつく限りの悪業を平然と実行し、いささかも恥じるを知らない木ッ端《こっぱ》役人に至るまで、その辺の事情は今も昔も変わりはなかったものと見える。

孔子が魯国《ろこく》の宮廷年代記を添削《てんさく》、編集して残したとされている〈春秋《しゅんじゅう》〉を解説するために後世に作られた〈春秋左氏伝《さしでん》〉によれば、昔の諸侯《しょこう》は盟約《めいやく》結ぶ時に誓《ちか》いの儀式として、生きている牛の耳を裂《さ》いて血を啜《すす》ったという。この場合は最も有力な諸侯の一人が盟主《めいしゅ》となって牛の耳を取った。この故事から今でも〈牛耳《ぎゅうじ》を取《と》る〉〈牛耳《ぎゅうじ》る〉なる言葉が出来たのだが、その意味は組織を自分の思うように好き勝手に動かすこと。牛耳を取る宰官、宰相たる者は一国の興亡《こうぼう》にかかる大きな権力を持ち、非常に重大な決断を迫《せま》られるものだから、そこに人を得るか否かがその国の運命の分岐点《ぶんきてん》であることは歴史が繰り返して証明している。観音経全体の流れからすれば以前に出てきた小王身説法の小王とは現実社会で祭《さい》祀権《しけん》をもっていた王者、皇帝とでも言うべき存在であったから、それに対応する者として政治実権者として宰官身説法をもってきたのであろう。

応以婆羅門身　得度者　即現婆羅門身　而為説法（おういばらもんしん　とくどしゃ　そ

くげんばらもんしん　にいせっぽう）

まさに婆羅門《ばらもん》の身をもって得度すべき者には、すなわち婆羅門の身を現じて法を説く。

婆羅門とは梵語ではブラーフマナのことであり、古代インドの階級制度の最上位を形成する階層《かいそう》であった。この時代の階級制度は四姓制度《しせいせいど》と呼ばれていて、上からブラーフマナである婆羅門、次はクシャトリアである王侯、貴族階級、三番目はヴァイシャという一般庶民《しょみん》階級、最後で最下位はシュードラと呼ばれた奴隷《どれい》、賤民《せんみん》階級によって成り立っていた。

この階級制度のもとでの身分差別はきわめて厳格《げんかく》なものであり、現代のインド社会に於いてもカースト制度として複雑、細分化して現存し、この国の社会的な発展を大きく妨げている原因の一つになっているのかもしれない。さて、この婆羅門であるが、そのよって立つ理由はヴェーダの神話に求められている。この神話により婆羅門こそ僧侶階級として、生まれながらに四姓の最上位にあると権威《けんい》づけられて、宗教上ばかりではなく、実生活上でも多種多様な特権が与えられていた。釈迦牟尼世尊の時代にあってもこの婆羅門階級の専横《せんおう》は目にあまるものがあった。太子ゴータマ・シッダールタはこんな婆羅門を軽蔑《けいべつ》して、この道を歩むことは拒否してシュラマナになる決心をしたのである。当然、釈迦牟尼世尊による仏教は本質的に階級制度の否定を説いていた。

この思想は婆羅門を頂点とする当時のインドの身分意識に強烈な衝撃《しょうげき》を与えたのは容易《ようい》に想像出来る。つまり、人間はすべての人が平等であるという観点に立つ釈迦牟尼世尊の教えは、当時にあっては単なる在野《ざいや》の一宗教家の言説としてのみではなく、先鋭《せんえい》な社会改革者のそれに近い危険で破壊的要素をもつものとして権力者側から警戒されたのである。

この結果として釈迦牟尼世尊およびその教団の構成員や援助者は多数の悲劇的迫害《はくがい》にあって、中には命を落とした者もあった。宗教に携《たずさ》わり、この中で指導的な立場にある人間が堕落《だらく》、腐敗してしまうと、その社会に対する害毒《がいどく》の流し方は下手《へた》な政治家などは足許《あしもと》にも及《およ》ばない程にひどいのは全世界の古代史や中世史だけが語っているのではなく、現在只《ただ》今《いま》でも歴史は飽《あ》きもせずに証明を繰り返している。観音経の作者達である大乗仏教徒にとっても、この婆羅門とその司《つかさど》る宗教である婆羅門教、そしてその発展、肥大《ひだい》変化した形態としてのヒンズー教は当面する最大の敵であったろうし、その後のインド史の示すところによれば仏教は遂《つい》に敗退《はいたい》してしまったとしか言い様がない。それにも拘《かかわ》らずに観世音菩薩が婆羅門の姿を現じて法を説く、とするのは反対の見方からすれば仏教の平等思想の理念を表現している。もっと端的《たんてき》に言ってしまえば観世音菩薩という霊的存在は婆羅門教や融通性を欠く小乗仏教徒と戦う上で、大乗仏教徒が掲《かか》げた大いなる旗印《はたじるし》であり、シンボルだったのだ。この旗印を制作する上で当時の大乗仏教徒は、はるかなる過去の歴史の彼方から存在していたアヴァローキテーシユヴァラ尊の原形とも言うべき神格を基本素材にして肉付《にくづ》け作業を行い、ついに大乗仏教の理想像としての観世音菩薩の形に仕上げたのだ。つまり、観世音菩薩なる仏教上の尊格はただ自然のうちに、何となく成立したものではなく、成立に到るまでは多くの試行錯誤《しこうさくご》段階を経過し、莫大《ばくだい》な人的、霊的エネルギーが費《つい》やされていることを我々は明確に認識しなければならない。

応以比丘、比丘尼、優婆塞、優婆夷身　得度者　即現、比丘、比丘尼、優婆塞、優婆夷身而為説法（おういびく、びくに、うばそく、うばいしんとくどしゃ　そくげんびく、びくに、うばそく、うばいしん　にいせっぽう）

まさに比丘、比丘尼、優婆塞、優婆夷の身をもって得度すべき者には、比丘、比丘尼、優婆塞、優婆夷の身をもって法を説く。

ここでは四種類の仏教信徒の在《あ》り方が提示されている。各々について詳細な説明をすることは避《さ》けて、ごくおおまかに解説してみよう。

①比丘《びく》……梵語にいうビクシユの音訳であり、もとの意味は托鉢《たくはつ》して食物を乞《こ》いながら修

業をする男性を表現していた。従って、意味から漢訳された場合には（乞士《こつじ》）となる。

それが後年になると一般の仏教界に於いては、出家して一定の戒律《かいりつ》を受けた修業者に対する呼び名になっていった。建前論《たてまえ》から言えば現代の社会では仏教の僧侶《そうりょ》にあたる人々である。僧侶、お坊さんが説法をするのは当たり前だ、というかも知れないが、いろいろな意味で説法をするとは他から見るほど簡単なことではない。それも現代のように多種多様《たしゅたよう》の情報伝達手段がなかった時代にあっては、自分の意志や考えを説法として不特定多数の人々に伝えようとしたときに採用出来る方法は限られていた。その方法のうちでも最高に有用であったのが言葉、肉声によるものだ。文字による伝達も非常に効率の良い手段であるが、情報の受手《うけて》側が文字を理解しない場合は無効《むこう》である欠点を持つ。

実際問題として識字率《しきじりつ》を高める運動が現代社会でも全世界的に重要な活動と見做《みな》されているのは周知《しゅうち》の通り。つまり、言葉、音声による教義の普及こそが最も原始的ながら有効な道であった訳で、釈迦牟尼世尊を始《はじ》めとして優《すぐ》れた宗教家はすべて、卓越《たくえつ》した弁舌《べんぜつ》を揮《ふる》う説法者であったに違いない。古代のギリシャ、ローマには主として政治的立場や意見を主張するために歴史に名を残しているペリクレス、キケロ、カトーなどの雄弁家が多く輩《はい》出《しゅっ》した。釈迦牟尼世尊自身についても外面の風貌《ふうぼう》の立派さに加えて、その説法術の風格と巧《たく》みさ、素晴らしさは聴衆をして陶然《とうぜん》たらしめる程であったとされている。

いささか話が本題からそれたが、要は比丘《びく》とは戒を受けた修業者であり、今でいうとお坊さんに相当すると考えて良い。観世音菩薩がお坊さんの姿をとって人を救けるという話は全然なくはないが、少ない。しかし、あらためて僧侶の形に変身しなくても、もとから僧形《そうぎょう》をしている菩薩がおられる。言わずと知れた地蔵菩薩《じぞうぼさつ》のことで、誰でも知っている我々に身近な尊格で、この地蔵尊については本稿の最後に近い部分で触れることになる。

②比丘尼《びくに》……簡単に言ってしまえば、比丘の女性版である。しかし、すべてが完全に男性である比丘と同じかと思うとそうではない。特に戒律の点で大きな相違があり、具足戒《ぐそくかい》という小乗仏教の戒律からすれば、男性の比丘が二百五十戒とされているのに対して、女性の比丘尼は三百四十八戒と圧倒的に多くなっている。何が原因でこんなことになったのかを追求していけば、いろいろな新しい発見があるだろうが現在の日本では常識とされている観念からは遠く離れた理由も含まれているに違いない。釈迦牟尼世尊自身が最初のうちは女性の出家に反対していたと伝えられていて、比丘尼を認めるつもりがなかったらしいが、早世《そうせい》した母上に代わって自分を育ててくれた養母の懇請《こんせい》には勝てなかった。

③優婆塞《うばそく》……梵語のウパーサカの音訳。在家の男性信徒を意味する言葉で出家者に対する

経済的な基盤としての働きも期待されていた。この言葉を日常の生活で聞いたり、使用したりすることは殆どないが、日本史の中ではこの呼び名を冠せられて活躍する人物が一人いる。『役の優婆塞』（えんのうばそく）、役《えん》の行者《ぎょうじゃ》と称されたこの人物は方術《ほうじゅつ》の大家、役《えん》の小角《おづぬ》で修験道《しゅげんどう》の開祖、古代の超能力者として今も各地の山岳を中心として祭祀《さいし》されている。

もとは葛城《かつらぎ》地方の豪族であった賀茂《かも》氏の出身者であった。常に孔雀明王《くじゃくみょうおう》の陀羅尼を持し、会得《えとく》した法術を駆使《くし》して自分のいいつけに従わない葛城《かつらぎ》の一言主神（ひとことぬしのかみ）を呪縛《じゅばく》したりして神変《しんぺん》不可思議の大活躍をした挙《あ》げ句《く》、弟子の一人に讒言《ざんげん》されて伊豆の島に流されてしまった。ついでながら、この一言主神は埼玉県行田市《ぎょうだし》の稲荷山古墳《こふん》から出土した鉄剣の金象眼《きんぞうがん》文字に顕《あらわ》れたワカタケル大王とされる雄略《ゆうりやく》天皇と張り合ったとの勇ましい伝承を残している葛城地方の有力な神である。しかし、役の優婆塞はこんな島流しなどはなんのその、毎日のように富士山と島を往復して自在に振《ふ》る舞《ま》っていた。

面目丸潰《まるつぶ》れとなり、困《こま》り果《は》てた朝廷はとうとう卑怯《ひきよう》にも優婆塞の母を捕《と》らえて、人質としておとなしくさせたという。最後には優婆塞は母親ともども、雲に乗って唐天竺《からてんじく》の方へ飛び去っていったとされる。こんなスーパーマンであるから後世の民衆の人気も大変に大きなものがあり、山岳宗教の修業者が開祖として崇《あが》めたことと相俟《あいま》って伝説的な存在になった。このような役の優婆塞像が修験道を中心に伝承されて、現在の歌舞伎の世界でも十八番のうちに勧進帳《かんじんちょう》の形で残っている。この舞台で武蔵坊弁慶《むさしぼうべんけい》が読み上げる勧進帳の中にも役の優婆塞の名が出てくるはずである。さて、在家の仏教信徒としての優婆塞と優婆夷《うばい》は五戒を守ること、出家者の生活全般の確立に貢献《こうけん》することを期待されていた。この五戒律とは不殺生《ふさっしょう》、不偸盗《ふちゅうとう》、不邪淫《ふじゃいん》、不妄語《ふもうご》、不飲酒《ふおんじゅ》の五つの戒律。

つまり、仏教徒である以上、最低でもこの位のことは実行しなければならない、ということである。この戒を実際に遵守《じゅんしゅ》している立派な仏教徒もいようが、私などとても出来る話ではない。勿論《もちろん》、単なる形式、建前だけは五戒を保っているという人はいるであろうが、それが口先だけの嘘《うそ》であるならば、馬鹿な奴と軽蔑《けいべつ》するほかには打つ手はなく、こんな馬鹿と付き合ってもろくなことはないことは保証してもよいくらいだ。

④優婆夷…梵語のウパーシカーの音訳で、在家の女性仏教徒のこと。五戒の内容や仏教集団の中における位置も優婆塞と同様である。比丘尼《びくに》と称する尼《あま》さんと優婆夷の相違は戒律の数の違いばかりではなく、外見上の形も違っている場合が多い。その中でも最も判然としていて、分かりやすいのは髪《かみ》のあるなしである。おそらく女性は人類発生以来、髪の毛

に特別な関心を払ってきたのであろう。今でも多くの女性達は気に入った髪形《かみがた》にするためと言っては美容院に行き、複雑怪奇な作業に長時間、しかも嬉々《きき》として耐《た》えている。

私があのような方法で髪を加工されたら、ていのよい拷問《ごうもん》だと思って即座《そくざ》に逃げだすであろうことは疑いない。しかしながら世の女性達は髪の毛の為とあらば、この種の難行苦行にも平然と耐えてしまう。ことほど左様《さよう》に女性にとって大切な髪を切って尼になることは大変な決意がいることらしい。落語に「三年目」という話がある。

これは納棺《のうかん》の時に丸坊主にされてしまった妻が亭主が新しい嫁《よめ》をもらって焼《や》き餅《もち》をやきながらも髪が生えそろうまでは化けて出られなかった、という筋である。このことを考えに入れると男性が出家するのとは形の上でも、一味違《ひとあじ》う決心が女性には必要なようである。仏教に関しては比丘尼の歴史は釈迦牟尼世尊の養母であるマハープラジャパティーに始まるが、時代の経過とともに比丘尼の社会的地位や存在理由には大きな振幅《しんぷく》がみられた。時としては政争《せいそう》の敗者が延命《えんめい》のために緊急避難として出家した場合もあるし、既存《きぞん》教団の対外宣伝の役割を負って各地を渡り歩いた者もいた。これらの中には最終的には完全に教団から離れてしまい、女性特有の職業についた者もいた。江戸時代も後期になって各地の都市を中心に活動した歌比丘尼《うたびくに》などはその例であろう。古今を問わず宗教団体をささえる最も大きな力になるのは一般、在家の女性達であることは歴史が明白に語っている。

応以長者、故事、宰官、婆羅門婦女身　得度者　即現婦人身　而為説法（おういちょうじゃ、こじ、さいかん、ばらもんぶにょしん　とくどしゃ　そくげんぶにょしん　にいせっぽう）

まさに長者、故事、宰官、婆羅門の婦女の身をもって得度すべき者には、すなわち婦女の身をもって法を説く。

婦女身説法と呼ばれる一段である。比丘尼や優婆夷は仏教信徒である女性であったが、ここで言及《げんきゅう》されている婦女達は特別に仏教徒と明示《めいじ》されていない。この辺に観世音菩薩の宗教、宗派を越えた現身説法の有り難さがあるのだが、これについては後述する機会がある。婆羅門についてはいささか疑問があるが、他の三種類の場合は女性がなることもあり得る。

女長者や女宰官がいてもおかしくはない。特に現代のように女性の社会進出が著《いちじる》しくなると一昔前では考えられもしなかった職業や社会的な位置に女性がつくようになった。

これは全女性のために喜ぶべき変化であるが、まだまだその程度は完成の域《いき》に達しているとは言《い》い難《がた》い。すべての女性が古代のアマゾネス軍団のような恐ろしい女性になってほしいとは毛頭《もうとう》思わないが、これからも女性の感性が積極的に参加した社会運営が期待されてしかるべきである。意訳文の所では無難《ぶなん》に長者乃至《ないし》婆羅門の配偶者《はいぐうしゃ》や家族などとしておいたが、実際には以上のように女性自身そのものが、長者や宰官である場合もある。

日本人で観世音菩薩の絵画《かいが》や仏像を全く見たことのない人はおそらく極めて少ないであろう。自分のかつて見たことのある観世音菩薩像を思い出して頂きたい。馬頭《ばとう》観世音菩薩など密教の変化《へんげ》観音《かんのん》の一部を除《のぞ》いて、皆一様に女性的なイメージで描《えが》かれているはずである。この問題に関してはいろいろな説が提起《ていき》されているが、今それらをすべて検証してみてもあまり意味はない。これは飽《あ》くまでも私個人の考えだが、観世音菩薩像が女性のイメージで作成されている原因は、観世音菩薩の本質である慈悲を積極的に可視物体《かしぶったい》として表現するには女性のイメージが最《もっと》もふさわしい点がひとつ。ふたつ目は悠久《ゆうきゅう》の古代から伝わり、我々一人一人の遺伝子の中に潜《ひそ》んでいるとも言える大地母神《だいちぼしん》の残像《ざんぞう》としての影響。

三つ目はその大地母神像に人類が生活上の教訓《きょうくん》として学んだ精神論的な要素を附加《ふか》した絶対神としてのアヴァローキテーシュヴァラ尊の印象。これらの三者から作り上げられたのが、現代に伝わっている観世音菩薩像の原イメージなのであると私は考えている。

従って、観世音菩薩を解釈する場合でも既存《きぞん》仏教の教義という狭隘《きょうあい》な枠《わく》から飛び出してもっと素朴で自由、且《か》つ何物にも制限されないおおらかな考え方をしたほうが良いとの結論に達する。本当の意味で自在な立場に立って観世音菩薩の存在する原因、観世音菩薩をなぜ人間の方で必要とするのかを不思議なこととして興味の対象とした時に、何か非常に巨大な実体にぶち当たった気がする。この衝突感《しょうとつかん》は決して不快なものではなく、この感動は突き詰めて行けば無限の安心感をともなっていることを悟るものなのだ。

応以童男童女身　得度者　即現童男童女身　而為説法（おういどうなんどうにょしん　とくどしゃ　そくげんどうなんどうにょしん　にいせっぽう）

まさに童男童女《どうなんどうにょ》の身をもって度するを得ん者には、すなわち童男童女の身をもって法を説く。

観世音菩薩が子供の姿によって人を救い、正しい道を説いて行くということ。この一段に関しては何かしらすんなりと理解し難い人もいるかも知れない。なぜなら今まで出てきたいろいろな種類の仏、神、人と違って子供、幼児とはあきらかに一般の成人にとって目下《めした》の存在で、保護すべき者、弱者であり未完成の人格であるとの意識があるからだ。そのように未完成の者から大のおとなが何を教えられ、救《たす》けられることがあろうか。等と肩肘《かたひじ》を張って突っ張るタイプの人物には、この間の機微《きび》は永遠に解《わか》りそうもない。こんな人々はもっと自分の心を柔軟《じゆうなん》に、世間を広く、暖かく見る必要があると告げるほかはない。子供とは肉体、精神面で成長過程にある人間の総称《そうしよう》であると考える人がいるかも知れないが、それはごく皮相的な判断に過ぎない。肉体的な成長は停止し、逆に老化が進行していても精神的には活発な成長過程にある人も多い。その反対に肉体的には明白な成長期であるものの、精神面では殆ど成長していないか、成長していたとしても肉体のそれとは大きなずれがある場合に諸種の問題が惹起《じやつき》されていることは現実社会の中の各種の事件を見ても理解出来る。

極論《きよくろん》になってしまうが、人という生物を年令によって差別すること自体が大変な錯覚なのだ。しかし、実際の社会を運営してゆくに当たって便宜的《べんぎてき》に年齢差を基準にして判断するのは拒否すべきではないし、また出来もしない。是非《ぜひ》とも認識しなければならないのは、この観音経は社会科の教科書ではないという事実なのだ。

この経典の作者達が何を目的として作ったかの理由に関しては、明白でたった一つだけの答などある筈もない。長い時間を費《つい》やして、多くの人々がこの経典の制作に携《たずさ》わったのである。その一人一人の心の中に生じた多様な感動が経典著作の原エネルギーになっていった。その人々の感動、感激の中には自分及び自分の周囲にいる子供達から直接的に深い感銘《かんめい》をうけた場合もあったろう。このような感銘は我々自身が現代でも頻繁《ひんぱん》に経験するところであり、その感動の仕方《しかた》は個人差はあるものの、普通の精神状態であれば誰でも理解可能である。全く私の勝手な想像であるが、西洋の名画と呼ばれている絵画の中でも主として宗教画の画面で、エンジェル（天使）が幼年の子供の姿で描写されている事実。これは画家の人生経験から無意識のうちに描き出したところの子供から受けた感銘《かんめい》の具体的な描写《びょうしゃ》ではないだろうか。

（原文）応以天、龍、夜叉、乾闥婆、阿修羅、迦楼羅、緊那羅、摩睺羅伽、人非人等身得度者　即皆現之　而為説法　応以執金剛神　得度者　即現執金剛神　而為説法　無尽意　是観世音菩薩　成就　如是功徳　以種種形　遊諸国土　度脱衆生　是故汝等　応当一心供養　観世音菩薩

（意訳文）観世音菩薩はデーヴァと呼ばれる諸々の神々、龍、恐るべき鬼神の夜叉《やしゃ》、中有《ちゅうう》の存在でもある天界の音楽師ガンダルヴァ、戦闘を好む鬼神の阿修羅《あしゅら》、ガルーダと呼ばれる巨鳥、歌神で美声《びせい》をもって知られるキンナラ、大いなる蛇、人に似ているが人間ではない半神、疑神《ぎしん》などの姿を現して救済する必要がある時にはただちに、これらの人間以外の生命の姿を現じて正しい法を説いて救けます。また金剛杵《こんごうしょ》を持って仏法を守護する、強力な護法の善神の身を現じて苦しみから救けだすべき者には、即時にこの強力無双《ごうりきむそう》の神の身に変じて、教えを説き救済します。質問者である無尽意菩薩をはじめとして、ここにいるすべての人々よ、よく知っておきなさい。この観世音菩薩は今まで説明してきたような能力、実績、福徳などを完全に、欠《か》けることなく完成、具備《ぐび》しており、さまざまな姿と形をとっては諸々の国、地方その他のあらゆる所にその存在を現して、全ての生きとし生けるものを苦悩から救い、解脱の道を歩ませます。この故にこそ、あなた方を始めとして皆はまさに一心に観世音菩薩を供養するべきなのです。

応以天、龍、夜叉、乾闥婆、阿修羅、迦楼羅、緊那羅、摩睺羅伽、人非人等身　得度者
即皆現之　而為説法（おういてん、りゅう、やしゃ、けんだつば、あしゅら、かるら、きんなら、まごらか、にんぴにんとうしん　とくどしゃ　そくかいげんし　にいせっぽう）

所謂《いわゆる》、天龍八部衆《てんりゅうはちぶしゅう》を説く一段である。

①天……梵語でいうデーヴァで、観音経が説くこの場ではバラモン教の神のこと、または仏教誕生以前にインド一帯で信仰されていた土着《どちゃく》の神々のことと考えてよい。

これらの神々が仏教を民衆に抵抗なく布教するための仏教団側の方針として、積極的に取り入れられて護法神の役割を与えられた。本性はデーヴァ神群は古代のインダス文明以前にその源流を求めることができる程の古い神格群であるが、最終的には後に述べる阿修羅と対立するものとされた。つまり、インド文明においてはデーヴァは善なる者、神として扱われているが、イラン、イラク文明圏《けん》では反対に阿修羅、アフラが善とされデーヴァは悪魔と考えられている。この間の事情については両文明圏《けん》の分裂、遭遇《そうぐう》などの歴史的な事実によって生じた民族の抗争《こうそう》対立の記憶を生々《なまなま》しく反映しているのである。

一体、一つの民族が他の民族を征服して滅亡させた場合に、被征服民族の信仰していた神々をどのように扱うかについては、ふた通りの方法がある。第一の方法はこれら被征服民族の神を自分達の神の敵対者、悪を代表する者、悪魔と見做《みな》して排斥《はいせき》するやり方。

第二の方法は被征服民族の信仰していた神々を自分達の万神殿《ばんしんでん》、神統譜《しんとうふ》に迎え入れて、いわば自家薬籠中《じかやくろうちゅう》のものにしてしまう対処法。このどちらを採用するかは征服、被征服両民族間の政治、軍事、経済上の力のバランスによって決定されていた。

②龍……梵語のナーガを漢訳したもの。この文字は我々日本人にはきわめて馴染《なじ》み深いものであるが、その本質に関しては古来から現代まで諸説が入り乱れており、統一を欠くこと夥《おびただ》しい。そこでまず第一に仏教の生まれた国であるインドに於ける龍の概念について考

えてみよう。古来、インドでナーガと言えば、原初のイメージは毒蛇のコブラのそれが主流となっていた。釈迦牟尼世尊が成道《じょうどう》の後、休息している時に嵐《あらし》が菩提樹下の仏陀を襲った。その時に九頭のコブラであるヴァースキが世尊を幾重《いくえ》にも取り巻いて守護したのは仏《ぶっ》伝《でん》の中でも派手《はで》な見せ場《みば》の一つである。殆どの民族の神話、伝説……特に東洋のそれにあっては、河川、雲、雷などは龍のイメージをもって位置づけられて来た。その理由は誰が考えても容易に推測出来るように、河川の流れと爬虫類《はちゅうるい》の体形の相似《そうじ》である。その上、河川は氾濫《はんらん》することにより、人の生活に大きな損害を与えるが、同時にその氾濫は農耕社会に豊かな稔《みの》りを保証する事実はナイルと古代文明エジプトを引き合いに出すまでもなかろう。この恐怖と恵《めぐ》みが相反《あいはん》するとはいえ、相乗効果となって龍神なる崇拝対象を生み出した。但《ただ》し、インド自体にあってはこの河川神もしくは水神、雷神の印象は比較的薄弱であり、どちらかと言えば現実の蛇、特に人を致命的な襲撃《しゅうげき》によって殺害する毒蛇がその恐怖すべき力の故に神とされた。現在の爬虫類の世界的分布から考えても、インド亜大陸から中国の南部にかけては毒蛇の存在が最も多い地帯の一つに数《かぞ》えられる。おおまかに言えばこの毒蛇の棲息数《せいそくすう》が緯度につれて、長江《ちょうこう》から河北《かほく》に移るに従って次第に減少してしまう。この傾向は日本に関しても例外ではなく、現在は本当の意味で毒蛇として恐るべき種類は本土にいるマムシと沖縄のハブくらいになる。このように毒蛇のイメージが希薄化《きはくか》するにつれて比例するように水を司《つかさど》る神としての役割が大きくなって行く。このナーガなる言葉が中国に入ると、中国人は彼らの観念の中に伝統的に抱いていた架空《かくう》の動物である龍にあてはめて考えた。

中国の龍で我々が絵画などでよく見かける例のタイプは九似説《きゅうじせつ》に基づいて作り上げられている。九似説とは龍の姿を解説しているもので、角《つの》は鹿、頭は駱駝《らくだ》、眼は兎《うさぎ》、うなじは蛇、腹は蜃（みずち）、鱗《うろこ》は鯉、爪《つめ》は鷹《たか》、掌《てのひら》は虎、耳は牛の九点で各々《おのおの》似ているからだ。この説にはいろいろな異説があるが、以上が代表的なものであろう。

実際にこんな合成怪獣を想像すればやはり絵の通りにならざるをえない。かなり迫力のある不思議な動物になる訳だが、この程度で驚いていては駄目で、山海経《せんがいきょう》という非常に古い時代に作られた文献は奇妙奇天烈《きみょうきてれつ》な合成怪獣のオンパレードである。

龍という言葉は今の日本語では著《いちじる》しく広い守備範囲を持っている。例えばインドの蛇形の龍もあり、お馴染みの九似説の龍もある。その上、西洋文明が開発したドラゴンの観念も龍と言い、ついには古生代に実在した巨大爬虫類まで恐竜《きょうりゅう》としてしまった。

イギリスの守護聖人であるセント・ジョージに退治されているドラゴンはどうも蛇とい

うよりも蜥蜴（とかげ）の要素が大きいようだ。これは西洋文明圏の龍に共通する傾向のように思える。具体的には蛇や東洋の龍のように頭から尾に至るまで大体、同じ太さではない。どうしても腹の部分が太くなっていて、現存の動物にあてはめればコモドドラゴンのような体形をしている。つまり巨大な蜥蜴《とかげ》が原イメージのようである。

火を吐く龍であるサラマンドラにしても蜥蜴タイプと言える。古生代の恐竜からいろいろな部分を取り集めて一つの怪獣に合成したら、西洋のドラゴンの決定版が出来るかも知れない。例えば、頭は最も古い時代に属するディメトロドン、頸はディプロドクス。胴体はトリケラトプス、尾はアンキロサウルス、そして背中が淋しいから剣龍ステゴザウルスの背中の巨大な剣を二回りほど小さくして着けてやればよい。もし、こんな怪獣がいたとしたら西洋のドラゴンにより相応《ふさわ》しい。

③夜叉《やしゃ》……夜叉については以前に出てきているので説明は省《はぶ》く。

④乾闥婆《けんだつば》……このガンダルヴァには大きく分けてふた通りの解釈がある。その一つは音楽の神としてであり、ギリシア・ローマ神話のミューズに相当する。但《ただ》し、地上の音楽家ではなく天界のそれである。仏教でも供養手段として美しい音楽を奏《かな》でることが認められる。これはどこの世界でも行なわれている方法で、貴人をもてなす時には音楽が不可欠で

あったのだ。この発想がそのまま天界に持ち込まれれば、当然に専門の楽士《がくし》が必要となり、それが音楽の神、演奏者としてのガンダルヴァなのである。

もう一つのガンダルヴァ像はいささか神秘的でわかりにくい。但し、このガンダルヴァに対する認識は大乗仏教の概念では一般的ではない。その認識とはあらゆる生きものが輪廻《りんね》転生《てんしょう》を繰り返している。簡単に言えば生まれたり死んだりしている訳である。従って、死んだ後にどうしても、次に生まれ出るまでの時間の経過が必要になってくる。その生でも死でもなく、肉体を伴《ともな》わない期間を中有（ちゅうう）と呼んでいる。この不安定とも言うべき中有の霊魂《れいこん》、身体の状態をガンダルヴァと考えるのである。

こんな説明をされても全体の印象としては、極めて不透明で、実在性が薄くぼんやりとしか捉《とら》えられない。この点がまた新たな意味をガンダルヴァに与えた。インド古典にあっては《ガンダルヴァの都》とは蜃気楼《しんきろう》を指している。観世音菩薩が主役の大乗仏典の一つに請観世音菩薩消伏毒害陀羅尼呪経《しょうかんぜおんぼさつしょうぶくどくがいだらにじゅきょう》なる経典があり、これは観世音菩薩と楊柳《ようりゅう》の関連が説明されている部分もあるのだが、この中にも乾闥婆城《けんだつばじょう》という言葉が出てくる。

この経で言う乾闥婆城は野馬（かげろう）、水上の泡《あわ》、幻《まぼろし》、露などと同列に扱われて、非実在物の喩《たと》えとなっている。

⑤阿修羅……十界論にも顔を見せた言葉であるが、その源はやはり古代の神格であり、チグリス・ユーフラテス川のメソポタミア文明の影響を受け、インダス文明によって形づくられた善神であった。しかしインド文明圏との民族の移動、対立の結果として、いつの間に神性を奪《うば》われ、凶暴で戦争を好む鬼神《きじん》にされてしまった。現にゾロアスター教の最高神であるアフラ・マズダのアフラと阿修羅（アスラ）はまったく同源の言葉である。

しかし、この偉大なる神のイメージはその後も長くインドの宗教の中に形を変えつつも、密《ひそ》かに潜伏《せんぷく》していた。そしてインドの大乗仏教が華厳思想《けごんしそう》、密教を生み出す段階にまで変化してきた所で遂《つい》にその本体の一部を現してヴィローチャナ、ヴァイローチャナの形で仏教の中に登場してくる。華厳経《けごんきょう》のヴァイローチャナは奈良は東大寺の大仏、毘盧遮那《びるしゃな》仏《ぶつ》であり、このヴァイローチャナがさらに拡大していった存在、マハーヴァイローチャナこそが法身説法《ほっしんせっぽう》をする密教の根本教主《こんぽんきょうしゅ》である大日如来にほかならない。

⑥迦楼羅《かるら》……迦楼羅天、ガルダのこと。ヴィシュヌ神が乗る巨鳥であるという。金翅鳥《こんじちょう》と漢訳されている。現代のインドネシア航空の名称とシンボルはこのガルーダである。伝説によれば龍族の敵対者であり、毎日大龍一匹と小龍数匹を食するという。飛翔力《ひしょうりょく》が凄《すさ》まじく、ヴェーダの神話によれば神々の酒であるソーマを地上にもたらした

のはスパルナなる鷲《わし》で、このスパルナはガルダと同一視される。このようにインドの神話、伝説に於いては神酒・ソーマとか甘露《かんろ》・アムリタなどの特殊《とくしゅ》な飲料が重要な役割を担《にな》って登場する。甘露の概念は仏教にも広く取り入れられて、具体的な物質というよりも抽象的観念として用いられている。観音経自体の中にも後段の偈文《げもん》の所に甘露という言葉が出てくるし、密教の真言でも観世音菩薩と縁の深い阿弥陀如来《あみだにょらい》の根本陀羅尼《こんぽんだらに》には甘露が十回も出て来る。ソーマについてはその実体は諸説があるものの、今だに解明されていない。それが植物由来のアルコール類もしくは植物から採取できるジュース、搾《しぼ》り汁《じる》であり独特の幻覚《げんかく》、麻酔《ますい》作用を持ち、宗教儀式の場で神官階級などによって飲まれたものらしい。ゾロアスター教のアヴエスター聖典に出てきたり、後代のイランのマニ教徒達が神聖視したハオマもソーマと基本的使用目的は同じであった。この点は中南米の古代文化、宗教を語る上に不可欠な聖なる茸《きのこ》、ペヨトルも似たようなものである。このような知見のもとにソーマの原料は毒茸《どくきのこ》として有名なベニテングタケではないか、との説が提起されているが注目すべきだ。これらの幻覚性薬物等が現代では衣装を替《か》え、製法を変えて用いられている。これが悪名高いリゼルギン酸ジエチルアミド、即ち、ＬＳＤであり、同様の発想で次々と開発されつつあるのが諸種の有害な麻薬、幻覚剤《げんかくざい》である。さて、迦楼羅天《かるらてん》が鳥であり龍を食べてしまうとなれば、どうしてもインド孔雀《くじやく》と毒蛇のことを思い出してしまう。仏教の象徴主義の中にあって孔雀は独自の位置をしめている。その原因は、この鳥が毒蛇を恐れずに食べてしまうこと。蛇と戦うにあたって、自分の全身をわざと蛇に巻きつかせ、時をはかり全力をこめて蛇を一瞬にして寸断するといわれる知恵のためだ。孔雀の勇気と智慧が仏陀の徳の一面と考えられて、最終的には一つの尊格ができあがったのが名高い孔雀明王《くじやくみようおう》である。

孔雀明王呪《じゆ》は先に述べた役《えん》の優婆塞《うばそく》も身につけていたと伝えられるが、平安時代から以降、京都の神泉苑《しんせんえん》を中心に何回も繰り返された雨乞《あまご》い、請雨《せいう》の祈祷法《きとうほう》などで、本尊としてこの明王がたびたび担《かつ》ぎ出されたのも水神、司雨《しう》龍神……即ち、蛇である……を強制する力があると考えられたからだ。鳥類が毒蛇や毒虫を退治する話は西遊記にも二十八宿のうちのすばる星（昴星《ぼうせい》）、昴日鶏《ぼうじつけい》がその正体である巨大な雄鶏の姿を現して多目怪なる百足（むかで）の妖怪を取り押さえる場面がある。

⑦緊那羅《きんなら》……乾闥婆と同様に天界の音楽をつかさどるともいうが、キンナラの場合は楽器の演奏よりも歌声、声楽の方に比重があるような気がする。もとを正せば須弥山《しゆみせん》はクベーラ神……仏教の毘沙門天王……世界に住んでいる音楽の大家で、頭が馬で身体が人という

生きもの。身体が馬で頭が人ならば例のケンタウルスを思い出せばよいのだが、その反対となるといささか面食らってしまう。馬頭人身の存在を探してみると地獄の獄卒である牛頭馬頭（ごずめず）のうちの馬頭《めず》が思いだせるが、この緊那羅とはあまり関係はない。

⑧摩睺羅伽……梵語のマホラガの音写で大きな蛇の意味。龍であるナーガは同じ蛇のイメージが発展していったものであるが、このナーガの方はコブラのような比較的小形の猛毒蛇の感じ。これに対してマホラガは毒はなくても巨大で畏怖《いふ》するに足る大型の蛇族であろう。例えばニシキヘビの一族などは小羊くらいは丸呑《の》みにするという。アマゾン川の周辺やインド南部にあってはこの種の大蛇が実際に棲息しているのだから、その存在感はゆうに半神格化されるに十分な程に印象的なものだ。日本でも大蛇をめぐる伝承《でんしょう》は数多いが、何といっても第一に挙《あ》げなければならないのは、出雲《いずも》のヤマタノオロチ（八岐の大蛇）伝説である。この記紀《きき》が語る伝承に登場するヤマタノオロチの解釈は沢山の説があって、その一つ一つがそれなりに説得力があり結構面白いが、私自身はこのオロチの正体の如何《いかん》にかかわらず、退治のされ方に興味を持っている。急遽《きゆうきよ》用意された八樽《たる》の濁酒《だくしゆ》を飲み尽《つ》くして酔っているところをスサノオノミコトに斬殺《ざんさつ》されたのである。

かなりの激戦ではあったにしろ、何とも間抜けな死に方とも思える。その上自分の体内に秘蔵していた名剣まで奪われてしまった。もともと、この地方一帯で、農地は荒らす、女はさらう、人は喰ってしまうなどの悪業の限りを尽《つ》くしていた蛇君とも思えない。

退治した相手もくせ者である。何しろ自分も部分的にはオロチと似たような犯罪によって姉君、アマテラスオオミカミの怒りをかって高天原から追放された身の上なのだから。ヤマタノオロチはアルコールを飲み過ぎて失敗した訳だが、私には到底《とうてい》、他人ごとには思えない。飲み過ぎによって失敗したり、ひどい二日酔いの時などはオロチの無念さが痛い程よくわかる。現代では女性の中にも酒豪《しゅごう》が多くなっているのは御承知の通りであるが、本当に私があきれ返る位のウワバミの雌《めす》も実在するのだ。
⑨人非人《にんぴにん》……読んで字の如く、人のようで人に非《あら》ざる存在の総称である。いままで出て来た天、龍、乾闥婆や緊那羅もこの内に入るといってよい。簡単に説明すれば姿形は人に似ているが、その本質は人以外の者の意味である。現在でも時として人情を理解しない人や人間としての暖かさに欠ける我利《がり》我利《がり》亡者《もうじゃ》を人非人と罵《ののし》ることがあるが、この言葉の源はここにあったのである。同時にこの言葉は階級差別を表現する用語として重大な意味を持っていて、近代の日本に於いても少なからぬ問題を含んでいる。しかし、この問題にまで手を延ばしてしまうと、全く収拾《しゅうしゅう》がつかなくなる恐れがあり、大幅に本題から外れる。そ

の上、観音経のこの部分では差別用語としての人非人を使っている訳ではないので、ここまでにしておく。

応以執金剛神　得度者　即現執金剛神　而為説法（おういしゅうこんごうしん　とくどしゃ　そくげんしゅうこんごうしん　にいせっぽう）

まさに執金剛神《しゅうこんごうしん》を以て得度すべきものには、即ち執金剛神を現じて為に法を説く。

金剛を執《と》る神の意味である。金剛とは帝釈天《たいしゃくてん》のところでも言及したがこの場合では、ヴァジュラという武器であり、ヴァジュラの原義は第一義的には宝石のダイヤモンドのように堅固な武器と考えてよい。ダイヤモンドはあらゆる物質の中で最も硬《かた》く、（硬度にして10）普通、如何なる固形物体にも破壊されることはないと考えられていた。

そして、ダイヤモンドによってどんな物体も切断出来ると考えられていた。

金剛般若波羅密経《こんごうはんにゃはらみっきょう》なる経典はこのダイヤモンドがあらゆる物体を切断する如《ごと》くに苦しみを解決して解脱への道を開くとしてつけられた名称である。この金剛石に比せられる硬さと破壊力を秘めた武器が金剛杵《こんごうしょ》であり、その形状は大体が棍棒状である。

執金剛神はこの武器を持って仏法を守護する善神で、梵語でヴァジュラ・パーニであるが、執金剛神というよりも、金剛力士といった方が分かりやすいであろう。

第八章……無畏《むい》を施《ほどこ》す。

無尽意　是観世音菩薩　成就如是功徳　以種種形　遊諸国土　度脱衆生（むじんに　ぜかんぜおんぼさつ　じょうじゅ　にょぜくどく　いしゅじゅぎょう　ゆうしょこくど　どだつしゅじょう）

無尽意よ、この観世音菩薩はかくの如くの功徳を成就《じょうじゅ》し、種種《しゅじゅ》の形をもって衆生を度脱《どだつ》す。

これまでの三十三身説法の段の取《と》り纏《まと》め部分である。説法者である釈迦牟尼世尊は質問者無尽意菩薩を始めとして、聴衆すべてに観世音菩薩の実力、福徳などを長々《ながなが》と説明してきた。その上に、この三十三身以外にもあらゆる姿、形をとって人々を救済することを約束している。この観世音菩薩の姿を現す国土、地域は考えられるすべての場所であり、観世音菩薩の御名を唱える声のある所、全部であるとしている。

是故汝等　応当一心供養　観世音菩薩（ぜにょとう　おうとういっしんくよう　かんぜお

んぼさつ）

このゆえに汝等《なんじら》。一心に観世音菩薩を供養すべし。

いままで釈迦牟尼世尊が観世音菩薩の能力について述べてきた。その上に再三に亘って観世音菩薩を恭敬礼拝することを勧《すす》めてきた。

それらはここの段の供養という言葉に集約されているのであり、それも念を押すように一心と言ってある。

（原文）是観世音菩薩摩訶薩　於怖畏急難之中　能施無畏　是故此娑婆世界　皆号之為施無畏者　無尽意菩薩　白仏言　世尊　我今当供養観世音菩薩　即解頸衆宝珠瓔珞　価直百千両金　而以与之　作是言　仁者　受此法施　珍宝瓔珞　時観世音菩薩　不肯受之　無尽意　復白観世音菩薩言　仁者　愍我等故受此瓔珞

（意訳文）釈迦牟尼世尊は次のようにお話を続けられた。この観世音菩薩とよばれる偉大な修業者、求道者は人々がひたすら恐怖や畏《おそ》れの感情にとらわれてしまうような、思いがけない困難、大変な危機の最中にあったとしても、本当に恐れを抱くことのない心と畏怖《いふ》しなくてもよい具体的な状況を作り出してくれます。それだからこそ、この我々の現在住んでいるこの娑婆《しゃば》という世界では、この求道者、救済者の別名として施無畏者《せむいしゃ》【畏《おそ》れること無《な》きをほどこす者】と皆の人々が名付けているのです。

以上のような釈迦牟尼世尊の説明を聞いた無尽意菩薩は大きな感激の心を起こして、仏陀世尊にすぐに申し出ました。

『我らが師である釈迦牟尼世尊よ、私、アクシャヤ・マティはたった今この場で、観世音菩薩と呼ばれる修業者、救済者アヴァローキテーシユヴァラ尊に対して心を込めて供養致《いた》したいと思います。』

無尽意菩薩はこのように発言すると、自分の頸《くび》に掛《か》けていた数々《かずかず》の素晴らしく美しい宝珠《ほうじゅ》で作られた首飾《くびかざ》りで、その価値は十万両の重さの黄金に匹敵《ひってき》するものを外《はず》して観世音菩薩に差し出しました。そして観世音菩薩に次のようにお願い致しました。

『優れた力を持つ偉大なるお方よ、私が今ここに親《した》しく捧《ささ》げる珍しい宝珠で作られた首飾りはひとえに私の供養の真心を表わす物でありますから、どうかお受け取り下さい。』

この無尽意菩薩の申し出を聞いた観世音菩薩は何を思ったのか、この首飾りを受け取ることを拒否したのです。当惑した修業者アクシャヤ・マティは大きな心と強い決心を持って、観世音菩薩に対して再度のお願いの申し出を致しました。

『偉大なる求道者であるアヴァローキテーシュヴァラよ、我々の全てに憐愍《れんびん》の心をお示しになって、どうかこの首飾りをお受け取り下さい。』

是観世音菩薩摩訶薩　於怖畏急難之中　能施無畏　是故此娑婆世界　皆号之為施無畏者

（ぜかんぜおんぼさつまかさつ　おふいきゅうなんしちゅう　のうせむい　ぜこししゃばせかい　かいごうしいせむいしゃ）

この観世音菩薩摩訶薩は畏怖《いふ》、急難のうちにあっても、よく無畏をほどこす。この故にこの娑婆世界にては皆がこれを号して施無畏者《せむいしゃ》となす。

この辺から私の勝手気ままな解釈にとって胸突《むなつき》八丁とも言うべき所にさしかかって来るのであろう。

全然、筆が進まないのは当然として、自分自身の頭の中でも何を考えているのかが判断出来ない程にひどい混沌《こんとん》状態に陥《おちい》りつつある。そんなか細くも情けない弁解はさておき、観世音菩薩に対して、ここに来て初めて菩薩摩訶薩《ぼさつまかさつ》なる形容、修飾《しゅうしょく》語が使用された。菩薩に関してはボーディサットヴァなる梵語の漢訳であることは最初の部分で断《ことわ》っておいたからよしとして頂きたい。

しかし、摩訶薩については別途《べっと》に考えておかねばなるまい。大体、摩訶《まか》という言葉はサンスクリット語でマハーの音訳で、視覚的に〈大きい〉とか非視覚的に〈偉大である〉という概念を表示するもの。従って、薩なる字がサットヴァ〈人、衆生〉を指しているとすれば、摩訶薩《まかさつ》の原語であるマハーサットヴァは〈大きな人〉もしくは〈偉大な人物〉を表現している。だからどうしても菩薩摩訶薩とはボーディサットヴァ・マハーサットヴァとなるわけで、《真実の悟りを求めて修行する偉大な人物、もしくはそのように努力する生命》とでも訳すほかなくなってしまう。

こんな風に下手に現代語に訳してしまうと観世音菩薩の実態がなおさらに把握《はあく》しにくくなるから厄介《やっかい》である。思い切って簡単に言ってしまえば、観世音、観自在（アヴァローキテーシユヴァラ）とは三十三身説法の段でしつこいほど説明されている如く、あらゆる場所にあらゆる姿、形をとって現われる偉大なる救済者であり、この全能の救済者の思想は何回も主張しているように、決して従来の仏教なる不統一な宗教の範疇《はんちゆう》におとなしくおさまってしまう性質のものではないのだ。

怖畏《ふい》とは我々が普通に使用している畏怖《いふ》という言葉と同意味である。基本的には感情によって起こる恐怖、恐ろしさを表現している。急難の方は肉体の安全に対する脅威《きようい》への表現。両者を総合すれば、あらゆる種類の人間がいずれは当面しなければならない諸種の精神、肉体上の危機をさしている。このような多様な危機に遭遇《そうぐう》した場合に観世音菩薩はよく無畏《むい》を施《ほどこ》す、と宣言《せんげん》されている。無畏《むい》は言うまでもなく無畏怖《むいふ》のことだから、以上のような精神、肉体的な危機が消滅することこそが無畏の条件なのだ。

端的に言えば無畏はどのような危機状況におかれようとも、物理情勢の如何《いかん》に拘《かかわ》らず、人間の心の本体を破壊してしまうような有害な恐怖心から自由になることを意味する。

施無畏者《せむいしゃ》は観世音菩薩の別名であり、アヴァローキテーシュヴァラ尊は時として施無畏菩薩と呼ばれている。現在の仏教学上の通説ではどのように扱われているか知らないが、この点については私自身がひとつの仮説を持っている。それは、施無畏者という固有名詞は観世音、或いは観自在よりもはるかに古い時代に成立していた神格ではないか、ということである。つまり、観音経の作者達は古来から伝承されて来た施無畏者なる独立した神格を、仏教の観世音菩薩を説くこの経典に巧妙《こうみょう》に組み込んだのである。

純粋に霊学的には両者は完全な一致を見るもので、この行為は決して誤りではないが、その歴史上の由来のみから考えれば相応の技巧《ぎこう》が費《つい》やされたと考えている。

ここに我々の耳に馴染《なじ》んだ娑婆《しゃば》なる言葉が出てきたが、娑婆は梵語のサハーの音訳であり、意味としては忍土《にんど》である。忍とは（しのぶ）こと、土とは国土のこと。

一緒にすれば娑婆とはお互いに忍《しの》びあい、我慢《がまん》しあって生きている世界という意味になる。この忍の中にはマイナスの感情ばかりがある訳ではない。

相互に譲《ゆず》り合う、助け合うという人道上のプラスの意味も多く含んでいるのを無視してはならない。もっと大きな立場で考えれば娑婆《しゃば》世界だからこそ施無畏者が必要なのであり、観世音菩薩が確立されるようになり、はるかな古代人の心の中にアヴァローキーシュヴァラ尊が発生したのだ。この経過を時間的にたどってみよう。最初は古代人の心に生まれた名も伝わっていないある霊的存在としか言い様《よう》のないものであった。その時代は悠《ゆう》久《きゅう》の昔という他《ほか》はない。この神の主要な特質はこの古代人を心身ともに守護し、恵みを与える神格であった。この人々が狩猟、採集生活をしていようと、原始農耕をしていようと、この神は彼らに衣食住に関する全《すべ》ての原因を提供して、生活を保障した。しかし、時間が経過するにつれて、この根源とも称すべき神の性格自体が分裂をはじめてしまう。そして、分裂した神格の中に民族の混淆《こんこう》などの理由により、さらに複雑な要素が導入されていく。さらに時が過ぎて神の絶対数が増えて、それらが各々の信者を持つようになると、当然のことながら宗教上の闘争《とうそう》が始まる。

ここに至って神々の争いはそのまま人間の争いになってしまい、根源の霊的存在の影はひどく薄《うす》くなってしまう。幾度もこのような変化の波を生き残った根源神の印象がある時代にアヴァローキテーシュヴァラ尊の前駆的《ぜんくてき》な形で固定された。そして周辺の神々との相互影響によって一部は根源神から大きく離脱した別の神として独立し、他の一部は本質をかろうじて維持《いじ》しつつアヴァローキテーシュヴァラ尊の名で認知《にんち》されて行ったのである。

そして、さらなる時の経過の後に、現在の風貌《ふうぼう》を備えた観世音菩薩の名をもって大乗仏教の中に出現したのだ。しかし、本来の釈迦牟尼世尊の説いた仏教自体が大きく変遷《へんせん》し、一部は誤った方向への変質を遂《と》げているうちに、この原初の観世音菩薩も再び周辺の多様なマイナス要因を受容《じゅよう》するようになってしまい、ついには宗教史的に何回目かの埋没《まいぼつ》を余儀《よぎ》なくされてしまった。このように考えて行くと現在、観世音菩薩と一般に呼ばれている霊的存在の変貌史《へんぼうし》はそのままに人類の思想、社会の生活史であり、おおげさに言えば人類の心の歴史である。そこで私は現代に生きている我々が自分達のために本当に必要な観世音菩薩をもう一度追求しなければならないと考えた。

この《本当の観世音菩薩》乃至《ないし》《原初のアヴァローキテーシュヴァラ尊》は従来仏教の偏狭《へんきょう》な教義などにいささかもとらわれる必要はない。もっと自由な立場で位置づけられるものでなければならない。同時により大切なことは、我々の心のうちに執拗《しつよう》にこびりついている錯誤《さくご》に満《み》ち、ゆがめられた観世音菩薩のイメージをきれいに洗い落とすことである。即《すなわ》ち、在来仏教という砂漠の中に埋没《まいぼつ》している《真の観世音菩薩》の実体を同じ仏教中にある手段、用具をもって発掘することこそ本稿の最重要目的なのだ。

　この技術は非常に緻密《ちみつ》で論理的な方法に裏打ちされていなければならないから、困難の度合いは微妙極《きわ》まる外科手術に匹敵《ひってき》する。施無畏《せむい》は梵語でアバヤン・ダーナというが、これが施無畏者になるとアバヤン・ダダとなる。このアバヤン・ダダこそ観世音菩薩の別名として古来から行なわれてきたものである。しかし、真のアバヤン・ダダは我々がいままで有していた観世音菩薩の概念からは相当に懸絶《けんぜつ》したものであることを明確に認識すべきである。無畏をほどこす偉大なる存在とは従来の二次元、平面的な思考によっては捕捉《ほそく》することは不可能であろう。アバヤン・ダダに代入するに一神教にいう全能のゴッド（GOD）の観念をもってすれば、何としてもそれ以上の思考展開はできなくなる。その原因は言語印象による魔術であるばかりではない。我々のもっと深い所から湧《わ》きだす遺伝子に刻印されている意識、無意識の記憶が全身全霊をもって反発するからである。通常の場合は人は思考方法の基本習性として、在来から自分の経験や理解の範囲にある事柄《ことがら》に対しては非常な寛容性《かんようせい》を示すものである。しかし何かの機会にその大枠《おおわく》が外《はず》れてしまうような概念に遭遇すると、ほとんど病的とも言うべき拒否反応を示すことがある。

宗教学者の一部がとても愛用している分類方法である一神教と多神教の区別は、純粋に彼らが自己の学説を援護《えんご》するために、不確定な事実に恣意的《しいてき》解釈をしたに過ぎないと思える。また或る種の人々は『神は人のためにあるのではない』と大声で主張している。しかし私に言わせれば、人間の為に何の役にも立たない神は我々に完全に無縁であり、『神は人のためにある』のだ。人の役に立たない神などは、それについて考えるだけで時間の無駄というものなのだ。

無尽意菩薩　白仏言　世尊　我今当供養観世音菩薩（むじんにぼさつ　びゃくぶつごんがこんとうくようかんぜおんぼさつ）

無尽意菩薩は仏にもうしていわく、世尊よ　我は今まさに観世音菩薩を供養せん。

釈迦牟尼世尊の言葉に従って、無尽意菩薩が全ての人々を代表した形で観世音菩薩に対して供養を申し出た。この後の段を見ても判《わか》るように無尽意菩薩が供養の品物としたのは瓔珞《ようらく》という物体だが、これは物質供養の意味だけではなく、精神的な供養を象徴していると考えるべきである。同時に恭敬礼拝《くぎようらいはい》の気持ちを表現しているのは言うまでもない。当然の礼儀《れいぎ》なのかも知れないが、無尽意菩薩は観世音菩薩に対する供養の許可を釈迦牟尼世尊に求めている。この辺に観音経の作者達による観世音菩薩を仏教の範囲内に取り込もうとする作為《さくい》があるような気もするが、これは私の考え過ぎであろう。

即解頸衆宝珠瓔珞　価直百千両金　而以与之　作是言　仁者　受此法施　珍宝瓔珞（そくげきょうしゅうほうじゅようらく　けじきひゃくせんりょうごん　にいよし　さぜごん　にんしゃ　じゅしほっせ　ちんぽうようらく）

すなわち、頸《くび》の衆《もろもろ》の宝珠の瓔珞《ようらく》、価直百千両金なるを解《と》きて、もってこれを与えてこの言をなす。仁者《にんしゃ》よ、この法施《ほっせ》たる珍宝の瓔珞を受けたまえ。

瓔珞《ようらく》とはインドや西域にある装飾品のひとつで、（どこの国にも似たようなものがある）簡単に言えば大型の首飾り。どんな形の物なのかについて頭をひねるよりも、手近にある本でも何でも、仏像の写真がのっているものを探しだした方が早い。その写真の中に観世音菩薩ばかりではなく、いろいろな菩薩像がある筈だが、その菩薩様たちが頸から胸に掛けている宝石で出来たような首飾りが瓔珞である。

サンスクリット原本によれば、衆の宝珠、即ち多種類の宝石よりなるものと言うよりも最高の宝珠だけを連ねた素晴らしい首飾りと考えられる。

百千両金は例の如く百掛ける千、つまり十万両（両は重さの単位）の純金の意味であるから、十万両の重さの金を用意しないと買えないものということ。

こまかい点が気になる人にとっては、ここでの一両とは現代の何グラムに当たるのかが分かれば面白いのだろうが、度量衡《どりょうこう》の問題は時代と地域《ちいき》によって全然違っているから何とも明確な数字は提出出来ない。とにもかくにも、大変に高価なものということで納得して頂きたい。無尽意菩薩がこの瓔珞を観世音菩薩に差し出した時に、法施《ほっせ》だと断《ことわ》っている。

これはサンスクリット原本にはないので漢訳者の計《はか》らいであろうが、法という一字が入っていることによって、この場合の布施《ふせ》の意味が非常に拡大して解釈出来るようになっているのは事実なのだ。

時観世音菩薩　不肯受之　無尽意　復白観世音菩薩言　仁者　愍我等故受此瓔珞（じかんぜおんぼさつ　ふこうじゅし　むじんに　ぶびゃくかんぜおんぼさつごん　にんしゃ　みんがとうこじゅぜようらく）

時に観世音菩薩、これを受けるをがえんぜず。無尽意、また観世音菩薩にもうしていわく、仁者《にんしゃ》よ、我等を憐《あわ》れむが故《ゆえ》にこの瓔珞を受けたまえ。

せっかく真心《まごころ》を込めて差し出した瓔珞を観世音菩薩は受け取ろうとしなかったのである。この受け取り拒否の理由については古来からいろいろと論議されているが、不幸にして今に至るも私が本当に納得できるような理由づけには接《せっ》していない。現代の我々でさえいささか困惑気味《こんわくぎみ》なのだから、当事者である無尽意菩薩はもっと困ったに違いないと考えて、意訳文の所では〈当惑した〉と書いておいた。

一度は拒否された無尽意菩薩であるが、そのままでは引き下がれないのは今も昔も同じこと。今度は受け取ってもらうための理由を述べて、もう一押しをこころみた。

その理由とは我等を憐《あわ》れむが故《ゆえ》にとなっている。ここで言う我等は無尽意菩薩自身だけではなく、霊鷲山《りょうじゅせん》の釈迦牟尼世尊説法の場にいるすべての人々をも含むのだ。

ここでいう我等とは霊鷲山の人々だけに限ると簡単に見過《みす》ごしてよいのだろうか。実体はそんな単純なものではない。我等なる言葉は非常に大きな意味をもっている。本稿冒頭の復習になるが無尽意菩薩は我々現在の人間をも代表しているのは、爾時　無尽意菩薩の所で述べた通りである。従って、この観世音菩薩による受け取り拒否は我々に対してなされたのであり、このままでは観世音菩薩と我々との関係が不確定なものになってしまう。無尽意菩薩には頑張ってもらうほかはない。

（原文）爾時仏告　観世音菩薩　当愍此無尽意菩薩及四衆、天、龍、夜叉、乾闥婆、阿

修羅、迦楼羅、緊那羅、摩睺羅伽、人非人等故受是瓔珞　即時　観世音菩薩　愍諸四衆
及於天、龍、人非人等　受其瓔珞　分作二分　一分奉釈迦牟尼仏　一分奉多宝仏塔　無
尽意　観世音菩薩　有如是自在神力　遊於娑婆世界　爾時無尽意菩薩　以偈問曰

（意訳文）無尽意菩薩が差し出した瓔珞を観世音菩薩が受け取らないのを見ていた釈迦牟尼世尊は、観世音菩薩に声をかけ次のようにお告げになりました。

『修行者アヴァローキテーシュヴァラよ、この求道者《ぐどうしゃ》アクシャヤ・マティやこの場にいる比丘、比丘尼、優婆塞、優婆夷の四衆、神々、龍たち、夜叉、ガンダルヴァ、阿修羅、ガルダ、キンナラ、マホラガ、などの半神、疑神その他のすべての生命ある者たちを憐れみ、慈悲の心をもって無尽意菩薩の瓔珞を受け取ってあげなさい。』

この釈迦牟尼世尊のお言葉を聞いた観世音菩薩は深くうなづくと、出家の二衆、在家の二衆、神々、龍たち、その他、全ての生命ある者たちに対して大いなる憐《あわ》れみの心を起こして無尽意菩薩の差し出した瓔珞を、その場で受け取りました。

そして、観世音菩薩は皆が見ている前で一連の瓔珞を二つに切断してしまいました。

すると二つに切れた瓔珞は不思議なことに、宝珠が飛散《ひさん》しないで各々が自然につながってしまいました。つまり二つの新しい瓔珞になった訳です。観世音菩薩はこのようにして出来た瓔珞をその一方は釈迦牟尼世尊に捧《ささ》げ奉《たてまつ》り、もう一方は多宝如来《たほうにょらい》のまします多宝《たほう》仏塔《ぶっとう》に奉りました。この観世音菩薩の行動の一部始終を見ていた釈迦牟尼世尊は無尽意菩薩や聴衆の全ての人々にこのようにお話を致しました。

『求道者アクシャヤ・マティよ、偉大なるアヴァローキテーシュヴァラはあなたがたが現に今見たような自在の能力、神通力を持って、この娑婆《しゃば》と呼ばれる我々の世界に姿を現して活動しているのです。』

その時にこの言葉を聞いた無尽意菩薩は詩文の形で以下のように質問致しました。

爾時仏告 観世音菩薩 当愍此無尽意菩薩及四衆、天、龍、夜叉、乾闥婆、阿修羅、迦楼羅、緊那羅、摩睺羅伽、人非人等故 受是瓔珞（にじぶつごう かんぜおんぼさつ とうみんしむじんにぼさつぎゅうししゅう てん りゅう やしゃ けんだつば あしゅらかるら きんなら まごらが にんぴにんとうこ じゅぜようらく）

その時に仏、観世音菩薩に告げたもう。まさにこの無尽意菩薩及び四衆、天、龍、夜叉、乾闥婆、阿修羅、迦楼羅、緊那羅、摩睺羅伽、人非人を愍《あわ》れむがゆえに、この瓔珞を受けよ。

観世音菩薩が何故に受け取りを拒否したかの理由について、釈迦牟尼世尊は十分な認識があったろう。しかし、立往生《たちおうじよう》してしまった無尽意菩薩を気の毒に思ったのか、観世音菩薩と一切衆生の関連を強調する必要があると判断したのか、その他我々には想像もつかない理由によるものなのかは知らないが、釈迦牟尼世尊が直接に観世音菩薩に瓔珞の受け取りを促《うなが》した。この釈迦牟尼世尊の言葉である……無尽意菩薩を始めとしてこれらの全ての生命を《憐れむが故》に受領《じゆりよう》しなさい……という点を考えなければならない。

《あわれむ》という言葉を漢字で書けば、哀れむとか憐れむと表記することも出来る。熟語になると憐愍《れんびん》、哀愍《あいみん》となり、その意味は他の人の不幸な状態を思いやる、かわいそうに思う、憂《うれ》える等を持っている。つまり、インド古来の輪廻転生思想による六道の中をぐるぐる廻っていて、いつになっても苦界を解脱出来ない衆生をかわいそうに思って、ということになる。この点を逆に突《つ》き詰《つ》めて行けば観世音菩薩がこの瓔珞を受領することが、我々を含めた一切衆生《いつさいしゆじよう》が解脱する大きな条件となる。従って、この瓔珞供養の場面は簡単に考える以上に重要な意義があることに気がつく。特に従来の観音経解釈の枠を取り払って、真のアヴァローキテーシユヴァラ尊を希求する新しい立場に身を置けばその間の消息《しようそく》は一目瞭然《りようぜん》である。

即時観世音菩薩　愍諸四衆及於天、龍、人非人等　受其瓔珞（そくじかんぜおんぼさつ　みんしょししゅうぎゅうおてん、りゅう、にんひにんとう　じゅごようらく）

即時に観世音菩薩は四衆及び天、龍、人非人等を憐れんで、その瓔珞を受けたり。

釈迦牟尼世尊の言葉《ことば》添《ぞ》えもあって、観世音菩薩は無尽意菩薩の瓔珞を受領したが、このことによって観世音菩薩と現代に生きている我々が太いパイプで連結された。その事実はそのまま、悠久の古代から息づいている真の観世音菩薩、アヴァローキテーシュヴァラ尊の原形、さらにその実体である巨大な霊的存在と我々が直接に強固な結びつきを維持していることを証明したのだ。この一段によってはからずも立証されたのは、釈迦牟尼世尊なる仏教を象徴する立場にある人物によって、観世音菩薩と我々が結びつけられたこと。これは私の主張する仏教の方法論を利用して真の観世音菩薩なる埋没している存在を発掘する、という考え方に合致していると言えよう。

分作二分　一分奉釈迦牟尼仏　一分奉多宝仏塔（ぶんさにぶん　いちぶんぶしゃかむにぶつ　いちぶんぶたほうぶっとう）

分けて二分と作（な）し、一分を釈迦牟尼仏に奉《たてまつ》り、一分を多宝仏塔に奉れり。

さて、瓔珞を受け取った観世音菩薩の行動はこのように一見、不可解なものである。

前の意訳文のところでは思い切って私の自由に脚色《きやくしよく》して意訳してしまった。賛否《さんぴ》は別として、肝腎《かんじん》なのは観音経の作者達が観世音菩薩のこの行為によって何を表現しようとしたかにある。回向《えこう》の思想である、とか仏陀があっての観世音菩薩なのである、とか言うような陳腐《ちんぷ》な話ではなく、もっと根源的視点があってもよいと思う。従来から何度か触《ふ》れてきた問題であるが、もう一度確認のために説明しておきたい。

一般に観音経と呼ばれている妙法蓮華経（法華経《ほつけきよう》観世音菩薩普門品《ふもんぼん》第二十五）は成立の当初から法華経の中にあったものではない。観世音菩薩普門品は法華経の本体が成立した後の時点で加えられたものであり、もともとは法華経とは何の関係もなく、独立して編纂《へんさん》されれ、成立していた経典なのである。話を続けて行くための便宜《べんぎ》上、この法華経に吸収される以前の観音経を原観音経《げんかんのんきよう》と呼ぶことにする。この原観音経がいつごろ、どの地域でどんな人々によって作られたかについては、現在でも確固たる説はないようだ。

またアヴァローキテーシュヴァラ尊の原形を求める視点からすれば、独立している経典の原観音経をわざわざ他の経典である法華経の中に編入《へんにゆう》することが必要であったか、適切であったかに関しても重大な疑問を持たざるを得ない。但し、別の見方からすれば法華経の中に編入《へんにゆう》されたことによって、より多くの人々の目に触れるようになったのも事実であろう。そして法華経本体も原観音経を吸収することで、実際面の説得力をより強化したメリットを得た。現代の企業社会に於いての企業の合併《がっぺい》のようなものであるとたとえられる。この合併は表面的には双方に利点を与えて成功したように見えるが、その後の宗教史から言えば無用の混乱や誤解を生む原因の一つにもなっている。

こんな誤解や混乱状態から原観音経の本質を探《さぐ》り出して、真の観世音菩薩とは何であったかを追求するのが私の目的であることは再三、述べてきた通り。

このように考えれば、観音経（普門品）の作者が釈迦牟尼世尊は当然として、多宝仏《たほうぶつ》などという法華経本体の登場者をここに引っ張りだして来た訳がよく理解できる。

従って、原観音経の趣旨《しゅし》からすれば、この多宝仏の登場などということは何の意味もないことであり、単なる接着剤の働きをしているに過ぎない。過激かも知れないが観世音菩薩普門品《ふもんぼん》が法華経真理中の現一切色身三昧《げんいっさいしきしんさんまい》を証するものである、といったような従来の解釈は後からとってつけたような解釈法であるとも言えよう。以上のような理由により多宝仏及び多宝仏塔に関してはこれ以上触れないことにする。

無尽意　観世音菩薩　有如是自在神力　遊於娑婆世界（むじんに　かんぜおんぼさつ　うにょぜじざいじんりき　ゆうおしゃばせかい）

無尽意よ、観世音菩薩はかくの如き自在の神力《じんりき》ありて、娑婆世界に遊ぶ。

釈迦牟尼世尊が観世音菩薩に関する説法の締め括《しくく》りとして、無尽意菩薩や他の聴衆に対して観世音菩薩の能力、実力を宣言している部分である。この一段をもって釈迦牟尼世尊の説法は一応の終了を見る。これ以降は韻文《いんぶん》の形で同内容のことが釈迦牟尼世尊と無尽意菩薩の間の問答として展開されるのである。

第九章……再度の確認

爾時　無尽意菩薩　以偈問曰（にじ　むじんにぼさつ　いげもんわつ）

その時に無尽意菩薩、偈《げ》をもって問うていわく、

ここで言う〈その時〉とは釈迦牟尼世尊の説法が一段落した時点との意味である。偈《げ》という文字が初めて出てきたが、これは偈陀《がだ》の略語であり梵語のガーターの音写語である。偈《げ》とはいままでのような散文体ではなく、一応、詩文の形式をとって表現されている部分で、何故にこの形式をとるかと言えば、その理由の第一は詩文《しぶん》、韻文《いんぶん》化した方が記憶しやすいこと。第二は従来の説法の内容が圧縮《あっしゅく》して表現されているので、繰《く》り返《かえ》しの効果とともに理解を深めるのに役立つことが考えられる。これから先の偈部分の内容としては無尽意菩薩が釈迦牟尼世尊に今までに聴聞《ちょうもん》した説法の再確認を求め、釈迦牟尼世尊がそれにこたえて、やはり詩文形式で述べている。

実を言えば、次に来る偈の部分（最初の二字をとって世《せ》尊偈《そんげ》とか、多出する念彼の語か

ら念彼偈《ねんびげ》とか呼ばれている）は最初から鳩摩羅什（くまらじゅう、クマーラジーヴァ）訳の妙法蓮華経にあったものではない。現在に伝わっている法華経（梵語名はサッダルマ・プンダリーカ・スートラ、直訳すれば正法白蓮経《しょうほうびゃくれんきょう》、正しい教えである白蓮経）の漢訳本には三種類があり、妙法蓮華経はそのうちの一つである。その他は正法華経《しょうほっけきょう》、添本法華経《てんぽんほっけきょう》の二種類である。現在では法華経と言えば、インド貴族の子として生まれ、偉大の訳経僧といわれた鳩摩羅什の訳した妙法蓮華経だけが、そのまま法華経であるように受け取られているが事実ではない。次の世尊偈の部分は添本法華経になって訳出されたものを後代に妙法蓮華経に編入したものである。従って、本体の妙法蓮華経観世音菩薩普門品はここで一応、最終部分を残して終了していることになる。しかし、後世の編者《へんじゃ》が世尊偈の効用を認識して、この一段を挿入して添本法華経と接着したのである。

（原文）　**世尊妙相具　我今重問彼　仏子何因縁　名為観世音　具足妙相尊　偈答無尽意**
汝聴観音行　善応諸方所　弘誓深如海　歴劫不思議　侍多千億仏　発大清浄願　我為汝
略説　聞名及見身　心念不空過　能滅諸有苦

（意訳文）無尽意菩薩はこのように釈迦牟尼世尊に申しました。

『釈迦牟尼世尊よ、あなたは素晴らしいお姿を備えておられます。私達は今まであなたの観世音菩薩に関する御説明を聞いてまいりましたが、私自身の確認のためにも彼の観世音菩薩について再度、重《かさ》ねて質問することをお許しください。仏法の子ともいうべき彼の修行者アヴァローキテーシュヴァラはどんな理由によって観世音と呼ばれているのでしょうか。』

素晴らしく円満な容貌《ようぼう》、お姿を完全に備えている仏陀釈迦牟尼世尊は無尽意菩薩の言葉を聞いて、偈陀をもってこのように無尽意菩薩にお答えになりました。

『修行者アクシャヤ・マティよ、あなた方は観世音菩薩が従来から実行してきた努力の軌跡、行動の一分などを注意して聴くべきです。この求道者アヴァローキテーシュヴァラはありとあらゆる場所に応じて、よく自在に活動することが出来ます。』

求道者アヴァローキテーシュヴァラの誓《ちか》いである正しい道を伝え、衆生を救済しようとする強固な意志と請願は大海のように深く、その決意の程は無限の時間を費やしたとしても考え尽くすことさえ出来ません。

観世音菩薩は過去、現在の無数の覚者《かくしゃ》に仕《つか》えて彼ら仏陀達とともに活動しながら、偉大なる無私の誓願《せいがん》、一切の汚《けが》れがない誓願をたてて実行しています。

私は今、あなたがたの為にアヴァローキテーシュヴァラの活動についてその概略をお話ししておきましょう。あなた方は彼の修行者の名を聞いてはっきりと記憶に留《とど》め、同時にその姿を見て彼の本当の力を認識すべきなのです。一人ひとりの人が彼を深く心に念じて、むなしく時を過ごすようなことがなければ、そして空虚、無実体の想念に囚《とら》われることがなければ、いろいろな種類の苦悩や災厄《さいやく》はすべて滅び尽《つ》くしてしまうのです。

世尊妙相具　我今重問彼　仏子何因縁　名為観世音（せそんみょうそうぐ　がこんじゅうもんぴ　ぶっしがいんねん　みょういかんぜおん）

世尊は妙相をそなえたもう。我、今重《かさ》ねて彼を問《と》う。仏子は何の因縁をもって観世音と名づけるや。

妙相《みょうそう》という言葉は仏教用語としては特殊な意味を持っているが、その起源については次の通り。釈尊在世の時の容貌《ようぼう》については多くの言い伝えが残されていて、そのどれもが人並みはずれた気品があり、風格、顔形《かおかたち》ともに素晴らしかったと語っている。この印象が後世になって拡大し、釈尊の遺徳《いとく》を慕《した》う気持ちとかさなって、仏陀のすぐれた相好《そうごう》を表現する標準規定のようなものを作り上げた。特にガンダーラ美術の影響を受けて仏像が製作されるようになると仏陀の身体上の素晴らしさだけではなく、その教え自体の独自性や優秀性をも視覚的に表現する必要が生じてきた。この為に特殊な表現方法が工夫され次第に確立していった。こうして出来た仏、菩薩に独特の身体表現上の特徴《とくちょう》を一口で三十二相《そう》八十種好《しゅこう》といっているが、これらを完全に具《そな》えているというのが妙相具の意味である。この相《そう》好《ごう》の全てを書き出すつもりはないが、中には普通の基準にあてはめて見ると異様《いよう》としか言いようのないものもある。例えば、足下安平立相……偏平足《へんぺいそく》、正立手摩《しゅま》膝《しっそう》相……直立して手が膝《ひざ》に届く程長い。（オラウータンかゴリラのようだ）四十歯相……歯が四十本もある。（歯医者さんが困るか喜ぶか？）広長舌相……舌が顔を覆《おお》ってしまうほどに大きい（どこかの国の政治家の二枚舌や三枚舌も形なし！）。もっとも、これには古代の挨拶《あいさつ》方法が投《とう》影《えい》しているもので、民族によっては私はあなたに対して嘘をつかない、誠実であるという証拠として舌を出して見せたことがある。その他、手の指の間に水掻《みずかき》がついている（衆生を洩《も》れなく救うためという）となると殆どアマゾン川の半魚人の世界で、仏の徳を強調するあまりの贔屓《ひいき》の引《ひ》き倒《たお》しであろう。

仏子《ぶっし》とはそのままの意味では仏の子供ということ。釈迦牟尼世尊にはゴータマ・シッダールタの時代のお妃であるヤショーダラー（のちに出家して耶輪陀羅比丘尼《やしゅだらびくに》）との間にもうけた男の子がいたが、彼、ラーフラが父について教団に入り十大弟子の一人となる。観世音菩薩が仏子と表現されているのは、このラーフラのような実の子、血のつながった子の意味ではない。仏教上では釈迦牟尼世尊の説いた法によって生まれ、生命を与えられた者、同時にその継承者《けいしょうしゃ》、実践者《じっせんしゃ》の意味である。この点でキリスト教における神の子イエスの概念とは相当に異《こと》なると思う。

具足妙相尊　偈答無尽意　汝聴観音行　善応諸方所（ぐそくみょうそうそん　げとうむじんに　にょちょうかんのんぎょう　ぜんのうしょほうじょ）

妙相を具足したまえる尊、偈をもって無尽意に答えたもう。『汝、観音の行を聴け。よく諸の方所に応ず。』

釈迦牟尼世尊が無尽意菩薩を始めとして聴衆の全てに対し、偈陀《げだ》に託《たく》して観世音菩薩の活動とその活動範囲を明示している箇所《かしょ》である。方所《ほうじょ》とは当然に場所の意味は含んでいるとしても、地理的なそればかりではなく、時間、事柄《ことがら》としての場合の要素もある。

つまり、如何《いか》なる場所、時間、場合にあってもアヴァローキテーシュヴァラの活動は可能であり、それらによって何ら規制されることはない。

尚《なお》、ここまでの偈《げ》をみてきても気がつくように、世尊偈の文章構成は五文字四行の合計二十文字が一組になっている。

弘誓深如海　歴劫不思議　侍多千億仏　発大清浄願（ぐぜいじんにょかい　りゃっこうふしぎ　じたせんのくぶつ　ほつだいしょうじょうがん）

弘誓《ぐぜい》の深きは海のごとく、劫《こう》をへるとも思議するなし。多《た》の千億の仏に侍《じ》して、大清浄の願を発《はっ》したり。

弘誓《ぐぜい》とは誓願《せいがん》のことであるが、ここでは特に観世音菩薩が衆生を救おうとしてたてた誓いを指《さ》す。ただの誓願と言わずに弘誓としたのは誓願内容が極めて弘大《こうだい》で、実行する意志が金剛《こんごう》の如く堅固《けんご》であるからに他ならない。大体、誓願なるものの性質上、実行し得ない者がいくら誓《ちか》いをたてたとしても、その価値《かち》は殆どないに等《ひと》しい。このことは我々の身の回りで、さらに自分自身の禁酒や禁煙の誓いを考えてもすぐ判るように、日常的に経験していることだ。その点で修行者アヴァローキテーシュヴァラ尊の誓願は無量の価値を有するものなのだ。劫の時間観念については、すでに前に説明したから、ここでは簡単に無限の時間を表《あらわ》しているとしておこう。不思議とは思議する、即《すなわ》ち、考え、思考することも出来ないことの意味である。北欧《ほくおう》神話の中に豪勇《ごうゆう》でなる荒武《あらむ》者《しゃ》、雷神トールが意地の力だめしとしてか細《ぼそ》い若者と駆《か》けくらべをして、コテンコテンに負けてしまう場面があって、大変ユーモラスである。結局、その若者は思考という抽象物《ちゅうしょうぶつ》が具体化したものであったという〝落ち〟がついているのだが、もし思考に速度があると仮定したら、時として光速をもゆうに超越《ちょうえつ》するのである。このような思考を無限時間費《つい》やしても完全に把握《はあく》することが出来ない程に弘大な誓願があると強調しているのだ。

次に（多の千億の仏に侍し）なる言葉が出てくるが、観世音菩薩が昔の侍（さむらい）が主君に仕えていたように、仏につかえているのかと思う人がいるかも知れない。

この点に関しては観音経の作者達の頭に例の十界論の影響があることは否定できない。しかし、ただ人間社会に投影して短絡的《たんらくてき》に解釈するばかりではなく、仏、菩薩の関係というものを見直してみれば、それほど異常で不審とすることではないのが判明する。

清浄願は清浄なる誓願の意味で、我々がいつも抱《いだ》く後《うし》ろめたいような願いと正反対と思えばいいのではないか。極めて単純で説得力がある言い方だと自画自賛《じがじさん》している。

我為汝略説　聞名及見身　心念不空過　能滅諸有苦（がいにょりゃくせつ　もんみょうぎゅうけんしん　しんねんふくうか　のうめつしょうく）

我、汝の為に略して説かん。名を聞き、および身を見よ。心に念じて空《むな》しからざれば、よく諸の苦を滅す。

観世音菩薩、アヴァローキテーシユヴァラ尊の名を聞くことは前述《ぜんじゅつ》した言霊（ことだま）の思想から考えても、ある存在を理解するためのアルファでありオメガでもある。

（原文）仮使興害意　推落火大坑　念彼観音力　火坑変成池　或漂流巨海　流魚諸鬼難　念彼観音力　波浪不能没　或在須弥峰　為人所推堕　念彼観音力　如日虚空住　或被悪人逐　堕落金剛山　念彼観音力　不能損一毛　或値怨賊繞　各執刀加害　念彼観音力　咸即起慈心　或遭王難苦　臨刑欲寿終　念彼観音力　刀尋段段壊

（意訳文）たとえば仮《かり》に、或る人物があなた方に対して危《き》害《がい》を加えようとする意志を興《おこ》していたとします。そして、ともに火の燃え盛る大きな穴の縁《ふち》に行ったとしましょう。

その時にこの人物があなたをこの燃え盛《さか》る火の穴に突き落としたとしても、あなたが彼のアヴァローキテーシユヴァラと彼の偉大な力を念ずるならば、墜《お》ちて行く火の穴はただちに水を湛《たた》えた池となり、何物に換《か》えられない生命が助かるのです。

或いは、あなたがたの乗っていた船が事故で難破してしまい、果てしもない大洋に漂流《ひょうりゅう》するような災難にあったとします。漂流の途上で恐ろしい悪龍や鮫《さめ》などに襲《おそ》われ、諸々《もろもろ》の幽霊、食人鬼などに害を受けることがあった場合でも、アヴァローキテーシユヴァラと彼の偉大な力を念ずるならば、どんなに激しい風波が起きていたとしても、それに飲み込まれ、没《ぼっ》してしまうことはありません。猛魚、悪鬼の難から逃《のが》れられ、必ず安全な陸地に到達《とうたつ》出来るのです。

或いは、スメール山（ヒマラヤ山）のような高い山岳に登っていた時に、あなたに殺意をもっている人が、切り立った断崖《だんがい》からあなたを押し落としたとします。

この危機にあってアヴァローキテーシユヴァラと彼の偉大な力を念ずるならば、太陽が虚空《こくう》にとどまっているように、あなたも虚空に浮かび、墜落死《ついらくし》を免《まぬが》れるでしょう。

或いは、あなたがたが何かの理由で悪人に追いかけられ、追《お》い詰《つ》められた果《は》てにとうとう金剛山のように高い山の頂上から墜《お》ちてしまったとしましょう。こんな時にも彼のアヴァローキテーシユヴァラと彼の偉大な力を念ずるならば、あなたの肉体は髪の毛一本も傷つくことはないのです。

或いは、あなたに深く恨《うら》み、憎《にく》しみを抱く人物や盗賊のような物騒《ぶっそう》な人達に包囲されて、逃《のが》れる術《すべ》もないとします。その上、彼らは各々の手に磨《と》ぎ澄《す》ましたダンビラをひっさげて、あなたに害を加えようとしているのです。こんな危機の中にもあなたが彼のアヴァローキテーシユヴァラと彼の偉大な力を念ずるならば、この害せんとする賊たちは皆、立ちどころに慈悲、思いやりの心を起こしてあなたを解放してくれます。

或いは、あなたが何かの原因で法律上の罪に問《と》われたり、罪もないのに権力者の不当な迫害《はくがい》によって死刑を宣《せん》せられて斬殺《ざんさつ》されようとしていたとします。こんな土壇場《どたんば》に臨《のぞ》んだとしても、あなたが彼のアヴァローキテーシュヴァラと彼の偉大なる力を念ずるならば、刑吏《けいり》の持っている刀は幾段《いくだん》にも折れて、あなたを殺すことは出来ないのです。

仮使興害意　推落火大坑　念彼観音力　大坑変成池（けしこうがいい　すいらくだいかきょう　ねんぴかんのんりき　かきょうへんじょうち）

たとえ害の意をもって大いなる火坑《かこう》におし落とされんに、彼の観音の力を念ぜば火坑変じて池とならん。大火坑とはどんなものを想像したらよいか。

まず第一に頭に浮かぶのが噴火中の火山である。ハワイ諸島の活火山の噴火口は時として凄《すさ》まじい溶岩流を吐《は》き出す大噴火を起こす。これなどはまさに大火坑そのものだ、観音経作者たちのイメージの火坑はいささか違っていた。

具体的には溶岩のような半流動性熱源ではなく、起源不明の火炎が底で燃えている非常に深い穴のイメージである。二河白道《にかびゃくどう》の喩《たと》えというのがある。《刑務所の塀《へい》の上を歩いているような奴》との言い回しは、法律違反、犯罪すれすれのことをしていて、いつ逮捕《たいほ》されて刑務所に放り込まれても不思議ではない奴のことだ。こんな人物でも塀の内側に落ちないで反対側に落ちれば、一応、シャバである。しかし、二河白道の上の人物はこれ程に恵まれていない。白道は読んで字の如く、白い道であるが道幅《みちはば》はわずか三十センチメートルくらいしかない。そして一方を見れば無限に続く大河で、逆巻《さかま》く激浪《げきろう》が凄まじく、足許《あしもと》に飛沫《ひまつ》が吹き付ける。反対側を見れば一面に猛火、黒煙が満ちている火の河。

この二種類の河に挟《はさ》まれているたった一筋の白い、狭《せま》い道こそが我々の人生そのものだとの喩《たと》えである。一歩でも足の運びを誤れば、溺死《できし》か焼死の運命が待っている。

だからこそ、人生は慎重に行動した上で、脇目《わきめ》もふらずに一心に歩んでいかなければならない、との教えだろう。実際にはもっといろいろな解釈方法があり、結構面倒くさいが、今はそれに触れない。要は我々の人生にはどんなに慎重に対処しても不可抗力的に火の中に落ちてしまうこともあるという事実なのだ。

こんな危急存亡《ききゅうそんぼう》の時にこそ観世音菩薩の力を必要としているのが実際の人生である。

或漂流巨海　龍魚諸鬼難　念彼観音力　波浪不能没（わくひょうるきょかい　りゅうぎょしょきなん　ねんぴかんのんりき　はろうふのうもつ）

或いは巨海に漂流し、龍魚諸鬼の難あらんに、彼の観音の力を念ぜば波浪も没するあたわず。

前の推落火坑難《すいらくかきょうなん》は火難であり、この龍魚諸鬼《りゅうぎょしょき》は水難である。この順序を見ると観音経の最初の散文部の火難、水難をそのまま繰り返しているのに気がつく。ここからも偈陀《げだ》が散文《さんぶん》の部分を再度にわたって説明しているのが分かる。さて、意訳文で龍魚諸鬼を悪龍、鮫、幽霊、食人鬼と訳しておいたが、鮫はあらためて説明する必要はない思う……海で泳いでいる時に人喰《ひとく》い鮫《ざめ》で有名なホオジロザメなどと面会したい人はいないだろう。

食人鬼に関しては散文の所で述べておいた。問題は幽霊である。これは原文の〈鬼《き》〉の一字を二重に解釈してしまおうとする試《こころ》みでもある。

まず一つの解釈法として食人鬼ととることは比較的、簡単。しかし、もう一つの幽霊ととることについては、かなりの無理があると考えられるかも知れないが、実はそうではない。元来、この鬼は死霊《しりょう》、幽霊、死人の魂、精霊《しょうりょう》などを意味する文字であって、鬼灯《きとう》(ほおずき)を盂蘭盆会《うらぼんえ》の時に飾《かざ》るのも、先祖に(精霊の明《あ》かり)として使用してもらうためだ。この事実からも判断出来るように、鬼とは桃太郎に退治された例の虎皮《とらかわ》の褌《ふんどし》をして金棒《かなぼう》を持った赤鬼、青鬼を指《さ》すばかりではない。海の上で幽霊に逢《あ》う話となれば、瀬戸内海から西日本一帯の漁村に分布している海難溺死者《できし》の幽霊の話がある。

これは海に出て暴風、時化《しけ》などに遭遇《そうぐう》し、難破《なんぱ》しかけた時などにこの幽霊が出てきて船乗りを海底に引き込もうとする。こんな時には底の抜けた柄杓（ひしゃく）を海に投げ込むと助かると言い伝えられている。その理由は底の抜けた柄杓を与えてやり、一応の満足をさせておくがそれで幽霊どもがいくら水を船の中に汲み入《い》れようとしても無駄なこと、という訳である。もう一つ、海で幽霊に会う話。謡曲の『船弁慶』で有名な場面であるが、源義経主従一行が船で東落《あずま》ちをして行く途上、津《つ》の国《くに》は大物《だいもつ》ケ浦《うら》で壇《だん》の浦合戦《うらがっせん》で恨《うら》みを飲んで入水した平家の一門の幽霊に出会う。中でも平知盛（たいらのともも り）の亡霊は怨念《おんねん》も凄《すさ》まじく、義経に襲いかかるところを武蔵坊弁慶が舳先《へさき》に仁王《におう》立ちになって、五大明王《ごだいみょうおう》を祈念して調伏《ちょうぶく》、退散《たいさん》せしめる見せ場がある。五大明王とは密教の尊格で、四方と中央の五方に配されている。東、降三世《ごうざんぜ》明王、南、軍荼利《ぐんだり》明王、西、大威徳《だいいとく》明王、（前に出たヤマーンタカ）北、金剛夜叉《こんごうやしゃ》明王、中央、不動《ふどう》明王の五尊《ごそん》である。昔の海上交通は現在では想像もつかない程に危険なものであったから、どうしても船乗りは信心深くなり、縁起《えんぎ》をかついだのである。（これは現代でも変わっていない）。

航海の守護神として篤《あつ》く信仰されている讃岐《さぬき》の国、象頭山金比羅大権現《ぞうずざんこんぴらだいごんげん》に奉納された古い絵馬《えま》を見ると時化《しけ》にあった場面をリアルに描いたものもある。尚、この金比羅権現はもともと、インドの神クンビーラ神であり、その正体は巨大な鰐《わに》であるという。

或在須弥峰　為人所推堕　念彼観音力　如日虚空住（わくざいしゅみぶ　いにんしょすいだ　ねんぴかんのんりき　にょにちこくうじゅう）

或いは、須弥の峰にありて、人のためにおし落とされん所とならんに彼の観音の力を念ぜば、日の如《ごと》くにして虚空《こくう》に住せん。

須弥とは梵語のスメールの音訳で妙高山《みようこうせん》とも訳す。インドの宇宙観の中心にある山で、高さは十六万由旬《ゆじゆん》というから百十二万キロメートルとなる。これはもともと実在のヒマラヤ山塊《さんかい》のイメージが拡大《かくだい》して出来たものであろう。ここでは高い場所から落とされても助かると言っているのだが、単に物理的に高い所の意味だけではない。

社会的な地位や経済力と置き換えて考えることも可能だ。今まで地位や力に恵まれていた人が何らかの原因によってそれらを失ってしまうことは、高い所から墜落《ついらく》することに比することが出来よう。特に観音経は為人所推堕《いにんしよすいだ》と述《の》べているから、人に突き落とされたのだ。周辺の人間に裏切られて失脚《しつきやく》してしまう政治家や事業上の敵《てき》に破れて破産してしまう実業家のようなものである。一般的な傾向であるが、一度高い地位や多くの富を得たことがある人が落ちぶれると、その状況はもとから何もない人よりはるかにみじめだ。この事実を本能的に知っているのだろうか、金持ちはひどくケチになり、地位のある人はそれに尚更《なおさら》のように執着《しゅうちゃく》するものである。このような人々が零落《れいらく》すると肉体ばかりではなく、精神的にも完全に打ちのめされてしまう。そして行き着く先は自他に対する絶望と憎悪《ぞうお》のみ。こうなってしまうと心の観点から見れば危篤《きとく》状態か死んだのも同然であろう。その上、従来から信頼していた人間に裏切られ、破滅の淵《ふち》に立たされたとしたらその憎悪はさらに大きくなるに違いない。こんな心理状態になった時に観世音菩薩を念ずれば、太陽のように虚空にとどまることが出来るというのだ。虚空にとどまるとは底の底まで落ち込まないことだから、現在がどんなに逼迫《ひっぱく》した状態であろうとも、必ず上昇に向かうことである。昔、京都の宮中、公家《くげ》社会に〈位打《くらいう》ち〉という言葉があった。

悪意をもって誰かを失脚《しっきゃく》させようとする。目標とする人物に狙《ねら》いを定めると、その人の官位を次々と本人の実力がついて行けない程の速さで上げてやる。そうすると、官位をあげられた人物はそれに追い付くことができなくなり、ついつい無理を重ねてしまう。そして、いつかは致命的《ちめいてき》な失策《しっさく》をしでかし、失脚して追放されるという次第である。

非常に陰険《いんけん》なやり方ではあるが、人間の心理を巧《たく》みについた方法でもあり、極めて効果的であった。高い地位、経済力などに恵まれ驕慢《きょうまん》となり、人を人とも思わない奴は現在でも一杯いるが、こんな人は自分で自分の首を絞《し》めているのと同様なのだ。

或被悪人逐　堕落金剛山　念彼観音力　不能損一毛（わくびあくにんちく　だらくこんごうせん　ねんぴかんのんりき　ふのうそんいちもう）

或いは悪人におわれ、金剛山より堕落《だらく》せんに、彼の観音の力を念ぜば一毛《いちもう》を損《そん》するあたわず。

金剛山《こんごうせん》とは鉄囲山（てっちせん）の別名。鉄囲山は梵語のチャクラヴァーダの訳で全山が鉄でできている。仏教の宇宙観によれば金輪《こんりん》の縁《ふち》の部分にある大山脈で、高さは約二千二百キロメートルくらいである。何と言っても全部が鉄だから、堅《かた》いこと夥《おびただ》しい。

この堅さから前述の金剛の観念と結びつき、金剛山の別名がある。こんな山の頂上から突き落とされてはひとたまりもないが、観音経はたった一本の毛が傷つくこともない、と断言している。我々の人生に於いては危機が連続して起こることがある。

こんな時にはわずかな判断の誤りが取り返しのつかない状況に我々自身を追い込んでしまうもの。普通、この種の危機の連続は予想もつかない場合が多いから尚更《なおさら》にあわてふためいてしまい、傷口を大きくする。危機にあった際にはふた通りの対処方法があると思う。その一つは何が何でもそこから抜け出そうとして、無闇《むやみ》やたらに努力する道である。これは誰でもが反射的に採用する方法だが、短所は下手にもがけばもがく程に立場を悪くする傾向があること。もう一つの方法は危機は危機として冷静に認めて、多少の傷は受けるのは覚悟してしまう道である。但し、この際に肝要《かんよう》なのは傷を大きくしないことに全精力を注《そそ》ぎ込むことであり、あとはじっと嵐《あらし》の通り過ぎるのをひたすら待つ。どちらの道を選択するかは自由だが、人によっては性格として後者の方法を採用出来ない人々がいる。こんな人こそ観世音菩薩の力を念じてみたらいかがであろうか。必ず何らかの新しい解決法、危機からの脱出法が思い浮かぶに違いないと信ずる。何故ならば前に述べたように観世音菩薩の救済方法は我々の想像を絶するものであり、現在、悩《なや》みぬいている人間の気がつかない方法を取ることも多いからである。

或値怨賊繞　各執刀加害　念彼観音力　咸即起慈心（わくじおんぞくにょう　かくしゅうとうかがい　ねんぴかんのんりき　げんそくきじしん）

或いは怨賊にかこまれるに会い、おのおのが刀をとって害を加えんとせん。彼の観音の力を念ぜば、ことごとく慈の心を起こさん。

私が「男は玄関を一歩出ると七人の敵がいる」などとブツブツ言いながら玄関を出て行くと、聞いていた妻はフフンと鼻の先で笑っている。その目は「何を言ってもこれ以上、お小遣《こづか》いはあげません。さっさと働きに行け」と言っている。個人的なグチはさておき、どんな人にも人間社会にいる以上は敵対関係もしくは対立関係にある人が出来てしまうのは仕方がないことだ。この敵対関係がのっぴきならない所まで先鋭化《せんえいか》すると、ついには殺人沙汰にまで発展してしまうのは、よく見聞きすることである。

何々殺人事件にならないまでも、自分も誰かに憎《にく》まれ、嫌《きら》われているのかと考えると実際、何とも言えないいやな気分になるもの。人に殺してしまわれたい程に憎まれ、本当に殺されそうになった時に観世音菩薩の力を念ずるならば、その人は慈悲、思いやりの心を起こして殺害を思い止まるというのだが、ここで肝要なのは観世音菩薩の力が相手の心に直接に作用していることである。つまり救済者、観世音菩薩の立場からすれば、あなたも相手もなく、全て平等の生命として対処することが出来ることなのだ。

まさに観世音菩薩は我他彼此《がたひし》を超越した自在の立場で我々に接することが可能なのであり、それ故にこそアヴァローキテーシュヴァラは観自在と呼ばれる。

ここで言う慈心とは相手を思いやる心、かわいそうだと思う心で、殺す立場の人が殺される立場になって考えれば、人を殺すことは不可能になるのは当然である。

これは人間同士の関係についてばかり言えることではない。他の生き物に関しても十分に通用する真理なのである。それ故にこそ私は銃猟《じゆうりよう》などの遊興《ゆうきよう》による殺生は絶対に許すっもりはない。自分が撃たれる野鳥の立場になって真剣に考えれば、猟銃の引き金を引けるハンターなどはいる訳がない（と信じたいのである）。

或遭王難苦　臨刑欲寿終　念彼観音力　刀尋段段壊（わくそうおうなんく　りんきょうよくじゅしゅう　ねんぴかんのんりき　とうじんだんだんね）

或いは王難の苦にあいて、刑に臨んでいのち終らんと欲っせんに、彼の観音の力を念ぜば刀ついで段段《だんだん》におれん。

意訳文の所で土壇場《どたんば》という言葉を使っておいたが、この土壇場とは斬首《ざんしゅ》の刑を執行《しっこう》する時に罪人の前あたりの土を掘り、それを盛り上げて切断した首が入るようにした穴をともなった処刑場である。だからこの一段に土壇場という言葉は極めて適切なのであるが、人生でもこの土壇場になることが結構ある。日本でも明治の始めまでは死刑を斬首によって執行されていたから、この土壇場もこの頃までは作られていた。

私が初めてこの一段を耳にしたのは小学校の三年生くらいの時と記憶している。聞いたのはお寺ではなく、父が経営していたレコード店である。つまり、父の店の商品であったレコードの中に浪曲のそれがあり、何気なく聞いていたらこの一段が耳に入ったのである。三門博《みかどひろし》の十八番である「唄《うた》入り観音経」であった。観音経の功徳で救われるという物語であったと思うが、このレコードのジャケットに或遭王難苦以下の、この段が全部大きな文字で印刷してあった。浪曲の内容もよく分かり、面白かったが、何よりも印象的であったのはお経というものの意味がぼんやりとながら解ったことである。それまでは法事でお坊さんのお経を聞いても何の興味ももたなかったが、それ以降は注意して聴くようになり、とうとう今日の職業に結び付いてしまった。

従って、観音経のこの一段が私の生まれて初めて出会った仏教の経典ということになるし、大袈裟《おおげさ》に言えば私の一生を変えてしまったのである。実に人生とは不可思議なもの、面白いものだ。

第十章……解脱の約束

（原文） 或囚禁枷鎖 手足被杻械 念彼観音力 釈然得解脱 呪詛諸毒薬 所欲害身者 念彼観音力 還著於本人 或遇悪羅刹 毒竜諸鬼等 念彼観音力 時悉不敢害 若悪獣囲繞 利牙爪可怖 念彼観音力 疾走無辺方 蚖蛇及蝮蠍 気毒煙火然 念彼観音力 尋声自回去 雲雷鼓掣電 降雹澍大雨 念彼観音力 応時得消散

（意訳文） 或いは、何かの理由で囚《とら》われの身となって、かせや鎖《くさり》に繋《つな》がれ、手足も手かせ、足かせをはめられてしまうような状況になったとします。このような困難な目にあっても彼のアヴァローキテーシュヴァラと彼の偉大な力を念ずるならば、釈然として無理することなく、それらから抜け出し解放されるのです。

悪意を込めた呪詛《じゅそ》によってあなたが呪《のろ》われたり、殺害を目的として毒薬を飲まされるようなことがあったとしても、かのアヴァローキテーシュヴァラと彼の偉大な力を念ずるならば、そのおぞましい呪いの効力は還《かえ》って呪詛したその本人に顕《あらわ》れてしまうのです。

また毒を盛られることがあっても、あなたに毒を飲ませようとした当人が、毒を飲んだと同様の状態になってしまうでしょう。

或いは、凶悪な羅刹鬼や毒を吐く龍、いろいろな種類の悪鬼、怨霊《おんりょう》などに遭遇するような事態になり、これらによって身を損《そこな》われようとした時にも、彼のアヴァローキテーシュヴァラと彼の偉大な力を念ずるならば、これらの羅刹、悪鬼、毒龍、怨霊などは敢《あ》えてあなたを害するようなことはありません。

もし多くの獰猛《どうもう》、凶悪な野獣の群《む》れに包囲されてしまい、襲いかかられる寸前になって、それらの牙《きば》や爪《つめ》は真に恐るべきであったとしましょう。この時にあなたが彼のアヴァローキテーシュヴァラと彼の偉大な力を念ずるならば、これらの獰悪《どうあく》な肉食獣の群れはあなたを害することなく、まったく別な方向に走り去ってしまうのです。

巨大な大蛇、毒蛇、猛毒の蝮（まむし）や一刺しで馬をも殺す程の猛毒のある蠍（さそり）などに遭遇して、それらの毒気の煙がまさに火の燃えている如く激しく襲いかかったとします。しかし、彼のアヴァローキテーシュヴァラと彼の偉大な力を念ずるならば、あなたがアヴァローキテーシュヴァラの御名を唱える声につれて、これらの蛇や蠍は自ら身を引いて、去って行くでしょう。

黒雲が空を覆《おお》い、雷電が少しの間もおかずに天空に鳴り閃《ひらめ》いているとします。その上に大粒の雹（ひょう）や霰（あられ）をともなって、全てを押し流すような豪雨《ごうう》が降っているとしましょう。このような場合でも彼のアヴァローキテーシュヴァラと彼の力を念ずるならば、その念じた時に応じて雷電、豪雨は消散してしまうのです。

或囚禁枷鎖　手足被杻械　念彼観音力　釈然得解脱（わくじゅうきんかさ　しゅそくひちゅうがい　ねんぴかんのんりき　しゃくねんとくげだつ）

或いは枷鎖に囚禁《しゆうきん》され、手足に杻械をこうむらんに、彼の観音の力を念ぜば釈然として解脱することを得ん。はじめの方の散文部分にも枷鎖難《かさなん》は書いてあるが、ここはその繰り返し。しかし、この偈の所で考えておきたいのは、物理的な枷鎖《かさ》ではなく、精神的なそれである。精神的な枷鎖《かさ》とはいったい何を意味するのであろうか。それは疑いもなく自分の心の中にある自己の能力に対する不信感、自分勝手に設定した限界意識である。何がたちが悪いと言っても、これ程にたちの悪い自己限定意識はない。この意識の囚人となってしまうと、どうしても精神的な成長が阻害《そがい》されるばかりではなく、自分の本来持っている素晴らしい能力を全部使うことが出来なくなってしまうのだ。時として口癖《くちぐせ》のように《どうせ》を連発する人物に巡《めぐ》り会《あ》うことがある。

このタイプの人はその性別、年令に関わらず私をどうしようもない程にイライラさせてしまう。いつものように相談を持ち込まれて、私としては問題を解決すべく可能な限り一生懸命、且《か》つ真剣に考えて方策《ほうさく》を提示しても、《どうせ》連発タイプの人はその提案自体をろくに考慮《こうりよ》する余裕もない。そして、こちらの提案を一応は考えたふりはするものの、結論としての言葉は『どうせ駄目にきまっています』の一言である。

甚《はなは》だしい場合には何故《なにゆえ》に駄目なのかを縷々《るる》と解説する人さえいる。

そんなに立派に解っているのなら、自分一人で考えたらよろしい、と言いたくなるが、それを言ったらおしまいだから、ぐっと我慢《がまん》して対応する他はない。

このような人々はいつも頭の中で何かを予測して計算しているのかも知れない。

そして、下手に頭がいいものだから自分の行動によって惹起《じやつき》される結果をあらかじめ予想してしまう。悲しむべきことに、その予想が必ずと言ってよいほどマイナスの面を異常に強調したものなのだ。つまり、自己の能力に対してきわめて厳しい審査基準をもって当たり、相手の能力に対しては目茶苦茶に甘い基準をもってするのである。

こんな状態ではとても問題が解決する訳がない。土俵《どひよう》にあがる前に負けている力士のようなもので、何をやってもものにならないと思うが、始末《しまつ》が悪いのは問題解決の意志を完全に喪失《そうしつ》したのではないからである。その意志を完全に失ってしまい、諦《あきら》めきっているのなら、こちらの方でも対処の仕方を変えて何とかすることも出来るのだが。まさに自分に対する誤った自己評価という枷鎖《かさ》にがんじがらめに囚《とら》われてしまった典型例であろう。このような人々にこそ観世音菩薩の力が必要なのである。

金剛般若波羅密経には能断《のうだん》なる文字が冠《かん》せられている。すべての物を能（よ）く断（た）つダイヤモンドの徳の表現であるが、観世音菩薩の具備《ぐび》している能断力を十分に活用して自己限界意識という枷鎖を切断すべきである。

呪詛諸毒薬　所欲害身者　念彼観音力　還著於本人（じゅそしょどくやく　しょよくがいしんじゃ　ねんぴかんのんりき　げんぢゃくおほんにん）

呪詛、諸の毒薬によりて身を害されんと欲する所の者、彼の観音の力を念ぜば、かえって本人に著《つ》きなん。

呪詛《じゅそ》という行為は昔にはあったが、現代ではまったく実行されなくなったと言えば完全な誤りである。なくなるどころか、形や方法を変化させて現代社会に於いても人心の裏面《りめん》部分で盛《さか》んに実行されている。形や方法についても古典的方法、形式が守られて由緒《ゆいしょ》正しい？　やり方によって呪詛行為がなされ、その形跡が発見されて人を驚かすことさえしばしばある。丑《うし》の時参《ときまい》りやその類似の方法で、夜中に神社の境内《けいだい》の古杉の大木に藁人形《わらにんぎょう》を五寸釘で打ち付けたり、藁人形《わらにんぎょう》が作れない場合は手っ取りばやく呪《のろ》う相手の写真で代用することもある。それらを打ちつけた後は絶対に抜けないように釘の頭を切り取ってしまう。人によっては相手の写真を熱い油鍋《あぶらなべ》に入れて、意味不明の呪文《じゅもん》のようなものを唱《とな》えながら相手を呪ったりする。職業上、このような形跡や現場を見ることもままあるが、決して気持ちのよいものではない。凄《すさ》まじい人の怨念が渦《うず》巻いて一点に結集《けっしゅう》したように感じる。事実、善悪にかかわらず人の念とはそのような性質を持つ。

カリブ海に浮かぶ島、ハイチにあってはブードゥー教の呪詛の方法として、蠟人形《ろうにんぎょう》によるものがあると聞く。呪う相手の髪の毛や爪《つめ》、血液などを封じ込めた蠟人形をなるべくリアルに作り、それに何本もの針をさして相手の死を願うのである。中国では先に出た封神《ほうしん》演義《えんぎ》の中にも姜子牙《きょうしが》（太公望《たいこうぼう》・呂尚《りょしょう》）が敵軍の将である趙公明《ちょうこうめい》を草人《そうじん》（藁人形）と桃の木でできた弓矢によって呪殺《じゅさつ》する場面がある。日本でも奈良、平安時代を通じてこの種の呪詛事件は何回も伝えられており、その都度に大きな政争を生んだり、また逆に政争の具に呪詛が用いられていた事実がある。どこの国でも古今東西を問わず、基本的な発想は変わらないものらしい。私がこの仕事をしていた経験として、過去に誰かを呪殺して欲しい、とかその具体的な方法を教えてくれなどと頼まれたことが何回かあったが、そのたびにあきれ果てて開いた口が塞《ふさ》がらなかった。それと同時に人を呪《のろ》うことをやめさせる為の説得に大汗をかく。もっとも、現在でもこの種の仕事を請け負《うお》うと称《しょう》して大金を巻き上げる悪質な祈祷師《きとうし》がいるらしく、彼らの仕業《しわざ》であるいろいろな道具やお札《ふだ》のたぐいが私の所に持ち込まれて処分したこともある。何が危険と言っても、こんな呪殺行為を実行する程、危険で馬鹿馬鹿しいことはないから十分に知っておくべきだ。その危険、馬鹿らしさとはどんなものかと言うと、まず第一に相手に対して悪影響を与えることはほとんど不可能であること。つまり、効果がないということ。第二に自分の発した憎悪の念はそのまま、或いは形を変えて最終的には自分自身に還《かえ》ってくること。ある言い回しに《人を呪わば穴ふたつ》というのがあるが、この場合の穴とは墓穴《はかあな》のことである。人を呪うような行為をすれば、呪われた相手ばかりではなく、自分も墓穴に入ることになるから、穴がふたつ必要になるとの意味である。第三にこんなことを実行するエネルギーや金銭、暇《ひま》があれば、他に方法はいくらでもあること。結論から言ってしまえば、呪殺行為に解決方法を求めること自体が、すでに敗北している証拠《しょうこ》であり、何と言い訳《わけ》をしてもこの現実は変わるものではない。第四に人を呪《のろ》う為に自分が消費したエネルギー、念の力は全く制御《せいぎょ》が効《き》かずに途方《とほう》もなく巨大化してしまう傾向があること。そして、その巨大化して制御出来なくなった力はすべてマイナスの結果を招来《しょうらい》する形で当人に還《かえ》って行く。

観音経のこの部分では呪詛の危険性が反対の立場から教えられていると考えてもよい。特に呪詛される側が何らかの極めて強力な霊的支援を受けている人物や霊的背景が確立している人である場合は、呪詛実行者に還ってくる呪詛エネルギーは厖大《ぼうだい》になることとなり、逆に呪詛された相手の方がプラスの結果を招くことも多い。

考えて見れば毒薬とは物理的な形を持った呪詛《じゅそ》に他ならない。呪う行為が純粋に霊、念の世界の所属《しょぞく》ならば、毒薬は物質次元の話である。法律は物質次元には関与するから、人に悪意を持って死に至《いた》らしめ毒を飲ませたら明白な殺人行為。当然、重大な犯罪であるから厳《きび》しく処断《しょだん》されるが、非物質的な呪詛もこれと同様の重大な犯罪行為であることを忘れてはならない。法的には不可能犯ということで処罰《しょばつ》を免《まぬか》れるかも知れないが、霊的な側面ではそのような免罪《めんざい》条項は存在しない。

或遇悪羅刹　毒竜諸鬼等　念彼観音力　時悉不敢害（わくぐうあくらせつ　どくりゅうしょきとう　ねんびかんのんりき　じしつふかんがい）

或いは悪羅刹、毒龍、諸鬼等にあっても、彼の観音の力を念ぜば、時としてことごとく敢《あ》えて害をなさず。

羅刹《らせつ》については既《すで》に説明がすんでいるが、毒龍なる言葉については少し触れておく。

日本人の持つ龍イメージの基本は絵画などで親しんでいる前述の九似説《きゅうじせつ》のそれであるが、この中国的龍観念を中心として、我々の周囲には今に至るも龍神信仰が生活に深く根付《ねづ》いている。その龍神信仰は人間にとって守護し、与えてくれる一面と害を加えて奪《うば》い去る脅威《きょうい》の一面がある。脅威となった原因は非常に複雑でいろいろな要素で成り立っているが、それらの全てを合わせても守護してくれる一面にかなわなければ、善なる龍神として認知される。しかし、反対に危害となる一面が著しく、プラスの一面があまりないと害をする悪神、悪龍、毒龍とされる訳である。その中でも、毒を実際に持つ毒蛇に対する恐怖が肥大化して毒龍とされていることもある。コブラやガラガラヘビのような実際に猛毒《もうどく》を持っている蛇だけではなく、人の生活を脅《おびや》かす蛇や龍の在り方こそが毒龍なのである。

龍神信仰の原点は水神、河川神信仰の要素が強いが、ただそれだけで一律には割り切れない要素も相当に存在しているのは事実。極論かも知れないが、原始的農耕経済体制が発展、確立するまでは、治水《ちすい》の概念、必要性はそれ程になかった。

単純な採集、狩猟生活に於いては基本的に一ヶ所に定住することが少なく、農耕生活のように農地の周辺に定住する必要もなかった。従って、人の生活に占める水の役割は直接に自分がその身体の維持《いじ》に必要な分だけでよかった。つまり、作物《さくもつ》用の水などはあまり考えなくともよかったのである。一人の人間が直接に自分だけのために必要な生活用の水は、作物の必要とするそれに比較すれば、ごくわずかである。このような点を掘り下げて考えれば、原始農耕発展以前の龍神信仰は単なる水神信仰というより、もっと根源的な要素をもっていたのではないかとも推理出来よう。この非水神《ひすいじん》としての龍はどのような要素より成立していたのであろうか。第一に考えられるのは何度も触れているように、恐怖の対象としての蛇。第二は同じ蛇のことではあるが、この爬虫類独特の生態である脱皮《だっぴ》による成長、寿命の長さなどに対する畏敬《いけい》の念がそのまま拡大して神として祀《まつ》ったもの。

秦《しん》の始皇帝《しこうてい》のように不老不死に関して偏執的《へんしゅうてき》な人物ばかりではないだろうが、人間はいつになっても不老不死に対して強い興味と憧憬《どうけい》をもっている。そこで自分の身のまわりを見回して、実際に不老不死にいちばん近い存在はこの爬虫類一族であることに気がついた。その上、脱皮という奇怪な習性が太陽の動きや四季の移り変り、気候の循環性《じゅんかんせい》と関連づけて判断出来ることから、龍はいつのまにか地上のみではなく、天空をも支配する神格となってゆく。そして夜空に輝く星も龍の伝説をともなった星座として認識されていった。天空に駆《か》け昇《のぼ》った龍は雷電となって地上に下りて来ることも自在であるから、ついには天地をあまねく支配する強大な神格、霊体となっていった。

さて、龍のことはこのくらいにして、観音経のこの一段には時悉不敢害《じしっふかんがい》と書いてある。この表現は注意してみると些《いささ》か不思議である。悪羅刹以下の連中が観世音菩薩を念ずる人には何の害もしない、ということであるが、普通であれば多少とも乱暴にこれらが退治、殺害されてしまう、とか少なくとも退散してしまうと表現してあってもよい筈である。

しかし、敢《あ》えて〈害せず〉なる言い方にとどめたのはこの悪羅刹、毒龍、諸鬼等が決して外部のみにいるのではなく、何としても退治の仕様のない自分自身の心の中に巣くっていることを表明していることに他ならない。

◎**若悪獣囲繞　利牙爪可怖　念彼観音力　疾走無辺方**（にゃくあくじゅういにょう　りげそうかふ　ねんぴかんのんりき　じっそうむへんぼう）

もし悪獣に囲繞《いにょう》され、するどき牙《きば》や爪《つめ》がおそるべきに、彼の観音の力を念ぜば無辺方に疾走《しっそう》せん。

悪獣の悪といってもワルイの意味ばかりではない。この字にはワルイの他に強い、という意味がある。悪七兵衛景清《あくしちびょうえかげきよ》や悪源太義平《あくげんたよしひら》などがその例であり、これらは悪は強いという一面を取って通称としたものである。だから、ここの悪獣も強力な猛獣という意味にとった方が自然だ。インド地方で猛獣となると、まず第一に虎、それも獰猛《どうもう》で名高いベンガル虎を連想してしまう。この虎の牙や爪が極《きわ》め付《つ》きの恐怖の対象になるのは容易に理解出来る。同じ猫の一族でも虎はライオンのように集団で獲物《えもの》を襲撃することはないとされているが、襲われた人間の方にしてみれば一匹でも多数でも、その致命的危険にはかわりない。一匹でも十分以上に危険な虎どもにまわりをグルリと囲まれてしまった状態が悪獣囲繞なのである。水滸伝の描く行者《ぎょうじゃ》・武松《ぶしょう》のように景陽岡《けいようこう》に出没する人喰い虎を酔ったまま殴《なぐ》り殺す程の腕前《うでまえ》があるならばいざ知らず、普通の人間は恐怖の頂点に達する。

こんな絶体絶命の危機にあって観世音菩薩の力を念ずるならば、取り囲《かこ》んでいた猛獣どもは危害を加えることなく去ってしまう、と言うのである。

ジャングルや山奥の虎はこちらからノコノコと出向かなければ遭遇することはないのだが、都会の中には人を食い物にしようとする虎以上にタチの悪い人間虎が多数生息している。なお悪いことに、人間虎どもは本物の虎よりも集団性が強く、よってたかって人を食い物にする性質がある。本物の虎の名誉《めいよ》の為に断《ことわ》っておくが、本物の虎は自分の生存に必要なだけの獲物をとるだけで、人間虎のように必要以上もしくは貪欲《どんよく》、遊びや楽しみのために獲物《えもの》を傷つけることはない。何かの拍子《ひょうし》で我々がこの人間の形をした猛獣どもに囲《かこ》まれてしまった時にも（これらの危害が物理的、暴力的なものであるか否かを問《と》わず）アヴァローキテーシュヴァラ尊の力によって、人間虎どもは本来の人としての心を取《と》り戻《もど》してさっさと消えていくのである。

蚖蛇及蝮蠍　気毒煙火然　念彼観音力　尋声自回去（がんじゃぎゅうふっかつ　けどくえんかねん　ねんぴかんのんりき　じんしょうじえこ）

蚖蛇及び蝮、蠍などの気毒の煙が火のもえるごときに、彼の観音の力を念ぜば声について自ら回（かえ）り去らん。

大蛇、毒蛇、マムシ、サソリ等と恐ろしい連中を並《なら》べ立ててあるが、これらの猛毒《もうどく》の気《き》が煙のように可視化、実体化して火の燃えるようになっているということであろう。

比較的大形の蛇は目立ちやすいが、マムシやサソリは小形であるとともに予想もしていない時に咬《か》みつかれたり、刺されたりするから、その恐怖感は一層《いっそう》つのることがある。

昔の映画に《黒い蠍《さそり》》というのがあったのを覚えている。映画自体は見ることは出来なかった。何せ四十五年くらい前の話であるから、はっきりとは記憶していないが、その映画のポスターに巨大な黒いサソリが描《えが》かれており、その下の部分に《蠍》の漢字が書かれてあった。当時はこんな難しい漢字は読めはしなかったが、サソリの絵があったので（さそり）と読むことが解った。そのポスターがとても印象的であったせいで暫《しばら》く後まで、サソリとは少なくとも三十センチメートルほどはある生きものであると思っていた。どうも頭の中で伊勢《いせ》エビとサソリの印象がゴッチャになったらしい。後日、実際のサソリの標本を目にした時にあまりの小ささにひどく驚いたのを覚えている。

前の悪獣の段では人間自体が虎や猛獣になり得る可能性を指摘《してき》しておいたが、この段では人間自身ではなく、何らかの事柄が時にはマムシやサソリのように人を傷つけ、殺すことを考えておこう。我々の毎日の生活圏には幸《さいわ》いなことにサソリなどは徘徊《はいかい》していないが、毒虫のように人を陥《おとしい》れようとしている怪しげな話は枚挙《まいきょ》にいとまがない。

得体の知れない儲《もう》け話、奇怪な人間関係紹介業、悪質な霊感商法、噴飯《ふんぱん》ものの霊視《れいし》商法などの被害者からの相談は実に多いが、これらの人々は、或る意味ではこれらの毒虫の罠《わな》に落ち込んだものと言えよう。こんな時にこそ自分には観世音菩薩の力を念ずることが出来ることを明確に認識するべきなのだ。観音経には尋声自回去《じんしょうじえこ》と書いてあるが、この声とは肉体の声ばかりではなく、本人の取る態度の表現であると考えるべきである。

つまり、本人が確信に満ちた毅然《きぜん》たる態度でこれらの罠《わな》を仕掛ける毒虫に対すればこんな害虫はやがては消え去る他はない。その確信の中枢《ちゅうすう》となるのが、偉大なるアヴァローキテーシユヴァラの威神力であれば、その効果は一層のものがある筈である。

雲雷鼓掣電　降雹澍大雨　念彼観音力　応時得消散（うんらいくせいでん　ごうばくじゅだいう　ねんぴかんのんりき　おうじとくしょうさん）

雲きたって雷《かみなり》を鼓《こ》し、電（いかづち）をともないて雹《ひょう》降り、大雨そそがんに、彼の観音の力を念ぜば時に応じて消散するを得ん。

この一段は人為《じんい》ではなく完全な自然現象だが、水火は無情《むじょう》であると言う如《ごと》く人間に対して予測も不可能な大規模、広範《こうはん》な危害を加える。有史以来、人は常に大規模な天災《てんさい》に苦しんで来たが、それらに対してある程度に対抗出来るだけの手段が得られるようになっても、天災の規模は必ずその手段を上回《うわまわ》っている。これは現在でもまったく変わることのない現実であり、何かの災害が起こると事後に関係者の間でひともめがおきてしまう。

さて、古代の人々にとって雷とはどのように考えられていたのであろうか。

凧《たこ》あげの上手《じょうず》であったベンジャミン・フランクリン氏のおかげで我々は雷の実体は電気現象であり、電気は使い方によっては生活に大きな便宜《べんぎ》があることは毎日、有り難く経験している。しかし、この基本認識がなかった時代には雷《かみなり》は人の世界に何らの益《えき》をもたらすことのない大変な災厄《さいやく》であると思われていた。当然のことに、雷の持つ破壊要素のみが強調されて、畏怖すべき対象としての雷神《らいじん》信仰を生み出し、怖《こわ》いものの代名詞として〈地震、雷、火事、親爺《おやじ》〉と順位まで決定されてきた。但し、今日では雷の恐怖感は避雷針《ひらいしん》の設置などにより昔ほどではなくなっており、親爺の威光《いこう》に至《いた》っては目も当てられない程に低下しきっている。（私自身が毎日、いやと言う程に経験している事実であり、嘘ではないことを保証する）。宮廷内の政権抗争に破れて筑紫《ちくし》の太宰府《だざいふ》に左遷《させん》されて恨《うら》みをのんで死んだ菅原道真公《すがわらみちざねこう》は死後に途轍《とてつ》もない祟《たた》りを政敵に及ぼした。

何しろ道真の政敵であった有力貴族の何人かが、こともあろうに宮中の清涼殿《せいりょうでん》で雷に撃《う》たれて死傷するという大椿事《だいちんじ》が起こったのである。それのみではなく、その後も道真を陥れた人々は本人ばかりか一門にも災《わざわ》いが及んだ。当時の社会にあっては、この種の事件の連続は極めて容易に誰かの怨念《おんねん》のなせるワザと考えられたから、不遇《ふぐう》のうちに死んだ道真が恨《うら》みに恨んだ末に雷神となって政敵に復讐《ふくしゅう》したと思われても不思議はない。

その上に何人かの子供や巫女《みこ》が神懸《かみが》かりして、このことを強調したものだから彼の怨念を鎮《しず》めるためにあわてて官位を進めたばかりではなく、ついには神として祀《まつ》ることになった。典型的な御霊（ごりょう）信仰であるが、こうして生まれたのが太宰府を始めとして各地にある天満宮《てんまんぐう》、天神《てんじん》信仰である。今では学問の神様として受験生最後の頼《たの》みの綱《つな》となっている文の守護神、天神様もかつては畏怖《いふ》すべき雷神であったのだ。

インドの神話に於いてはインドラ神が、北欧のそれではトールが各々、雷神であるが、雷神の性格に通有《つうゆう》なのはその無敵性、剛勇であること。それと特に目立つのは雷電を象徴する強力な武器を持つことである。インドラのヴァジュラ、トールのミョルニルと呼ばれる鉄槌《てっつい》などである。俵屋宗達《たわらやそうたつ》の描いた風神雷神図《ふうじんらいじんず》の雷神が背負《せお》っている太鼓《たいこ》もあきらかに雷鳴を象徴したものである。自然災害としての諸難が全て観音経に書き出されているわけではない。この一段によってあらゆる自然災害を代表したものと考えるべきである。

第十一章……慈しみの眼

（原文）衆生被困厄　無量苦逼身　観音妙智力　能救世間苦　具足神通力　広修智方便
十方諸国土　無刹不現身　種種諸悪趣　地獄鬼畜生　生老病死苦　以漸悉令滅　真観
清浄観　広大智慧観　悲観及慈観　常願常瞻仰　無垢清浄光　慧日破諸闇　能伏災風火
普明照世間

（意訳文）あらゆる生命あるもの、もしくはすべての人々が非常な困難に会って、恐るべき災厄《さいやく》に陥ってしまうこともあるでしょう。場合によっては量《はか》ることも出来ないほどの苦しみがその身に迫《せま》ってくるものなのです。こんな激しい苦しみの時にこそ偉大な求道者、救済者であるアヴァローキテーシュヴァラの不可思議で神秘な智慧の厳然《げんぜん》たる威力が発揮《はっき》されて、よくこの社会に溢《あふ》れ、人々を包囲している苦悩から救済するのです。

彼のアヴァローキテーシュヴァラは神秘で不可思議、人知をはるかに超越した能力を完全に欠けることなく備《そな》えています。そしてこの不可思議な智慧と能力活用の正しい方法を深い経験によって広く身につけています。彼はすべての地方や国、如何なる場所であっても救済者としてその姿を現わさない所、その卓越《たくえつ》した能力を発揮しない所はありません。

いろいろな種類の望ましくない生命の在り方や心身の状態、例えば六道のうちでも最下位である地獄や我欲に溺《おぼ》れる餓鬼《がき》状態、思いやりを忘れた畜生《ちくしょう》の心など、或いは生老病死に代表される人々の苦悩やその原因は大いなる救済者であるアヴァローキテーシュヴァラによって次第に残ることなく消滅させられてしまうのです。

修行者にして救済者たる彼のアヴァローキテーシュヴァラは真理を観察する眼、全ての事柄をありのままに認識する能力を持っています。また、清浄なる観察力、広大無辺の智慧をともなった観察力、衆生の苦悩を救済する能力、あらゆる正当な願望を満足せしめる能力を備えています。この故にあなたがたは全て、アヴァローキテーシュヴァラを常に念じて恭敬し、篤《あつ》く仰《あお》ぐべきなのです。

救済者アヴァローキテーシュヴァラの備えている一切の汚れがない清浄なる光、彼の大いなる智慧は太陽の如く諸々の闇《やみ》を打ち砕《くだ》き、あらゆる災厄や悪風、業火《ごうか》を伏《ふく》して、あまねく世間を照らします。

衆生被困厄　無量苦逼身　観音妙智力　能救世間苦（しゅじょうひこんやく　むりょくひっしん　かんのんみょうちりきのうくせけんく）

衆生、困厄をこうむりて無量の苦の身にせまらんに、観音妙智の力はよく世間の苦を救う。

観音経なる経典を私なりにここまで長々と解釈してきたが、要旨を簡潔に圧縮して述べるとこの一段になる。つまり、この四行二十字こそ観音経の眼目であり結論でもある。実生活に即して考えれば、我々の人生はいろいろな苦しみ、悩みの連続である。もし、これらの苦悩《くのう》が一切ない人物がいたら、その人には観世音菩薩は無用《むよう》の存在であろう。しかし、このような人物が本当に実在するとは思えない。

なぜなら現在只今《ただいま》の私が心身ともに極めて困難な状況で、ひどく落ち込んでいるからだ。その原因は全て自分の愚痴《ぐち》が招来したものであることは否定のしようもない事実だから、人に文句は言えないが苦しいことは何としても現実である。勿論《もちろん》、こんな身勝手《みがって》、自己中心的に苦しんでいる私には想像がつかない程にもっと巨大な苦悩に身をさいなまれている人はいるであろう。ところが人間のあさましさ、身勝手さであろうか、私は自分の苦悩しか眼に入らないことが多く、人のそれなどはごくおざなりに考えるに過ぎない。

人間がすべて私のような考え方をしているとは断言するつもりはないが、このような思考方法をする人も多いのは本当である。特にただ今のような私の気分（ひどく鬱《うつ》状態で体のあちこちに異常が窺《うかが》えるし、人の声を聞くのもいやだ）でいる時は何を考え、何を実行しても完遂《かんすい》はできそうもないし、心の眼も暗闇《くらやみ》の方向ばかり向いてしまう。

その暗闇はどんな光も音も反射することなく吸い込まれて消滅しそうなほどに深く、広大なものである。この底知れない闇から無理に努力をして脱走しようとしても、闇はトリモチのように全身全霊にからみついて、離《はな》れようとはしない。このために食欲は完全に失ってしまい、もともと痩《や》せていた身体がさらに数キロも痩せてしまった。

ひどい頭痛が継続しており夜も安眠出来ない。このように心身ともに最低に近い状況の時に何か建設的なことを考えろ、と言われても絶対に無理である。

今日まで半世紀以上の時間を人間として生きて来たから、いろいろな苦悩をそれなりに経験してきたつもりだが、やはり年令による体調の変化・病気や生活上の苦労は如何ともしがたく、かつての若い時の経験のみでは対処しきれないものなのだ。

本稿の最初の部分で触れた生老病死《しょうろうびょうし》の四苦八苦がそのまま背後霊のように背中《せなか》に張り付いている。完全にグチばかり並べてしまったが、これを観世音菩薩となんとかして結び付けなければならない。しかし、この作業はそれほどに高等な離《はな》れ業《わざ》を必要とするものではない。この一段、二十字に私の現在の心身の状況を代入すればよいのである。

このような思考方法は便利で非常に実用的であるから、今までに採用したことのない人には何かの時にこの方法を使用することをお薦《すす》めする。まずは**衆生被困厄**《しゆじようひこんやく》。

この衆生とは疑いもなく私自身のこと。その私が今まで述べて来たような悲惨《ひさん》な心身の状態にあるのは、やはり困厄《こんやく》をこうむっていると言えるのではないだろうか。（困厄の原因について考え詰《つ》めると自分がさらにみじめになるから敢《あ》えて目をつぶっておく）

無量苦逼身《むりようくひつしん》とは現在の私の状態を指摘している言葉。無量はいささか大袈裟《おおげさ》に過ぎるという意見があるだろうが、その辺はあまり厳《きび》しく考えないで欲しい。

他人様になんと言われようとも私は苦しいのである。**観音妙智力**が**能救世間苦**となっているから、少なくとも私の現在、只今の苦悩は救ってもらえる筈である。ここの世間なる言葉の中には私の存在も含まれているのは自明の理であるから。

もっと直截《ちよくせつ》に言えば観音妙智力は私の苦悩を能（よ）く救ってくださると断定している。

非常に有り難いことではあるが、救済してくれる観音妙智力とは何かが気になってしまうのは当然のことだ。なにしろ、わけの解らない怪《あや》しげなものには当面が苦しいといえ、救って欲しいとは思わないから。この五字の中で追求しておくべきは妙智力、もしくはさらに絞《しぼ》って**妙**《みょう》の一字であろう。この妙は本来は不可思議、神秘的、人知を超越したというような意味であるが、根源的な観世音菩薩、原始のアヴァローキテーシュヴァラ尊の観点から考えればさらにその意味は深くなり、殆《ほとん》ど非一神教的な絶対者の形容ともなり得る。この《非一神教的絶対者》なる表現方法は極めて非論理的で矛盾《むじゅん》しているかも知れないが、このようにしか表現のしようがないのである。その理由に関しては本稿でも何度も述《の》べてきたから、理解して頂けると思う。観音経の作者達が釈迦牟尼世尊の口を借りて表明したかったのは真の観世音、観自在に関する情報であり、その情報を大乗仏教というコロモを着せて消化しやすくしたのが観音経を妙法蓮華経に組《く》み込《こ》んだ人々なのだ。

具足神通力　広修智方便　十方諸国土　無刹不現身（ぐそくじんつうりき　こうしゅうちほうべん　じゅっぽうしょこくど　むせつふげんしん）

神通力《じんつうりき》を具足し、広く智の方便を修して十方の諸国土に刹《せつ》として身を現ぜざるなし。

釈迦牟尼世尊が観世音菩薩の能力を総括《そうかつ》して証明した部分である。能力と言っても実際の働き方を述べているのであり、同時に観世音菩薩の働く場所には一切の制限が存在しないことをあらためて強調している。刹《せっ》とは地理的な意味の国、地域を表現するとともに時間的な要素、即ち、いつでも、どんな時でもという意味の双方に解釈しておきたい。

神通力《じんつうりき》の神通とは梵語のアビジュニャーの訳語であるが、この言葉の本来の意味は〈優秀な洞察力《どうさつりょく》〉もしくは普通ではない〈超自然的な智〉の意味である。

神聖な超能力とでも言い換えられるだろう。この神という字がない場合にはただの通力となってしまう。よく外道《げどう》の通力《つうりき》などと使われ、同じ超能力であっても良い印象は与えられていない。蒲松齢《ほしょうれい》が書いた志怪小説の白眉《はくび》といわれる聊斎志異《りょうさいしい》に五通《ごつう》の話が出てくる。

これは何やら怪しげな動物達が通力を持つようになり、人にいろいろな害を及ぼす話だが、実際にそのころの人は五通の存在を真剣に信じ、恐れていた。

同じ五通なる言葉でも妖怪変化の名前ではなく、五種類の超能力の意味で仙人《せんにん》の五通というのがある。さらに仏になると六通、六神通と増えてゆく。内容は①天眼通《てんげんつう》（超人間的な視力、あらゆる物質を見抜《みぬ》く透視力《とうしりょく》、さらにこの観念が拡大して一切衆生の輪廻転生を察知《さっち》する眼力《がんりき》）②天耳通《てんにつう》（すべての音を聞き分ける能力、転じてあらゆる衆生の声や欲《よっ》求《きゅう》を聞く力）③他心通《たしんつう》（他人の考えを完全に知る能力）④宿命通《しゅくみょうつう》（自分を含めた一切の衆生の過去世を察知する能力）⑤漏尽通《ろじんつう》（自分の煩悩が滅尽《めつじん》したことを知る能力、または衆生の心の状態を認識する能力）⑥神足通《じんそくつう》（今までの五種類に含まれていないあらゆる超能力のすべて）。釈迦牟尼世尊は観世音菩薩がこの神通力、超能力を欠《か》けることなく、備えていることを証言しているのである。

種種諸悪趣　地獄鬼畜生　生老病死苦　以漸悉令滅（しゅじゅしょあくしゅ　じごくきちくしょう　しょうろうびょうしく　いぜんしつりょうめつ）

種種の諸悪趣、地獄鬼畜生、生老病死の苦は漸《ようや》くをもってことごとく滅せしむ。

十界論の所で触れた三悪趣《さんあくしゅ》である地獄、餓鬼、畜生を諸悪趣《しょあくしゅ》と言っているのは当然だが、ここではもっと広くとらえて苦悩に沈んでいる人の精神状態とも考えられる。

次は生老病死の言葉によってその他の四苦を含む八苦を代表している。

真観清浄観　広大智慧観　悲観及慈観　常願常瞻仰（しんかんしょうじょうかん　こうだいちえかん　ひかんぎゅうじかん　じょうがんじょうせんごう）

真観、清浄観　広大智慧観、悲観及び慈観あり。常に願い、常に瞻仰《せんごう》すべし。

ここでは観世音菩薩の認識能力の種類が語られている。単純に考えればアヴァローキテーシユヴァラ尊の世界を認識する方法であるとも言えよう。この辺はサンスクリット原本を漢訳した訳経者の腕《うで》の見《み》せ所《どころ》であり、意義と文字、発音を偈陀《げだ》の形の中に見事《みごと》に組み込んでいる。素晴らしい文章感覚であるとひたすら感心する他はない。真観とは真理をそのまま観察する能力であるが、真実を誤りなく察知する力でもある。観世音菩薩の前には一切の虚偽《きょぎ》や詐術《さじゅつ》は許されないし、存在もし得ない。清浄観《しょうじょうかん》は清浄《せいじょう》で無垢《むく》の眼《め》ということである。一点の曇《くも》りもなく完全に磨《みが》き上げられた鏡があらゆる物体をそのまま写すように観世音菩薩の眼はすべての事象を観察して把握《はあく》しているのだ。

どんなに高性能のレンズであっても、その表面に汚《よご》れが付着していたのでは本来の能力を発揮することは期待出来ない。我々も歪《ひず》んだレンズしか持っていないが、ただでさえ歪《ひず》んでいるこのレンズをこれ以上に汚《けが》すような真似《まね》はしない方がよい。

我々の心のレンズに付着している汚れの種類は実にさまざまであるが、物事に対する偏見《へんけん》、自分自身に対する価値判断、評価の甘さはこの汚れのうちでも代表的なものであろう。広大智慧観《こうだいちえかん》は文字通りの無量無辺の智慧をともなった観察眼であり、同時にこの智慧に裏付けられた実行力である。智慧に関する私の一応の解釈は三毒の段、愚痴の所でしておいたつもりだ。智慧の反対価値が愚痴《ぐち》であるとすれば、広大智慧観の反対……無辺愚痴《むへんぐち》観《かん》とでも言えよう……が情《なさ》けないことに我々には馴染《なじ》み深い認識方法である。

悲観と慈観とは一対《いっつい》になって語られているが、仏教ではこの慈悲の概念が前記の智慧と並んで最重要であることは言うまでもない。一般的な解釈としては慈の方は与楽《よらく》と言い、利益や安楽をもたらす行動、もしくはその方向にむけての心の動きを指している。

悲は悲《かな》しいの意味ではなく、抜苦《ばっく》であり障害や苦悩を抜《ぬ》き去《さ》るような行動と志向《しこう》を指している。アヴァローキテーシュヴァラ尊はこの慈悲の具体化であることは何回も主張してきたが、その霊的原点が我々をも含む一切衆生を慈悲の観点から見ていることは本当に心強い次第である。釈迦牟尼世尊は我々に対して、ここでも観世音菩薩を常に願い、瞻仰《せんごう》することを奨励《しょうれい》している。瞻仰とは（あおぎ見る、仰《あお》ぎ慕《した》う）の意味なのだ。

つまり、願い、瞻仰するとは可能な限り自分の心に留《とど》めて、大切な存在として尊敬し慕《した》うことなのである。

無垢清浄光　慧日破諸闇　能伏災風火　普明照世間（むくしょうじょうこう　えにちはしょあん　のうぶくさいふうか　ふみょうしょうせけん）

無垢《むく》、清浄《しょうじょう》の光あり、慧日《えにち》は諸々の闇《やみ》を破し、よく災《わざわ》いの風火を伏《ふく》してあまねき明は世間を照らす。

ここは観音経の偈《げ》の部分でも前段とともに文字、音韻《おんいん》ともに出色《しゅつしょく》の一段であろう。

文字によって語られている事柄を具体的にイメージすれば光と闇の対比が壮麗《そうれい》で全ての

文字同士が一種の巧妙な対句《ついく》をなしている。無垢《むく》の垢《く》とは汚れの意味だけではなく、煩悩全体を意味していると考えるべきで、無垢とは煩悩《ぼんのう》を完全に超克《ちようこく》した精神の状態を表現している。この心情から発せられる光明《こうみよう》の前にはどんな種類の闇《やみ》も存在し得ないのみではなく、真の光明は積極的に災厄《さいやく》を破砕して衆生を救済することが出来る。古代ペルシアのゾロアスター教はその教理の中に善悪二元論と表現される要素を持っているので有名だが、この善を象徴する神であるアフラ・マズダは基本的には光と太陽の神である。同時に悪の象徴たるアンラ・マイニュは闇、暗黒をつかさどる者として位置付《いちづ》けられている。この一段のように光と闇が鮮明《せんめい》に対照されていると、どうしてもゾロアスター（ツァラトゥストラ、黄金の駱駝《らくだ》の意味という）の教えを思い出さざるを得ない。観世音菩薩の源流とも称すべき真のアヴァローキテーシュヴァラ尊はこのような歴史的背景や思想を深く呼吸して育っていったに違いない。

光の思想は仏教ばかりではなく、あらゆる宗教に程度の差こそあれ、見いだされる。電気はおろか、火をも使用することが出来なかった我々の先祖にとって闇というものが如何《いか》に巨大な恐怖をもたらしたかは想像する他はない。しかし、物理的な闇よりもさらに畏怖《いふ》しなくてはならないのは我々の心の中に潜《ひそ》んでいる精神的暗黒である。

（原文） 悲体戒雷震　慈意妙大雲　澍甘露法雨　滅除煩悩炎　諍訟経官処　怖畏軍陣中
念彼観音力　衆怨悉退散　妙音観世音　梵音海潮音　勝彼世間音　是故須常念　念念
勿生疑　観世音浄聖　於苦悩死厄　能為作依怙　具一切功徳　慈眼視衆生　福聚海無量
是故応頂礼

（意訳文）救済者アヴァローキテーシュヴァラが衆生の苦悩を抜き去る為の戒律、実行力は雷が蒼天《そうてん》で振《ふ》るうが如く激しくも厳《きび》しいものであり、衆生に喜びを与える深いいつくしみの心は大いなる吉祥《きっしょう》の雲の如く世界をあまねく覆《おお》っています。人々の心の中にどんなに煩悩の大火が燃え盛ろうとも、彼は奇跡の甘露のような智慧と絶対の真理をもって畏怖すべき煩悩の業火《ごうか》を完全に消滅させてしまいます。

自分の意志の如何《いかん》に関《かか》わらず、争いごとの当事者《とうじしゃ》となり、または訴訟《そしょう》などに巻き込まれてしまった場合などで、あなたが法の場、裁判所にあって非常に困惑《こんわく》したとします。もしくは激戦のさなかの戦場、軍陣に身を呈して敵と対峙《たいじ》して、死の恐怖を心から感じている時などがあるとしましょう。この危機にあっても彼のアヴァローキテーシュヴァラと彼の偉大な力を念ずるならば、あなたに対して恨《うら》み、憎《にく》しみ、敵対心《てきたいしん》をもっている敵方《てきがた》はことごとく引《ひ》き退《しりぞ》いてしまうのです。

救済者アヴァローキテーシュヴァラは不可思議、神秘で絶対の音声《おんせい》を持っています。また彼は一切世間を誤りなく察知、認識する音声の持ち主であり、無垢清浄の音声があり、大海の潮《うしお》のように原初から不滅で無限の音声を持っています。彼の具備《ぐび》している音声は全ての世間のあらゆる音にまさるもの、一切の徳を欠けることなく備えているもの。

このような理由によってあなたがたはアヴァローキテーシュヴァラを常に心の中に念じているべきなのです。

一切の衆生は懸命《けんめい》にアヴァローキテーシュヴァラと彼の偉大なる力を念ずることが大切なのです。同時にいささかの疑念《ぎねん》をも、一瞬《いっしゅん》たりとも抱《いだ》いてはなりません。

観世音菩薩、観自在、アヴァローキテーシュヴァラと呼ばれるこの大いなる救済者、修行者は完全な清浄の具現者《ぐげんしゃ》であり、あなたがたが当面する全ての苦悩、生死の恐怖、一切の災厄などの際によく力強いたよりの柱《はしら》、完全なる庇護者《ひごしゃ》となるのです。

救済者アヴァローキテーシュヴァラは一切の福徳《ふくとく》、能力を円満《えんまん》に備えています。そして常にいつくしみの眼で命あるものを注視、観察しています。彼の福徳は大海のように集合し、計《はか》ることも出来ない程に無量なのです。この故《ゆえ》にこそ仰《あお》いで尊敬すべきなのです。

悲体戒雷震　慈意妙大雲　澍甘露法雨　滅除煩悩炎（ひたいかいらいしん　じいみょうだいうん　じゅかんろほうう　めつじょぼんのうえん）

悲の体なる戒《かい》は雷震《らいしん》の如《ごと》く、慈意の妙は大雲のごとし。甘露の法雨《ほうう》をそそいで煩悩の炎を滅除《めつじょ》す。

この一段は何通りかの解釈が可能である。解釈法の第一。悲が抜苦《ばっく》と換言できることは前にも述べたが問題はここの戒。戒とは戒律《かいりつ》のことであって、仏教教団が規定した生活や修行にかかる規則で、この規律を自発的に守ることが精神の基本になる。同じ仏教の中にあっても時代、大乗、小乗、宗派、宗団《しゅうだん》、男女などの相違で実にさまざまな戒律が各地で作られていった。戒の中には自分の行為に対する禁止事項、抑制《よくせい》事項ばかりではなく、努力目標乃至《ないし》奨励事項として利他《りた》の行に積極姿勢で励《はげ》むというものがあった。大乗仏教の理想である菩薩の基本理念は自行化他《じぎょうけた》である。自行化他とは自分も完全な悟《さと》りを求めて努力するが、自分のみにとらわれることなく、他人をも教え導《みちび》いて行くことだ。利他とは他人を利する意味だから、化他は利他《りた》の一部分であると言ってもよい。積極的に利他の行を実践《じっせん》することは戒のひとつとして極めて重要なものなのである。ここまで来ると観世音菩薩の働きである悲の体である戒が大変に強力なものであることが判断出来る。それを雷震と表現したと解釈する方法が一つ。

解釈法の第二。この戒をそのまま、《いましめ》の意味にとって観世音菩薩、即ち絶対者たるアヴァローキテーシユヴァラ尊が我々衆生に課した戒律と考える。そしてその戒を我々が破ったばあいの制裁《せいさい》が雷震《らいしん》の如くに激烈《げきれつ》である、と解釈するのである。簡単に要約すれば、自他をいつくしむ心が我々に著《いちじる》しく欠如《けつじょ》するような場合には、その行為自体が我々に大いなる災厄を招来するということなのだ。

意訳文の所では大体前者の解釈に従《したが》っておいたが、後者のような解釈も一概《いちがい》にこじつけとは言い切れない。慈意とは《いつくしみの心》、《安心、安寧《あんねい》を与える心》の意味だから、その妙が大雲の如しというのは感覚的によく理解出来るであろう。甘露は梵語のアムリタであるが、ここでは実際に存在する物質と考えないほうがよい。あくまでも比喩《ひゆ》として精神的煩悩の炎に対比せしめるために霊的な液体として甘露を持ち出したのである。

諍訟経官処　怖畏軍陣中　念彼観音力　衆怨悉退散（じょうしょうきょうかんじょ　ふいぐんじんちゅう　ねんぴかんのんりき　しゅうおんしったいさん）

諍訟《じょうしょう》し官処を経《へ》て、軍陣の中に怖畏《ふい》せんに、彼の観音の力を念ぜば衆怨《しゅうおん》ことごとく退散《たいさん》せん。

人間の社会はいつの時代にでも公事訴訟沙汰《くじそしょうざた》はあるもので、現代のアメリカなどは社会活動のあらゆる面で訴訟が多発して、繁盛《はんじょう》するのは弁護士ばかり、国家の大勢《たいせい》にまでよからぬ影響を与えていると言われる。官処とは裁判所や奉行所《ぶぎょうしょ》のお白洲《しらす》を想像すればよい。昔から司法に携《たずさ》わる者の不正、腐敗は後を絶たなかったと見えて、現世の不当な裁《さば》きに絶望し、死んだのちの来世まで同じであってはたまらないという庶民の意識が閻魔《えんま》大王の信仰を生み育てていった原因の一つ。せめて死んだ後くらいは正義が勝つ、正当な裁《さば》きが受けられるようにとの切実《せつじつ》な願いである。日本で名奉行と言えば江戸の南町奉行、大岡越前《おおおかえちぜん》守《のかみ》忠相《ただすけ》と相場が決まっているが、中国では宋代の竜図閣《りゅうとかく》直学士《ちょくがくし》、開封府《かいほうふ》知事《ちじ》である包拯（ほうしょう）という人物がこれにあたる。我が国の大岡政談が諸外国の話や他の人の裁判例を全て越前守の名のもとに集めたものであることはよく知られているが、この包竜図（ほうりゅうと・肩書きと姓をあわせてこのように呼ばれた）の裁判もユニークで実に面白い。小説の三俠五義《さんきょうごぎ》ではこの包竜図が大活躍をする。ここで注目すべきなのは、現在でも道教《どうきょう》にあってはこの名判官包拯が閻魔大王、あの世の理想的司法官として信仰されていることである。その名も包閻魔《ほうえんま》と呼ばれ、他の清廉《せいれん》、剛直《ごうちょく》な官吏の何人かとともに廟《びょう》の中に祀《まつ》られている。軍陣《ぐんじん》の中にあって恐怖に駆《か》られることはあらためて説明する必要もなかろう。戦場にあっては敵の矢玉《やだま》がこちらを殪《たお》すために飛来《ひらい》するのだから、敵味方の双方ともに殺意のかたまりだ。はなはだしい場合は敵に対する恐怖が先になって、その意識が憎悪を拡大、再生産することすらある。このような心理状態に置かれた人間の行動は通常の範囲をはるかに逸脱《いつだつ》してしまうのは事実である。

こんな極限の恐怖の中にあっても観世音菩薩を念じて人間らしい心を最後まで保《たも》てるとしたら素晴らしいことではないだろうか。衆怨《しゅうおん》とは諸々の怨敵《おんてき》のことであるが、この怨敵《おんてき》は自分の心中にもしっかりと存在している。

妙音観世音　梵音海潮音　勝彼世間音　是故須常念（みょうおんかんぜおん　ぼんのんかいちょうおん　しょうひせけんおん　ぜこしゅじょうねん）

妙音、観世音、梵音、海潮音《かいちょうおん》ありて世間の音にまされり。この故にすべからく常に念ずべし。

この一段はサンスクリット原本によれば「音声の全域にわたる声を持ち」と表現されている。私は不幸にして完全に近い音痴《おんち》だから、音声や音階などの音楽およびその周辺事項にかかわることは一切解らない。従って、この「音声の全域」なる言葉も殆ど理解不能。そこで、音楽的な解釈ではなく物理的な空気の震動としての音と考える他に手はない。人間の聴覚が感じる音の範囲《はんい》は限定されており、それ以外は超音波と呼ばれる。コウモリは人には感じることが出来ないこの超音波によって生活しているのは有名な事実である。聞こえはしなくても人間の肉体にも特殊な超音波、振動が有害であることが近ごろ問題になっている。このままでは観世音菩薩の音声とは人の可聴周波帯のみならず、音波なる空気振動のすべての領域にわたって発せられるものなのだ……ということになるが、これでは何としても苦しまぎれが過ぎる。妙の文字にたよって不可思議、神秘、絶対の力を備えた音声と考えておく他はない。梵とは元来が清浄の意味だから梵音《ぼんおん》は清浄な音声ということでよいであろう。海潮音とは読んで字の如くであるが、この言葉を聴くと上田敏の詩集、《海潮音》を思い出す。例のカール・ブッセの「山のあなたの空遠く、幸い住むと人の言う……」という名訳が含まれているあれだ。ここに海潮音をもってきたのは意訳文の所で挙げておいたような意味であろう。

世間の音とは我々、一切衆生が発する音声を表していると考えれば、救済者アヴァローキテーシュヴァラ尊のそれは衆生の音声に勝っていることは十分に理解出来る。

念念勿生疑　観世音浄聖　於苦悩死厄　能為作依怙（ねんねんもつしょうぎ　かんぜおんじょうしょう　おくのうしやく　のういさえこ）

念じ念じ疑《うたが》いを生ずるなかれ、観世音菩薩浄聖は苦悩、死、厄《やく》に於《お》いてよく依怙とならん。

釈迦牟尼世尊が観世音菩薩に対して我々が如何《いか》なる態度をとったらよいかを教えてくださっている一段である。観音経の作者たちが言いたいこともこの一語に尽きるのではないか。即ち、念ずるという行為は最前から何回も出てきているから、いまさら重複《ちょうふく》する必要はないが、この文字を二つ重《かさ》ねたことに意義を見いだせる。まず第一の意義は念ずる行為を強力に実行せよとしている点。もう一つの意義はこの行為を継続して実行するように指摘していることである。さらに一つ、直後の**勿生疑**《もっしょうぎ》との関連で考えられるのは瞬間、瞬間にもという点で、疑いをいささかも持たないでとの意味になる。

つまり、**念念勿生疑**とは我々が《可能な限り、繰り返して継続し、一瞬の疑いを持たないで》救済者であるアヴァローキテーシュヴァラ尊を念ぜよということになる。

次は観世音菩薩が浄聖《じょうしょう》と表現されている点に注意したい。これは《浄《きよ》きひじり》の意味であるが、浄の方は無垢、清浄をあらわしている。聖の（ひじり）とは（日知り）の意味であるとされる。古代農耕社会に於いて暦日《れきじつ》に関する知識を十分に把握《はあく》している人物は農作業をはじめとした生活全般に大変な影響力を持っていた。この人物の知識によって集団の農作業の計画が策定《さくてい》されたのであるから、この（日を知る者、即ちひじり）は集団内で独自の尊敬される地位にあった。この伝統がいつか精神的、霊的活動の指導者としての聖《ひじり》に変わっていったのである。原初の観世音菩薩、アヴァローキテーシュヴァラ尊の原形にはこのような特殊な知識の保有者としての一面もあったに違いない。

苦悩死厄は三ヶ所に分解出来る。まずは苦悩で、これは再三述《の》べてきたが人間として抱《いだ》くあらゆる苦しみ、悩《なや》みを指している。次は死の一字によって生老病死の四苦とその他の四苦の合計の八苦を指している。最後の厄《やく》は災厄《さいやく》、危難、危機の全般を意味している。このような時に救済者観世音はよく依怙《えこ》となると言う。

依怙《えこ》とは最後のたよりどころ、庇護《ひご》してくれる者を意味しているから我々が生活しているこの娑婆世界にあっては真の観世音菩薩こそ最後で最大のより所、庇護者であることを示しているのだ。

具一切功徳　慈眼視衆生　福聚海無量　是故応頂礼（ぐいっさいくどく　じげんじしゅじょう　ふくじゅかいむりょう　ぜこおうちょうらい）

一切の功徳《くどく》を具《ぐ》し、慈眼《じげん》をもって衆生を視《み》、福聚《ふくじゅ》の海《うみ》は無量なり。この故にまさに頂礼《ちょうらい》すべし。

世尊偈《せそんげ》もここでいよいよ最後の一段となる訳だが、観音経と呼ばれる妙法蓮華経観世音菩薩普門品第二十五での釈迦牟尼世尊の説法、発言もこれを以《もっ》て終了する。

つまり、観音経の総まとめの一段と言うことも出来る。一切衆生の救済者であるアヴァローキテーシュヴァラ尊、真の観世音菩薩は本質的に一切の福徳、功徳を完全に具備《ぐび》しており、大いなる慈《いつく》しみの眼で我々を常に観察してくださっている。

彼の救済者アヴァローキテーシュヴァラの福徳の全容は大海の如《ごと》くに無量無辺で測《はか》り知れることはありません。このような理由によってあなたがたは心から彼を礼拝すべきなのです。この頂礼《ちょうらい》なる作法は尊敬の意を表現する最高の形式であり、相手の足下《あしもと》に平伏して頭を地面につける作法である。添品《てんぽん》法華経から採用して妙法蓮華経に組み込んだ偈陀の最終部分は①観世音菩薩の能力、②観世音菩薩の活動、③観世音菩薩の特質、④観世音菩薩に対する我々のとるべき対応方法、の四つの要素から成り立っている。

聚《じゅ・しゅう》とはもともと多数のものがかたまっている状態の形容であるが、これに福を付け加えて、さらに海なる無限性の象徴で強調している。

第十二章……大地の言葉

（原文）爾時　持地菩薩　即従座起　前白仏言　世尊　若有衆生　聞是観世音菩薩品自在之業　普門示現　神通力者　当知是人　功徳不少　仏説是普門品時　衆中八万四千衆生　皆発無等等阿耨多羅三藐三菩提心

（意訳文）観世音菩薩に関する釈迦牟尼世尊の説法が終了したこの時に、仏陀の説明を聞きおわった修行者ダラニン・ダラ菩薩は座より立ち上がり、数歩前に進み出ると次のように釈迦牟尼世尊に申し上げました。

『我らが師たる釈迦牟尼世尊よ。現在でも後の世でも、もし人々がいてこの観世音菩薩の能力や活動を説く教えを聞いたとします。そして、観世音菩薩の自由自在の働き、あまねく全ての場所に現われて活動する実力、彼の具備している神秘で不可思議な超人的能力をその人々が認識し、理解したとします。釈迦牟尼世尊よ、まさにこの事実を知るべきであります。これらの人々の得る福徳、功徳は決して少ないものではありません』。

仏陀、釈迦牟尼世尊がこのサマンタ・ムカと呼ばれる観世音菩薩・アヴァローキテーシュヴァラに関する説法を終わった時、説法の場にいた八万四千人もの多くの人々が皆、この上もない真実である完全な悟りを求める心を起こしました。

爾時　持地菩薩　即従座起　前白仏言（にじ　じちぼさつ　そくじゅうざき　ぜんびゃくぶつごん）

その時に持地《じち》菩薩、すなわち座より起《た》ちて、すすみて仏にもうさく。

ここで言う爾時《にじ》とは釈迦牟尼世尊の観世音菩薩に関する一連の説法が終了した時点ということ。観音経の冒頭《ぼうとう》の爾時は前章の妙音菩薩品が終わった時であったが、そこで無尽意菩薩、アクシャヤ・マティが釈迦牟尼世尊に観世音菩薩の名にかかる説明を求めるところから観音経が始まったのを思い出してほしい。

持地菩薩《じちぼさつ》については何種類かの説があるようだが、一般的には地蔵《じぞう》菩薩の別名とされている。この地蔵菩薩はインド古来の大地の神、もしくは大地そのものを神格化した尊格なのである。地蔵菩薩の梵名はクシチガルバで、そのまま訳すと《大地の胎《たい》、子宮《しきゅう》》となるので理解出来る通り、あらゆる物を支える力強さ、全ての生物、非生物を産み出す偉大なる母体としての大地を象徴している。この地蔵菩薩の対極《たいきょく》にあるのが虚空蔵《こくうぞう》菩薩で、梵名はアーカーシャガルバと言い、訳せば《虚空《こくう》の胎》となる。天空があらゆる物を包含して不変なる徳を象徴している。さて、ここで何の為に地蔵菩薩が出演しているのであろう。我々にも日頃《ひごろ》から馴染《なじ》み深いお地蔵さまが思いがけない所で顔をだした。大地の神の名はバラモン教にあってはプリティヴィーと呼ばれていたが、そのまま仏教に移入されて十二天のうちの地天、堅牢地神《けんろうじしん》となった。つまり、地神プリティヴィーは一方では大乗仏教の地蔵菩薩となり、他方では密教色の強い堅牢地天となった訳である。観音経の立場からすれば持地菩薩即《すなわ》ち、地蔵菩薩である大地が発言したことになる。

大地の証言とはどんな意味を持つものであろうか。仏伝でも大地の神が重要な証明をするところがある。釈迦牟尼世尊が菩提樹《ぼだいじゅ》下で悟《さと》りを開く直前に天魔《てんま》波旬《はじゅん》（パーピーヤス、他化自在天）にいろいろと妨害《ぼうがい》されたのは前述した通りだ。この時に大覚《だいかく》を得た仏陀は指《ゆび》で大地を指《さ》したところ大地の神が出現して世尊の悟りが真実であることを証明したと言う。このように大地は全ての生命を産み出す能力を持つ絶対の母であるから、これ以上に強力な証言者は存在しない。観音経の作者達はここに地蔵菩薩、つまり大地の神をもってくることによって、仏伝と二重写しにしたかったのではないだろうか。

この作業によって観世音菩薩に関する釈迦牟尼世尊の説明が真実であることを強調して

いるのだ。即従座起は座っていた席より立ち上がって、の意味である。

前白仏言の前は（まえ）の意味だけではなく、進むことを示している。

世尊　若有衆生　聞是観世音菩薩品　自在之業　普門示現　神通力者　当知是人功徳不少
（せそん　にゃくうしゅじょう　もんぜかんぜおんぼさつほん　じざいしごう　ふもんじげん　じんづうりきしゃ　とうちぜにんくどくふしょう）

世尊よ、もし衆生ありて、この観世音菩薩品の自在の業《ぎょう》、普門示現《じげん》の神通力を聞く者は、まさに知るべし。この人の功徳《くどく》少なからじ。

これが大地の神、修行者ダラニン・ダラの証言の内容である。

観世音菩薩品とはそのままに受け取って、この妙法蓮華経観世音菩薩普門品第二十五を意味していると考えてよい。つまり、今までの釈迦牟尼世尊の説法の内容の全てを表している。自在の業とは観自在の名に代表されるアヴァローキテーシュヴァラ尊の備えている自在な能力と活動の全般である。問題になるのは次に出て来る普門《ふもん》という言葉なのだ。普門とは梵語のサマンタ・ムカの訳語であり、その原意は〈あまねき顔〉という意味になる。理解しやすいように換言すれば、〈すべての方向に平等にむいている顔〉となる。この梵語の原意《げんい》を取って漢訳者が普門、即ち〈あまねき門〉とした。意味としては一切の衆生に対して平等に向けられている顔、あまねく開放されている門のような観世音菩薩の徳を指《さ》し示《しめ》している。変化《へんげ》観音《かんのん》の中に十一面観音がある。

この観音像は頭上に大小、合計して十一の顔を持っている仏像であるが、普通の造像《ぞうぞう》方法では正面の大面《だいめん》を中心として頭のまわりに三段ほどに小面が取り囲むように配置されている。しかし、本来の儀軌《ぎき》では同じ大きさの顔が一段でグルリと頭部同一円周上についている形にするべきなのだという。このような形態は造像技術からして事実上、製作不可能なのでやむなく一般に行なわれている像型に落ち着いた。しかし、もしこれが実際に製作可能であるとしたら、まさに〈普《あま》き顔《ね》〉、サマンタ・ムカになる。従って、普門を要約して解釈すれば、《一切の衆生に平等に普《あまね》く開放されている入り口、全ての人々に向けられている観世音菩薩の顔》ということになるであろう。

示現《じげん》とは何らかの事物が我々の五感で認知可能な状態になることを意味している。

簡単に言えば現われること。普門に示現する、と読めば全ての人に平等に作用するということになる訳である。神通力については既《すで》に述べておいたが、観世音菩薩の慈悲の心を娑婆世界に実行するための神秘的能力。この一段は大地の象徴である地蔵菩薩がわざわざ立ち上がって釈迦牟尼世尊の説法の正しさ、救済者アヴァローキテーシュヴァラの現実の活動を聴衆の眼前で証言したのだ。

仏説是普門品時　衆中八万四千衆生　皆発　無等等阿耨多羅三藐三菩提心（ぶっせつぜふもんぼんじ　しゅうちゅうはちまんしせんしゅじょう　かいほつ　むとうとうあのくたらさんみゃくさんぼだいしん）

仏、この普門品を説《と》きたまえる時、衆中の八万四千の衆生が皆《みな》、無等等阿耨多羅三藐三菩提の心を発せり。

長い観音経もこの一段をもって終わりとなる。八万四千という数字は実際の数を表現するのではなく（極めて多数）もしくは（一切）の意味である。何でこんな数字によって表現するようになったのかについては諸説があるが、今はそれを一々詮索《せんさく》するよりも我々自身にとってこの数字が何を意味しているのかを少しでも考えなければならない。

ここで言う衆中とは霊鷲山の釈迦牟尼世尊の周囲にいる人々だけではない。

八万四千なる数字で表現された一切の人々を指しているのだから、これは時空を完全に超越《ちょうえつ》しているのだ。従って、この八万四千衆生の中には現在に生きている我々も入っていることを決して忘れてはならない。ということは観世音菩薩、アヴァローキテーシユヴァラ尊に関する情報を得た我々がどのような反応を起こしたか、どんな感想を持ったか、或いはどのような反応を起こすべきなのかが次に述べられているのである。

次に無等等阿耨多羅三藐三菩提心というとんでもなく長い言葉が出てきた。

このままでは長過ぎて手におえないから、一応みっつに分解して考えることにする。
①無《む》等等《とうとう》……無《む》等《とう》の等《とう》の意味であり、等《ひと》しいものが無いほどの価値があることを無等と表現している。大化《たいか》の改新《かいしん》の立役者の一人である中臣鎌足《なかとみのかまたり》（のちに藤原氏。大織冠公《だいしょくかんこう》）の息子に藤原不比等（ふひと）がいて当時の政界に辣腕《らつわん》を振《ふ》るったが、不比等なる名前は本来的には文人（ふみひと〜ふひと）なるイメージでつけられていたのではなかったろうか。
それがいつの間にか《比べて等しき不（な）し》なる最大級の文字が使用されることになった。本人の実績もさることながら後世の記録者が宛《あ》てた字かも知れない。

これと同様な論法で無等とはこれ以上、上の無い最上のものを意味している。

二番目、次の等《とう》は全ての人に等しく得られる可能性がある、の意味である。つまり、平等の中に入っている等と同じこと。
②阿耨多羅三藐三菩提……（あのくたらさんみゃくさんぼだい）と読む。この言葉を構成している漢字の一つ一つには特別な意味はない。梵語の音を忠実に漢字に写《うつ》したのであ

り、その原語はアヌッタラーサムャクサムボゥディと言う。意味を取って漢訳すると無《む》上正等覚《じょうしょうとうかく》、無《む》上正真道《じょうしょうしんどう》などとされる。簡単に言えば全ての仏教徒の究極の目標である完全な真実の悟りのことである。道教が国家の中心宗教として認定されていた時代の中国にあっては釈迦牟尼世尊を大覚金仙《だいかくきんせん》と呼び、偉大な神仙《しんせん》として扱った。この中の大覚こそ阿耨多羅三藐三菩提のことである。

③心……ここで言う心とは意志のことである。つまり大覚を得る意志を発したのである。

観音経を繙《ひもと》いた我々も霊鷲山の人々と同様に無上正等覚を獲得《かくとく》するための意志を全身全霊を傾けて奮《ふる》い起こす必要があるのではなかろうか。

あとがき

ここに私なりの観音経解釈が一応、終了した。

ただでさえ混乱しがちな仕事の合間を縫って書き貯めたもの、何かの機会に話をしたことのメモを整理した部分など中心になっている。

従って、その時の心身の状況によって、調子が変わり、全体の統一性に欠けているのは事実である。そもそも観音経の解釈をまとめようと思ったのが、先帝陛下崩御のとき、時代が昭和から平成になった時である。

以来、時間のみ経過してしまい、ついには十年以上になってしまった。

その間に身の回りの状況も目まぐるしく変化し、自分の考え方もいささか違ってきた感もあるが、解釈しようとする相手が相手だから、十年や二十年、待ってくれると単純に考えた次第であった。

歴史上、存在したことがない人物である観世音菩薩を実体としてとらえること、本当の意味で解説することは難しい。

このような言い方については反論を受けることは覚悟しているが、実際問題として各時代、各社会を形成した人間たちの心の反映である観世音菩薩を一つの時代に限定して述べることが、もともと不可能なのである。

将来、学問や社会の変化によってそれにふさわしい観世音菩薩のイメージが提案されるかもしれない。それはそれで一つの進歩だが、最も基礎となるべき人間自体が、現在では想像もつかない程の変貌をとげない限り、観音菩薩のイメージは創造された当初のものから大きく離れることはないであろう。

観音菩薩に対して未来の人々がどのようなイメージを抱くのか、いろいろと勝手に想像してみるのも楽しいことである。

平成十二年十二月

高城産霊斎

著者／高城産霊斎（たかぎ・さんれいさい）
本名　高木一英。昭和22年、東京都墨田区生。
16歳から埼玉県に移住、農業に従事。
昭和46年、明道塾開設。
現在、易占、祈祷道場、明道院主宰。
現住所　埼玉県三郷市戸ヶ崎2416番1

私説観音経

発　行　平成十三年五月十五日　初版発行
著　者　高城産霊斎
発行人　伊藤太文
発行元　叢文社
東京都文京区春日二―一〇―一五
電　話０３（３８１５）４００１
定　価　本体一八〇〇円＋税
※落丁・乱丁本はお取り替えいたします。

ISBN-7947-0362-7 C0014 ¥1800E

救援機と兵士の派遣を行なった。同じ九日、ＲＰＦは必要ならフランスとの交戦を宣言していた。またこの日、テオドール・シンディクブワボ国会議長が新大統領として連立暫定内閣を設置し、停戦を求めたのに対して、ＲＰＦは真の支配者バゴソラ大佐を非難して、一一日午後四時には首都キガリに達し、一二日には新政府はキガリを放棄して南西に四〇キロメートルのギタマラに逃げ出した。ＲＰＦは、すぐに全域で掃討作戦を始めた。

ジェノサイドに対して、ソマリア派兵で苦悩を味わったアメリカを含め、国際社会の明白な認識を欠くなか、五月一七日に国連安保理は第九一八号決議で五五〇〇人の派兵を決めた。しかし、展開の遅れるなか、フランスは、これまで政治的・軍事的に支援して来たフツ族を守るため、中央アフリカでのフランスの基盤を維持し、ムセベニ大統領の背後のアメリカに対抗するため、軍事介入を決めたが、あくまで国連の許可の下に行なうとした。

六月二二日、国連安保理は、ＲＰＦの同意が得られないため武力強制を定めた国連憲章第七章によって人道的支援に必要な手段を採るため二か月の期限を持って、第九二九号決議はフランス軍の介入を認め、二三日の夜明けとともに「トルコ石作戦（Operation Turquoise）」が実行に移された。この作戦には、兵力二五〇〇人、一〇〇輌以上の装甲車輌、一二〇ミリ砲一個大隊、ヘリコプター一〇機、戦闘・攻撃機八機、偵察機四機、輸送機一五機と、重火力に支援されることになり、ゴマのシャン＝クロード・ラフォルケイド将軍によって総指揮がなされた。

フランス軍とて、フツ族の殺し屋に歓迎されるにはうんざりし、ツチ族難民を救出することで任務を正当化しようとして、二七日までに西部のキブエとギコンゴロに進出した。フランス軍はＲＰＦの支配地域に進出しようとしたが、ＲＰＦはミリタントがフランス軍によって訓練されていたこともあって抵抗した。

ジェノサイドの発生日の四月六日、ルワンダのツチ族は九三万人であり、三か月内に約八〇万人が殺され、さらにフツ族の反対派一万から三万人が殺されており、全死者は八五万人と推定された。独立によって解消された歪みの逆転で生じたフツ族による新しい歪みの維持をもくろむフランス軍の進出をこばむのは、ジェノサイドを受けたツチ族としては当然であった。各地でルワンダ政府軍と交戦しているＲＰＦにとって、フランス軍はルワンダ政府軍とかわりなかった。とはいえ、ルワンダ政府軍に敗北した地域の再占領を求められているフランス軍ではあるが、重火力と航空戦力を持つフランス軍は、交渉の末、ＲＰＦの総司令官カガメ将軍からフランス軍を攻撃しないとの約束を受けた。

七月四日、首都キガリは陥落し、数日中に一五〇万人のフツ族が今では難民となり、ルヘンゲリとギセニイへ向けて移動し始めた。フランス軍は、増大するフツ族難民に対処するため、ザイールとブルンジに国境を接するルワンダ南西部、キブエ、ギコンゴロ、シャンググを結ぶ三角地帯、全領土の二〇パーセントに「人道的安全地帯（ＳＨＺ）」を手前みそに設けた。ＲＰＦは、七月一三日にルヘンゲリ、一八日にはギセニイを奪取し、道路は報復の脅威を煽るミリタントやルワンダ軍兵士の銃によってせかされて移動するフツ族の数百万人の難民であふれた。

キガリに入ったＲＰＦは新政府を設けるため、ＲＰＦの主体はツチ族であったが常にフツ族を含むように全部族的なイメージづくりに努力していたこともあり、大統領にフツ族のパストゥール・ビジムングが就任し、閣僚の多くにフツ族の者が入ったが、実権は副大統領となったポール・カガメ将軍が握った。

八月二一日のフランス軍の完全撤退に、ＳＨＺにいた約一五〇万人のフツ族難民の内、五〇万人がザイールに移動し始めた。ブルンジ、タンザニア、ウガンダを含めると約一五〇万人の難民が一一月の推定で国外にいた。

ＲＰＦは全土を掌握したが、第二のジェノサイドはなく、進んでいるツチ族の帰国とは逆に、フツ族は組織だって連れ出されていたため、今までとは異なる難民問題を、新しい歪みをルワンダに加えることになった。そして、五〇万人の難民の流れ込んだザイールでは、これまでのモブツ政権の下で解消されなかった歪みを吹き飛ばす導火線になるのであった。

第二章　冷戦後の内戦

一、ザイールの崩壊

ザイールの崩壊が、この国の東の端から生じ、反乱がジャングル地帯を一五〇〇キロメートルも遠く離れた首都キンシャサまで達しようとは、予想していたものでなく、また、これまでの二次に渡る動乱を通しても、ゴマやブカブからの反乱がキンシャサまで達したこともなかった。

ザイールは、すでに見て来たように、モブツ・セセ・セコが一九六五年一一月の無血クーデター以来、大統領として独裁支配を行ない、一九七一年からはザイール化政策（国有化、ザイール人化）を強行し、一九七七年と七八年の二度のシャバ州の反乱も西側の支援で乗り切ってはいたが、政治の腐敗、経済の崩壊にもかかわらず、権威主義的体制の強化、大統領一族と取巻きの利益を得ることのみに励んだ。一九八〇年代に入ると、国の内外に私益を求めて益益独自の行動をとり始め、植民地支配の歪みは、二度の動乱にもかかわらず、モブツの手に残ったままであった。

一九七九年二月の反モブツ・クーデターは、赤化の進むアフリカで、今だ中央部の西側の拠点の重要性を持ってベルギー軍の派遣で乗り切ったが、タンザニアの国境地帯ではルムンバ主義とムレレ主義の流れをくむローラン・カビラの設立した「人民革命党（ＰＲＰ）」がゲリラ活動を続けていた。

反モブツの動きは、一九八一年四月にヌグザ・カリ・ボンド首相がベルギーに亡命して四〇億ドルものモブツの公金横領の非難を行ない、一九八三年一月にＰＲＰを除く反モブツ各派がブリュッセルで連合し、「コンゴ民主回復戦線（ＦＣＤ）」を結成することによって強化されることになったが、今だ西側世界の流れはモブツ政権維持にあった。モブツは、対内的には小刻みな内閣の改造で支配権の強化をはかり、対外的には東ドイツとの関係を修正し、対ソ路線をとる中国と接近し、イスラエルとは軍事協定を結び政府軍の強化をはかり、フランス・アフリカ首相会議を開催してミッテラン政策と緊密化するなど、アメリカ、ベルギーとの関係が変化すると予測するように、現実外交を展開して、政権の延命に努めたが、大きくザイール経済の回復に結びつくものはなく、経済状況は深刻であった。

一九八四年七月、不正選挙との非難の下、モブツは単独候補で九九・一六パーセントの信任で再選（任期七年）されたが、爆弾テロ、地方での反乱と政情は安定されず、小刻みな内閣の改造を繰り返し、経済回復はＩＭＦの計画を実施できず不成功に終った。

一九八五年は、六月にＦＣＤのヌグザ書記長の特赦を受けての帰国、ＰＲＰゲリラの投降の受け入れなど、モブツ大統領の政敵の切り崩しが成功し、西ドイツとは軍事援助協定を結ぶなど、経済問題以外は悪くはなかった。

ヌグザの抜けた後、反政府組織は連合して一九八七年九月八日に亡命政府をジュネーブで樹立した。一九八八年に入っても、ダイヤモンド、コバルト、銅の有数の輸出国にもかかわらず経済の悪化は改められず、一一月には債務問題でベルギーとの関係が緊張するとともに、大学での学生と警官隊との衝突など再び政情の不安が拡大し始めた。これに対して、モブツ大統領は一九九〇年四月に複数政党制への移行を発表し、ルング・ブルルを首相に任命して、いつも通りの小刻みな内閣の改造に終始した。また、大統領は民主化の一方で野党の弾圧を行ない、誰が支配者か見せつけた。五月一一日、シャバ州の州都ルブンバシのルブンバシ大学で反政府活動の五〇人の学生が治安部隊によって殺害され、国際調査を求めたベルギー政府と対立し緊張したが、モブツは予想したように堅固な態度をくずさず、めまぐるしく首相をつけかえ、債務問題にもめ、結局、一九九一年一一月二五日にジャン・ヌグザ・カリ・ボンドを首相に任命したが、首都はもちろん鉱山都市ルブンバシでも国軍兵士による暴動が生じており、民主化を要求する欧州共同体（ＥＣ）とアメリカは支援を停止し、ベルギー、フランスとも軍隊の撤退を行なった。

一九九一年一二月四日、憲法上三選を禁止されているモブツ大統領の任期を終了したが、大統領の地位に固執し、「民主社会進歩同盟（ＵＤＰＳ）」などのつくる野党勢力「国民議会」と対立した。一九九二年一月一九日、モブツ大統領の活動禁止令に反対して、首都で軍の反乱と暴動が生じた。国際的圧力の下で開かれた四月六日の国民議会も、「ザイール」の国名の改正問題で対立し、ＵＤＰＳ党首エチエンヌ・チセケディの首相就任が決まったが、首都で暴動、地方で給料を支払われていない兵士の反乱は続いた。ベルギーは、チセケディ内閣の成立で、関係の改善が見えた。一二月六日に反モブツ派は国民議会を廃止し、「共和国高等評議会（ＨＣＲ）」に改め、チセケディは暫定政府を樹立した。これに対し、一九九三年三月四日、今だ大統領の地位に居すわるモブツは、フォスタン・ビリンドワを首相に任命したが、国際的承認は得られず、権力の二重構造に陥った。

一九九四年に入ると、モブツは野党を切り崩し、権力の巻き返しをはかり、暫定議会を設け、七月六日にレオン・ケンゴ・ワ・ドンドを首相に任命した。また、四月六日に突発したルワンダ内戦より生じた混乱が、アメリカ、フランス、ベルギーのモブツへの民主化の外圧を一時的に消し去ったことも、通貨の下落、高いインフレによる経済の破滅にもかかわらず、彼に力を与えることになった。

ルワンダに六月二三日に「人道的安全地帯（SHZ）」を設けるために介入したフランス軍は、ザイール領内のキブ湖の東の端ゴマに総司令部と補給基地、同湖の西端のブカブにも補給基地を設け、またフランスと同様にモブツはルワンダのフツ族を支援しており、一九九一年のソ連の消滅による米ソ両超大国の冷戦の終了によって欧米からの支援を失なっていたモブツは、国際的にも巻き返しをもくろんだ。モブツには、願ってもないチャンスであった。しかし、ルワンダの事態は急速に悪化し、「ルワンダ愛国戦線（RPF）」は、七月一三日には北部の要所ルヘンゲリを奪取し、ザイール国境の町ギセニイに追撃するとともに、一〇〇万人以上のツチ族難民がルワンダ政府軍兵士の銃火に押されてザイール領ゴマに押し出した。七月一九日、ゴマの衛生設備を欠く難民キャンプでコレラが突然に発生し、まん延し始めた。七月二四日、アメリカ軍はウガンダのエンテベ空港から救援物資の投下作戦を開始したが、終息するまでに三万人の死者が出た。この間に、難民キャンプでは別の問題が生じていた。

ゴマ周辺の六つの主要キャンプでは、大量のフツ族の難民を組織的に生じさせた旧政府の権威者が銃を持つ元政府軍兵士を使って支配し、救援物資の横取り、分配を取り仕切り、一部はゲリラ活動を始め、自らの首を守るため帰国を望む難民を阻止しようとした。

また、ＳＨＺからのフランス軍の八月二一日までの完全撤退を前に、この地域にいた一五〇万人のフツ族難民が国境を越え、ザイール領内のブカブへ流れ込み始めた。一〇月二二日、ザイール首相ケンゴ・ワ・ドンドとルワンダ首相トワギラムングは、ルワンダ領内の国連統治下の緩衝地帯の設立に合意したものの、ザイール内の新しいフツ族の難民問題は、ツチ族難民も含めて、ザイールの国運にかかわる新たな問題を生じることになった。

モブツ大統領は、ウガンダの成上がり者ムセベニ大統領を危険な革命家として見ていた。ムセベニは、モブツの政敵であったコンゴの初代首相パトリス・ルムンバやシリル・アドウラのいた中央集権主義の政党「コンゴ国民運動（ＭＮＣ）」の生き残りの者達と接触を持っていた。すでに述べたように、ＲＰＦはムセベニによって育てられていたため、ハビャリマナ大統領のフツ族を支援していたモブツから見れば、ツチ族のＲＰＦは危険であった。キブ州は、ツチ族の者が長く住み、二次に渡る動乱中に反乱軍によって占領され、特に危険であった。とはいえ、難民問題は、フランス、アメリカなどの支援を回復させ、国際的立場を取り返すチャンスであった。

難民キャンプのあるブカブ、そして我国の自衛隊も国連平和維持活動（ＰＫＯ）に参加しているゴマでも、元来の素行の悪さに加えて、相変らず給料をろくに支払わないザイール政府軍と難民間で、略奪、襲撃事件が相次いだ。また、地元ザイール人と難民の間にもトラブルが生じ、さらに、フツ族の旧ルワンダ政府軍が難民キャンプを脅迫的に支配することで、ＮＧＯの「国境なき医師団（ＭＳＦ）」は一一月一四日に撤退を決めた。一一月三〇日、ザイール、ルワンダ、ブルンジの三大統領はバドリテで会談し、モブツも含めて難民の早期帰国で合意した。

一九九五年二月、国際社会の派兵の費用の得られない中、国連難民高等弁務官事務所（ＵＮＨＣＲ）は、難民キャンプの治安を維持するために一三〇〇万ドルでザイール兵一五〇〇人を雇用させ、帰国ルートの安全確保にも務めた。

三月に入ると難民の帰国は本格化し、四月には国連安保理の設けた国際法廷（ハーグ）は四〇〇人の虐殺容疑者を特定した。

ルワンダではＲＰＦが虐殺容疑者二万三〇〇〇人を拘留して支配を固める一方、隣国ブルンジでは、一九九四年一〇月にフツ族のシルベストゥル・ヌティバンツンガニャが大統領に正式に就任し、首相は少数派ツチ族の穏健派アナトール・カニエンキコが就任していたが、ツチ族の野党「民族進歩連合」は、国会議長更迭をめぐるゼネストを組織して首相を穏健すぎると辞任に追い込み、新首相に同じく少数派ツチ族のアントワーヌ・ヌデュワを大統領は任命したが、政情は不安定なままであった。一九九五年三月二五日、大統領の退陣を目的とするフツ族強硬派は、首都ブジュンブラや北部のガソルウェでフツ族を急襲して五〇〇人以上を殺害し、フツ族民兵とツチ族政府軍の戦闘は続発し、ブルンジも不安定要因は残ったままであった。

一九九五年五月九日、ルワンダ領内の難民は帰されキャンプは総て閉鎖された。八月一六日には、国連安保理は、ルワンダへの武器禁輸を解除した。ザイールにはまだ一〇八万五〇〇〇人の難民が残っており、難民の帰国が進まぬ中、八月二八日にはルワンダのフツ族首相トワギラムングが辞任し不安要因が生じた。一二月一二日には、国連安保理は「国連ルワンダ支援団（ＵＮＭＩＲ）」のＰＫＯの一四〇〇人の三か月内の撤退を決議し、ルワンダ、ブルンジ、ザイールの不安定要因は軽減されないまま残った。

一九九六年九月二八日、ブルンジのツチ族軍部とフツ族強硬派の襲撃と報復の虐殺行為の続く中、ツチ族軍部がクーデターを起し、三年前にブルンジ初の複数政党選挙で敗北したツチ族の元大統領ピエール・ブヨヤが軍事政権を樹立した。これに対し、タンザニア政府はブルンジとの国境を閉鎖したが、同じくツチ族の支配するルワンダがブルンジのツチ族を支援し、その背後にはウガンダのムセベニが控え、中央アフリカの政治情況は、ザイールにルワンダ難民が五〇万人、ブルンジ難民が二五万人残る中で、一時は難民問題で復権に成功したかと思われたモブツ大統領は、最悪の状況に陥ることになった。

一〇月一七日、突然に南部キブ州の「バニャムレング（Banyamulege）」が武装蜂起を起した。バニャムレングとは、この二〇〇年近くザイール領内に居住するルワンダ系のツチ族の住民である。彼らは、鉱山などの仕事で、ザイール人を越える成功で儲けていたが、ザイール人から見ればあくまでよそ者であり、恨みを買っていたが、ルワンダにツチ族の政権が誕生し、ブルンジにもツチ族の政権が誕生したことに力を得たバニャムレングは、ザイール人の国籍を求めるためとして蜂起していた。バニャムレングは、一〇月二〇日にタンガニーカ湖の北の端のブルンジとの国境の町ウビラをまず占領し、フツ族難民三五万人がいるブカブに向けて兵を進めた。バニャムレングは、フツ族に強い憎しみを持ち、かなり以前よりルワンダによって支援されており、同時にルワンダ軍も越境して難民キャンプの攻撃を始めた。ブカブでは、あわてた政府軍はいつもの略奪を始め、ルワンダ側のシャンググに砲撃を行ない、一〇月二七日にはルワンダ軍と交戦し、難民はゴマをめざして北に逃げた。ブカブの攻撃と呼応するようにバニャムレングの兵はゴマへも侵攻し、二五日にザイール政府は南部キブ州と北部キブ州に非常事態を宣言していたが、三一日にブカブは反乱軍に占領され、難民キャンプのフツ族は姿を消し、同日の夜にザイールはルワンダ、ブルンジ、ウガンダと外交関係を断絶した。

今では反乱軍は「コンゴ・ザイール解放民主勢力連合（ＡＤＦＬ）」と称し、モブツ政権打倒を目標に掲げてはいたが、一一月二日にゴマを占領した後、周辺の難民キャンプのフツ族の旧政府軍とも激しく交戦した。

一一月一五日、国連安保理は、あくまで補給と帰還促進のため多国籍軍の派遣を決めたが、旧権力者が支配したキャンプがＡＤＦＬに追われる形で、ルワンダ難民推定七〇万人が本国帰還を始め、多国籍軍派遣の決定は中止されることになった。一方、後に問題となるザイール東部のジャングルに逃がれた難民は二〇万人と推定された。

一一月末には、ＡＤＦＬはゴマからウビラまでの最東部を制圧し、ウガンダ国境に向け東部州へ北上するとともに、金鉱山、ダイヤモンド鉱山を押えるためカサイ州に西進した。一二月に入ると、タンザニアにいた六〇万人近いルワンダ難民の半分以上が、ここでも戦闘が始まることの懸念から本国に帰還し始めた。政府軍の増派にもかかわらず、ＡＤＦＬは一二月八日に東部州の州都キサンガニに迫り、年末にはキブ州の要所ブニアを占領した。

反乱は単なる要求から発生し、前立腺癌に犯されたモブツの長く続く腐敗した政府と粗悪な軍隊からの、何でもいい変化を国民は求めていた。

突如出現したＡＤＦＬの議長ローラン・デジレ・カブラ、シャバ州のバルバ族出身の五六才は、フランスで教育を受け、マルクス主義者であったとはいえ、多くの矛盾を持った人物であった。第一次コンゴ動乱ではルムンバ派のアントニー・ギゼンガの支配したスタンレービル政府に参加し、第二次コンゴ動乱ではルムンバ政府で教育相を務めたピエール・ムレレが一九六三年に中国の支援を受けクゥイル州で設立した反政府活動に参加した。反乱の最中、一九六五年に北東部のシンバのゲリラ作戦に参加したキューバの革命家エルネスト・チェ・ゲバラによるカビラの評価は至って低い。女好きで酒飲みのカビラであったが、ムセベニ、カガメ、アンゴラ大統領のドスサントスらとの親交を持った。一九六七年には「人民革命党（ＰＲＰ）」を結成し、タンガニーカ湖近辺を根城に反政府活動を続けたが、一九七五年のアメリカ人誘拐事件以外に、鳴かず飛ばずの状態にあった。

新しい政府が同じ運命をたどろうとも、それは問題ではなく、市民は変化を求めて反政府勢力を支持した。敗れた政府軍は、撤退しながら虐殺、レイプ、略奪を繰り返し、コンゴ動乱以来のパターンであった。ゆえに、「変化」を起すＡＤＦＬのカビラがマルクス主義者であろうと、彼を支えるのがルワンダ人であろうとウガンダ人であろうと、その軍の将兵であろうと、かまわなかった。

一九九七年二月、キサンガニには、ユーゴスラビア内戦で総てを失なっていたクロアチア系のスラブ人の二〇〇人の傭兵と、二機のミル24・ハインド・ヘリコプターと三機のアエルマッキ・ジェット攻撃機を飛ばすウクライナ人傭兵パイロットがいた。彼らは、白人傭兵とはいえ、第一次コンゴ動乱の「インターナショナル・カンパニー」やシンバの反乱の「第5コマンド」とは異なり積極的な機動作戦を展開するでなく、「第6コマンド」や「第10コマンド」のようにフランス語を話せるわけでなかった。また、わずかのベルギー人とフランス人の傭兵がいたが、率いる上物の政府軍兵士はいなかった。傭兵達は、アンゴラ独立内戦時に「アンゴラ民族解放戦線（ＦＮＬＡ）」のホールデン・ロベルト議長の雇ったイギリス人傭兵同様、早早に撤退するのがやっとであった。

とはいえ、モブツはキサンガニで持ちこたえ、これまでの態度を変え、和平交渉に持ち込もうとしたが、三月一五日にキサンガニは陥落し、キンシャサに一三〇〇キロメートルに迫られた。四月九日にはＡＤＦＬはシャバ州の州都ルブンバシを奪取し、カビラはモブツ政権の腐敗の温床であったムブジマイの国営ダイヤモンド会社「ミバ」の施設や、キプシの亜鉛、コルウェジの銅山の施設を押え、欧米の企業家と新しいライセンス契約を結び、鉱業の建て直しをはかった。

三月二一日、治療中のフランスからモブツは帰国し、政府軍の敗北を理由にケンゴ首相が辞任して、国民に人気のある野党「民主社会進歩同盟（ＵＤＰＳ）」のエチエンヌ・チセケディを任命したが、軍の反対ですぐに辞するはめとなり、ＡＤＦＬとの停戦合意にも失敗した。全領土の三分の二を支配し、有益な鉱山も手中にしたカビラには停戦に応じる必要はなく、四月一〇日には三日以内の退陣を求める最後通告をモブツに出し、三日後にはキンシャサに向け最後の進撃を始めた。

一方、南アフリカ大統領ネルソン・マンデラとアメリカ国連大使ビル・リチャードソンの仲介で、ザイール沖の公海上の南アフリカ軍艦艇でモブツとカビラの直接会談が計画されたが、五月四日、首都に一五〇キロメートルに迫っていたカビラは土壇場でキャンセルし、翌日には九〇キロメートルに迫り、キンシャサの陥落は時間の問題となった。

ＡＤＦＬは五月一七日にキンシャサを制圧し、カビラは「コンゴ民主共和国」の国家元首就任を告げた。五月一八日、首都を離れバドリテ宮殿に逃がれていたモブツはザイールを飛び去り、モロッコに亡命した。ここに、三二年の長きに渡り支配したモブツ政権のザイールが崩壊し、三か月半後の九月七日にモブツ自身も亡命先のモロッコで亡くなった。

戦後の植民地独立達成の後、冷戦下を通じて行なわれた言わゆる新植民地主義の歪みが、ザイールの崩壊で解消され、ムセベニそしてカビラがかつて持ったマルクス主義のイデオロギーを離れることで、自由な民主主義的な国家運営が行なわれるチャンスが巡っては来たが、今のアフリカは植民地支配の歪みを越え、より野蛮な、そして植民地支配前に近づく部族的権威主義による歪みが生まれやすい状況に入った。また、その徴候として、行方不明一〇万人と言われるフツ族難民の問題が残った。

二、新しい内戦

ザイールにおける一九九七年五月一七日のモブツ政権の崩壊は、一九四五年の第二次世界大戦後の米ソ両超大国の冷戦下での本格的な民族解放の時代を迎え、一九六〇年のアフリカ独立の年以後強まったアフリカでの新植民地主義と呼ばれた歪みを解消するものであり、一九六〇年のコンゴ動乱同様に現代アフリカの歴史から見て大きな転機であった。言わば、戦後のアフリカの内戦は、一世代がジョセフ・モブツに始まりモブツ・セセ・セコに終ったと言えよう。

ツチ族のルワンダと、それを支援するウガンダの支援を受け、ローラン・デジレ・カビラを議長とする「コンゴ・ザイール解放民主勢力連合（ＡＤＦＬ）」として姿を現わす勢力が一九九六年一〇月一七日に反乱を起した後、押されてザイール領内の山中に逃がれ、キサンガニ南部の難民キャンプにいた一〇万人のフツ族が姿を消しており、一部が遺体で発見された。その後、五万人がザイール領内を一二〇〇キロメートル歩き、ムバンダカでコンゴ川を渡ったコンゴ共和国に脱出を求めて国連を一安心させた。

首都キンシャサを制圧したカビラは国名を「コンゴ民主共和国」に変えたが、ツチ族の支援を受けるカビラにとって、フツ族難民の問題など御荷物にすぎなかった。「国境なき医師団（ＭＳＦ）」は、ＡＤＦＬはフツ族難民の皆殺しを計画しており、ザイールにいた一二〇万人の難民の内三四万人が留まり、一九万人が行方不明と報じたが、カビラは知らぬ顔を決め込んだ。一〇月一日、コンゴ内戦中の国連の人権調査団は、カビラ政権の妨害を受け、証拠集めが進まず、撤退をよぎなくされた。

少数派ツチ族の軍事政権の生まれたブルンジでは、ツチ族主体の政府軍に対して、フツ族の民兵部隊が政府軍の基地や村落を急襲するゲリラ戦に、旧ザイール政府軍兵士、ルワンダのフツ族民兵の加わった混合部隊が出現した。そして、コンゴ民主共和国の樹立が、ザイール人よりむしろ、ルワンダ人、ウガンダ人、アンゴラ人やスーダン人までも参加してなされたことを考えれば、新しい内戦を生じさせる大きな条件の変化があり、アフリカへのこれまで大きかった外圧の作用と、これまであまり連帯されなかったアフリカの各派の内圧の作用の二重の変化が生じて来ていた。

外圧の変化を生じさせたのは、主として次の四つの理由が考えられた。

第一に、アメリカのソマリア介入の失敗であった。ソマリアは、一九六九年一〇月に無血クーデターを起したシアッド・バーレ将軍が社会主義国家を宣言して長く支配していたが、一九八八年五月にエチオピア国内の拠点を失った北部のイサック族の「ソマリア国民運動（SUM）」が反乱を起し、ハウィエ族の「統一ソマリア会議（USC）」と南部の「ソマリア愛国運動（SPM）」が反政府連合を結成した。一九九一年一月二七日、USCは首都モガディシオを制圧し、アリ・マハディ・モハメドを暫定大統領として暫定政府を樹立したが、SUMは反発してモハメド・イブラヒム・イガルを大統領として六月六日に北部に「ソマリランド共和国」を樹立した。

一方、首都では、モハメド暫定大統領派とUSC議長のアブドラーマン・アイディード将軍派に別れて対立し、アイディード派は首都を押え、以後ソマリア全土が内戦に陥った。

一九九二年三月に、モハメド暫定大統領とアイディード将軍は国連の仲介で停戦協定に調印したが、内戦は止まず、四月に国連安保理はPKOのため「国連ソマリア活動（UNOSOM）」を設置した。二〇〇万人が飢餓に直面しているソマリアに、内戦を終らせ、人道的援助の輸送を行なうため、アメリカ軍を主力にフランス、イタリア軍など参加した多国籍軍二万八〇〇〇人を派遣し、一二月九日「希望回復作戦（Operation Restore Horps）」を開始した。

多国籍軍は、飢餓地帯を制圧して食糧の輸送を確保し、一九九三年に入ると部隊の縮小が始まった。一月四日にはアディスアベバでソマリア和平会議が開かれ、憲法草案作りと暫定評議会の設置までこぎつけたが、マハディ派とアイディード派の対立が激しくなり、結論が宙に浮く形となり、即事停戦と武装解除の実施の合意もならなかった。一月一四日にアメリカ軍で初めての戦死者が出たが、アメリカ軍は撤退を続けた。

和平の進まぬ中、国連安保理では、三月二六日に史上最大のPKO活動「第二次国連ソマリア活動

（UNOSOM2）」を決議し、五月四日に多国籍軍から権限がUNOSOM2に移され、武力行使を認められた二万八〇〇〇人の「平和執行部隊」が設立された。国連の強権策に対して、六月五日、最大の武装勢力アイディード派の武器庫の捜査中、国連軍兵士が同派兵士に発砲され、パキスタン兵二八人が死亡、五三人（内三人はアメリカ兵）の負傷者を出した。国連安保理は六月六日に非難決議を出し、責任者の逮捕を求めた。アメリカ軍は、同日、アイディード派の武器庫をヘリコプターで攻撃し、六月一二日にはアメリカ軍のガンシップがラジオ局と武器庫を攻撃した。翌一三日にはパキスタン兵が同派の兵士と交戦、二〇人を殺害した。国連部隊はアイディード将軍の身柄拘束のため邸宅を攻撃したが、将軍は逃げ切り、市民への攻撃と民衆を煽り、アメリカ兵へのテロ行為が多発した。

国連安保理は、九月二二日にUNOSOM2の一九九五年三月三一日までの撤退を認め、アメリカも九月二八日にクリントン政府はソマリア政策を転向させた。ベトナム戦後の後遺症に悩み、アンゴラ介入で敗退を帰し、湾岸戦争で自信を取り戻していたアメリカであるが、泥沼の中に入る前にソマリアでの強硬策を止め、国民和解と治安維持の優先を論じ、翌一九九四年三月末日までのアメリカ軍の撤退を決めた。これによって、国連は主力勢力を失ない国連初の平和執行を断念せざるを得なくなり、年間経費一〇億ドル賭けて失敗に終った。

少数の兵士の死の続出へのアメリカの世論に耐えられない状況は、多数に分れた現地勢力の武装対立する中で、和平会議の結果も得られない中では、たとえ飢えた者が多数発生しようと、アメリカと言えども、また同様に国際世論でも、国に救うだけの価値が見い出せなくなった。

外圧の変化の第二の理由は、フランスのルワンダ介入の失敗であった。フランスのアフリカへの掛合いは、アメリカに比べて格段の長い歴史を持ち、かつ一八九八年のファッショダ事件以来のアングロサクソンへの長い恨みが、その根底にあった。そのため、フランスはアメリカやイギリス以上に内政に係わり、現実にアフリカから抜き足まならない状況に追いやられた。

すでに見て来たように、フツ族を支援するルワンダでは、フランスはベルギーが手を引くのと入れ代るように介入し、一九九二年三月には六〇〇万アメリカ・ドルのエジプトからルワンダへの武器輸出のクレジットを保障し、南アフリカからの五九〇万アメリカ・ドルの保障をした。また、フランス軍は政府軍の対反乱作戦を完全なコントロール下に置き、政府軍兵士ばかりでなく、ツチ族へのジェノサイドの主犯ミリタントの訓練も行なっていた。

「ルワンダ愛国戦線（RPF）」の攻勢のたびに緊急支援を行ない、一九九〇年一〇月のRPFの侵攻にはフランス軍六〇〇人の増援部隊と武器・弾薬を空輸して「北風作戦（Operation Noroit）」を展開した。

しかし、ツチ族へのジェノサイドを阻止できなかったばかりか、ミッテラン政権はジェノサイドの最中でも武器の支援を続けた。にもかかわらず、RPFが勝利してフランスの資金援助と武器援助でつなぎ止める丸抱えの介入政策は失敗に終った。

また、同じく旧ベルギー植民地のザイールでも、フランス語圏を守るため、旧宗主国のベルギーを越える支援をモブツに与え、一九七七年と七八年のシャバ州の反乱ではより徹底的に介入し、その後もアメリカへの対抗意識から独裁者モブツ大統領に見切りをつけることができず、ザイールの崩壊時にはわずかの傭兵の斡旋をしただけで、フランスのイメージをそこね介入に失敗した。

ベルギー政府でも見離し、違法に大統領の地位に固執続けるモブツを支援し続け、経済的に破綻しているザイールへの支援を続けて失敗し、崩壊時には和平工作のイニシアチブをアメリカと南アフリカに奪われ、フランス語圏内の面目を失なった。

したがって、一九九六年のブルンジの軍事クーデターには、アメリカ同様に介入する気はなかった。フランスは、冷戦終結後もアフリカに駐留軍を維持し、この時、七か国（セネガル、コートジボワール、カメルーン、ガボン、中央アフリカ、チャド、ジブチ）に八〇〇〇人の兵力を展開していたが、財政上の負担の削減と内戦阻止への効果の疑問によって、一九九七年七月に兵力の三〇〇〇人の削減を決めた。これをおぎなうように、一九九七年八月、国連安保理がフランスの支援で、チャド、マリ、ガボン、セネガル、トーゴ、ブルキナファソの六か国から一〇〇〇人の兵力が参加する中央アフリカでの平和維持軍の活動を承認したように、今や、フランスは独特の同化政策を採って新植民地支配者に見られてもフランス語圏に資金援助と武器援助でつなぎとめることに、フランスの権威を国際社会に示す正当な理由を見い出せなかった。

第三の理由は、ソ連の崩壊によって生じた。一九八五年三月、ミハイル・ゴルバチョフがソ連共産党書記長に就任し、一九六八年のチェコスロバキアの動乱「プラハの春」より打ち出された主権制限の「ブレジネフ・ドクトリン」路線の放棄、そして一九八九年二月のアフガン侵攻からの撤退は、米ソ両超大国の冷戦、代理戦争時代に終りをもたらし、アフリカのこれまで支援して来た勢力への資金、武器援助を切り、和平の道を勧めることになった。

しかし、一九九一年一二月にソ連邦が崩壊したとはいえ、これによってアンゴラやエチオピアの政府がソ連からの支援を失なったとはいえ、直ちに反政府ゲリラとの和平が実を結ぶわけではなかった。大きな支援を失ない、現在国際的承認を受ける政権政府とはいえ、小火器を中心に装備の反政府ゲリラと軍事的同等の勢力になり、和平に結ぶ絶対的優勢の確保が難しくなった。また、ソ連による支配の制限がなくなったため、隣国の内戦にも自己の選択で、「アンゴラ解放人民運動（ＭＰＬＡ）」のように敵対する反政府ゲリラ「アンゴラ全面独立民族同盟（ＵＮＩＴＡ）」の勢力が関係する所に介入できるようになり、アフリカの内戦は複雑化した。

ザイール崩壊時の一九九七年五月、モブツを守るためザイール領内にいたＵＮＩＴＡ軍は、ＡＤＦＬ軍に押されてアンゴラ領内に戻り、今では唯一の同盟国を失なった。一方、ＭＰＬＡはコンゴ共和国（ブラザビル）の内乱に介入し、ドニ・サスヌゲソ前大統領を支援し、パスカル・リスバ大統領に近いＵＮＩＴＡの聖域にしないために軍事介入した。冷戦の崩壊、マルクス主義政権の崩壊によって、アンゴラは内戦状態のコンゴ共和国に介入することで、今では欧米の支援のないＵＮＩＴＡを和平の実施に追い込もうとしている。現実に、協定通りの武装解除の進まぬ中、内戦状態の継続は避けられず、ソ連の崩壊は内戦のよりグローバル化を、そして派閥化をもたらした。

外圧の変化の第四の理由は、一九九四年五月九日のネルソン・マンデラの黒人政権の誕生による南アフリカの白人政権の「地域不安定化戦略」の終了を意味していた。そして同時に、それはブラック・アフリカで一番の国力を持って、南アフリカなりの新しいバランス・オブ・パワーの形成を新黒人政権が目ざしていることを意味した。何とも不思議な事態であるが、白人政権の末期、一九九二年に今まで支援して来たＵＮＩＴＡの勢力を押えるため、南アフリカの傭兵部隊がアンゴラ政府軍の支援を行なって和平交渉への圧力をかけていたような行動が今後も行なわれる可能性がある。マンデラは、ザイール政府とADFLの仲介に成功はしなかったが、すぐにカビラ政権を承認した。

南アフリカは、アフリカの指導者を目ざして、アメリカの嫌がるリビアを訪問したりしたが、国力の大半は今だ白人の力であり、白人将校に指揮された南アフリカ軍の派遣は、アフリカにおいては困難を伴うであろう。とはいえ、これまで白人政権の南部アフリカのフロントライン諸国を軍事力と経済力で揺さぶり南アフリカの押しつけの平和を求めた地域不安定化戦略から解放された国々が、アンゴラの前述したコンゴ共和国介入のように選択の幅を広げた。

これら四つの理由の外圧の変化によって、アフリカの内戦は、今まで政治的に、イデオロギー的に、経済的資金援助と軍事的武器援助で押えられてきた枠組が崩れ、単に敵の敵は味方と言う考え方がアフリカ全土に広域に拡大し、より複雑化、アフリカ化することになった。

さらに、この内戦の複雑化より混乱を増大させる主として四つの理由が、アフリカ側に内圧として存在した。

第一に、「アフリカ統一機構（OAU）」の不機能が理由として上げられる。アフリカの国連とも言うべきOAUは、一九六三年五月二三日に設立され、アフリカ諸国の統一、平等、内政不干渉、領土保全、非同盟を謳った。南アフリカが解放され、一九九四年八月の解放委員会の解散するまで、旧ポルトガル植民地、ローデシア、ナミビアなどの植民地支配の解放に貢献して来たが、アフリカ情勢の複雑化とともに、OAUの紛争解決能力は益益低下傾向に陥った。紛争のたびに、OAUの平和維持軍の創設が準備されたが、加盟国の内政不干渉を原則とするため、さらに各国対外累積債務の増大で財政的裏付けが得られないため、ソマリア、アンゴラ内戦に軍隊の派遣が現実に行なえなかった。したがって、アフリカの軍隊は国連に参加して平和維持活動を行なうしかなく、ＯＡＵ自身の能力に明白な限界を見せ、首脳会議の宣言もルワンダで見たようにフツ族政府軍とツチ族ＲＰＦの停戦合意には強制力がないため現実には機能せず、内戦の複雑化にその対応能力を益益失なって行った。

第二の内圧の複雑化の理由は、部族主義化であった。世界の全陸地の四分の一近く三〇三一万三〇〇〇平方キロメートルのアフリカ大陸に八〇〇以上とも言われる部族が、いずれかの国に属している以上、同国内の部族的対立は、機構的、資源的、地域的性格を持って、さらに近隣国の同族や支援勢力との結びつきで、今日で益益激しくなる傾向にある。すでに見てきたように、コンゴ（ザイール）、ナイジェリア、アンゴラなど今でも続く内戦の背景には部族的対立が存在していた。一九八八年にジンバブエ、一九九二年にモザンビークが独立後の部族対立に一応の和平をもたらしたが、一九九〇年代に入るとより小国での部族対立が増加する傾向が現われた。

アメリカからの解放奴隷が戻って一八二二年に建国したリベリアは、長く「アメリコ・ライベリアン（人口の五パーセント）」が支配してきたが、一九八〇年四月に原住のクラン族のサミュエル・ドウがクーデターを起し、政権を奪取したが、一九八九年一二月にアメリコ・ライベリアンを支援すウフエ・ボワニ大統領のコートジボワールからチャールズ・テーラー議長の率いる反政府組織「リベリア国民愛国戦線（ＮＰＦＬ）」が侵入し、内戦が勃発した。

一九九〇年九月にはドウ大統領がＮＰＦＬの分派「リベリア独立国民愛国戦線（ＩＮＰＦＬ）」に暗殺され、一一月にガンビアに暫定政府を置いていたエーモス・ソーヤーが暫定大統領に就任したが、一九九二年にはソーヤー派の親政府ゲリラ「リベリア民主統一解放戦線（ＵＬＩＭＯ）」と反政府ゲリラＮＰＦＬとの内戦が激化した。少数派のＮＰＦＬはリベリアの経済を握るアメリコ・ライベリアンの支援を受け、一時は優勢であったが、ナイジェリアの軍事介入で、新首都にした中部のグバンガとその周辺に勢力を後退した。一九九〇年八月より、「西アフリカ諸国経済共同体（ＥＣＯＷＡＳ）」が平和維持軍（ＥＣＯＭＯＳ）を派遣しているが、ＵＬＩＭＯを支援しているとＮＰＦＬはＥＣＯＭＯＳと交戦するなど、部族主義化による内戦は止まなかった。一九九三年七月二五日、ソーヤー暫定政府とＵＬＩＭＯとＮＰＦＬの三者は、ベニンの首都コトヌーで和平協定に調印し、国連リベリア監視団の派遣が決まったが、戦闘が続き、武装解除は進まず、和平は事実上崩壊した。このようにアフリカでは、人工的に小さな勢力でも、武器をもって全体を支配しようとする部族主義が拡大する傾向が見られ、和平を難しくした。

この部族主義は、第三の理由、大虐殺（ジェノサイド）化をもたらし、民族の異なるスーダンやチャドのような広域な領土を持つ国の傾向が小域な領土しかない国の部族にも見られるようになった。ルワンダの事例以前に、小国のリベリアで、一九九三年六月五日にＮＰＦＬによって難民キャンプの四〇〇人が殺害されていた。すでに見てきたように、ルワンダ、ブルンジの虐殺からジェノサイドへの拡大は、多部族闘争をかかえる小国に広がる傾向を見せ、リベリアと同じく、ＥＣＯＷＡＳの平和維持軍の介入しているシエラレオネでは、略奪、レイプに加えて住民の手足を切断して不具にする、かつてアフリカでよく見られた「見せしめ」が流行しているようであるが、常に犠牲となるのは大半武器を手にしない一般市民である。

第四の内圧を複雑化させた理由は、鉱物資源の私金化であった。前述したザイール政権を崩壊させた「コンゴ・ザイール解放民主勢力連合（ＡＤＦＬ）」のカビラ議長が、まずモブツ大統領の資金源の金、ダイヤモンド、コバルト鉱山施設を押えた。小国でも、その資金源として政府、反政府ゲリラを問わず、鉱物資源の換金化が内戦の主要因となって来た。また、海外資本の民間企業が、政治状況にかかわりなく、その場の支配者との契約を結ぶ傾向が生まれたため、武器の購入問題にもかかわり、内戦を複雑化、長期化させることになった。

リベリア同様、解放奴隷の都市フリータウンより発展したシエラレオネは、一九六一年四月二七日にイギリス連邦加盟国として独立し、一九七一年に共和制に移転した。一九八五年一〇月に初代シアカ・スティーブンズ大統領が引退し、ジョセフ・サウディ・モモ将軍が大統領に就任し、一九九一年には複雑政党制を承認していたが、一九九二年四月に軍の給料不払いからモモ大統領の経済失策、不正行為を非難して、バレンタイン・ストラッサー大尉がクーデターを起し、「国家暫定評議会（ＮＰＲＣ）」を設立して議長に就任し、強権政治を始めた。一方、モモは隣国ギニアに亡命し、「革命統一戦線（ＲＵＦ）」を設立してゲリラ戦を始めた。

一九九五年五月、南アフリカの「エクゼクティブ・アウトカムズ」の傭兵部隊が到着し、一一月の大統領選挙と一二月の総選挙が予定通り行なわれ、一九九六年一二月には和平協定が成立し、二〇〇万人の難民の約半分が帰国した。

一九九六年一月一六日、無血のクーデターでジュリアス・ビオ大尉が国家最高評議会議長に就任した。二月一五日に行なわれた大統領選挙で「シエラレオネ人民党」のアフマド・カバー党首が当選し、四年ぶりに民政が復帰することになった。しかし、一九九七年一月、ＲＵＦの圧力と契約金の高負担により、ダイヤモンド鉱山と首都を守っていた傭兵部隊が撤退すると、政府側は弱体化し、ジョニー・ポール・コロマ少佐の政府軍部隊がＲＵＦと結託してクーデターを起し、カバー政権を倒した。駐留していたナイジェリア軍を主力とするＥＣＯＷＡＳの平和維持軍は、カバー民政政権を支持し、交戦を始めた。

コロマ少佐のクーデターは、軍の若手将校が、民政によって彼らの私金化するダイヤモンドや金の鉱山から遠ざけられることに反発して起したと言われる。鉱山を手中にすることで、当然に外国の民間企業が利権を求めて押し寄せる傾向が、冷戦終了後のアフリカに横行している。そして、これが内戦をより複雑化させる理由になっている。

以上あげた四つの外圧の縮小と四つの内圧の増大が、植民地解放後の新しい内戦を生み、より派閥化、複雑化する理由になっており、外側が小さくなると同時に、内側から大きくなる円が重なることで、円錐形のように盛り上っているのが、現在のアフリカの内戦の状況、すなわち「現代アフリカの悲劇」の現況と言えるであろう。

主要参考文献

○Anderson,Hilary

Mozambigue　St.Martin's Press　1992

○Baber,James　Baber,John

South African's Foreighn Policy　Cambrige University Press 1990

○David,Hoile

Mozambigue　Claridge Press 1989

○Destexhe,Alain

Rwanda and Genocide in the Twentieth Century

New York University Press 1994

○Dupuy,R.Ernest　Dupuy,Trevor N.

The Encyclopedia of Military History

Jane's Publishing Company 1980

○Forsyth,Frederik

Biafra Story　Severn Ho.Publrs 1983

○Hoskyns,Catherine

The Congo since Independence　Oxford University Press 1965

○Jackson,Henry F.

From the Congo to Sowet　Quill 1982
○Johnson,Douglas H.
The Southern Sudan
The Minority Rights Group Report No.78 1988
○Jules,Gérard-Libois
Katanga Secession　University of Wisconsin Press 1966
○Kay,Reginald
Burundi since the genocide
The Minority Righys Group Report No.20 1985
○Kaye,Whiteman
Chad
The Minority Rights Group Report No.80 1988
○Leakey,L.S.B.
Defeating Mau Mau　Methuen&Co.LTD 1954
○Neuberger,Benyamin
Involvement,Invation and Withdrawal
Tel-Aviv University Press 1982
○Nwankwo,Arthur

Biafra　Hurst 1969

○Prunier,Gerard

The Rwanda Crisis　Hurst 1995

○Ress,David

The Burundi Ethnic Massacres 1988

Mellen Research University Press 1991

○Veter,Al J.

Portugal's Guerrilla War

John Malherbe Pty Ltd 1973

○Venter,Al J.

The Zambesi Salient　Devin-Adair Company 1974

○Vines,Alex

Renamo　Indiana University Press 1991

○Wai,Duston M.

Southern Sudan　Frank Cass 1973

○Wight,John

Libya,Chad and the Central Sahara

Barnes&Noble 1989

○Young,John Robert
The French Foreign Legion　Thames and Hudson 1984

和書

○『アフリカ現代史I～V』　山川出版社
○『アフリカを知る事典』　平凡社　一九八九年
○『アフリカ現代政治』　小田英郎著　東京大学出版会　一九八九年
○『アフリカ全史』　那須国男著　第三文明社　一九九五年
○『マウマウ戦争の真実』　マイナ・ワ・キニャティ編著　第三書館　一九九二年
○『民族紛争を生きる人びと』　栗本英世著　世界思想社　一九九六年
○『スーダンにおける国民統合』　富田正史著　晃洋書房　一九九二年
○『七〇年代南部アフリカの政治』・経済変動　小田英郎編　アジア・経済研究所　一九八一年
○『コンゴ傭兵作戦』　片山正人著　朝日ソノラマ　一九九〇年
○『アフリカ傭兵作戦』　片山正人著　朝日ソノラマ　一九九一年
○『南アフリカ独立戦争史』　片山正人著　叢文社　一九九八年

あとがき

二一世紀を迎えるに、研究の一区切りとして、かつては暗黒大陸と呼ばれたアフリカの現代史を、本著の形で著わすことができたのは、著者の喜びとするところである。

一九九四年には南アフリカが独立を果たし、植民地支配はなくなり、ウガンダのムセベニのような周辺諸国に強い影響力をもつアフリカの新しい指導者も生まれてはいるが、同じウガンダでのゲリラによる兵士に育て上げるための子供の誘拐、スーダンでのアラブ系民兵による奴隷にするための黒人への襲撃、シエラレオネでの敵対部族の者を軍閥的勢力が腕などの切断によって不具にするなど、人類文明の進歩・発展に逆らうような状況が、アフリカで現実に繰り返されている。アフリカは、また、統一者を失ったコンゴ（旧ザイール）の内戦にアンゴラ、ルワンダなどの隣接諸国の内戦を巻き込み、安定するはずの南アフリカでは麻薬、山賊行為など犯罪が拡大し、さらに経済不振を伴って楽観できない状況が続いている

アフリカが健全な社会に生れ変るには、軍の支配のできる、文民のカリスマ的指導者の出現がなければならない。新しく誕生する指導者には、長い歴史的対立を持つ多部族、多宗教を平等に治め、かつアフリカ特有の汚職に馴みにくい人物の出現を待つしかあるまい。また、国連などの国際社会の介入もソマリアのように対立の複雑さに失敗し、シエラレオネのようにアフリカの諸国により成る機関「西アフリカ諸国経済共同体（ＥＣＯＷＡＳ）」の介入を同様な理由で確実な安定を欠き、アフリカ

人によるアフリカ問題の解決が一方の決定的勝利をもたらすことができず、できたとしても他方はゲリラ的抵抗を繰り返すことができ、近くに平穏が訪れそうもない現実に、自由と平等な民主的選挙が行なわれ、国民に結果の尊重をもたらすには、新しい世代を担う子供達の憎しみを越えた教育を重視する必要がある。

矛盾の中に生きる人類には困難な問題であろうが、そして特に矛盾に卒直に生きているアフリカ人に、独裁制を導きやすいアフリカ人独特の英雄志向、無関心、残虐性、過剰ともいえる自尊心、怠惰などの弱点を乗り越えて、支配者と仲間の私利私欲、富の分配の不均衡、ミドル・クラスの欠如、外国資本への依存の改まる時代が来ることを願って止まない。

最後に、本著の出版に当っては、前作「南アフリカ独立戦争史」同様、出版界厳しきなかで、まして難しいと言われるアフリカものの私の企画に賛同をいただき、編集の労をおかけした叢文社社長伊藤太文氏に厚く感謝を申し上げたい。

一九九九年冬　　　　著者

著者／片山正人（かたやままさと）
昭和28年愛媛県生まれ
昭和52年駒沢大学法学部卒業
昭和55年国士舘大学大学院政治学修士（国際政治専攻）
以後、国際政治の研究を続け現在に至る

主な著作『アフリカ傭兵作戦』（朝日ソノラマ）
『コンゴ傭兵作戦』（朝日ソノラマ）
『南アフリカ独立戦争史』（叢文社）　他

現代アフリカの悲劇
ケニア・マウマウ団からザイール崩壊まで

発　行　二〇〇〇年一月一日第一刷
著　者　片山正人
発行人　伊藤太文
発行元　株式会社叢文社
東京文京区春日二―一〇―一五
〒一一二―〇〇〇三
電話　〇三（三八一五）四〇〇一
印刷・製本　第二製版印刷

定価はカバーに表示してあります。
乱丁・落丁についてはお取り替え致します。

Masato Katayama ©
2000 Printed in Japan.
ISBN4-7947-0325-2

好評発売中

南アフリカ独立戦争史　片山正人

●日本人が知らない「人間世界」の正体

三四二年の白人支配から脱し、遂に黒人の多数支配を勝ち取った南アフリカ。その歩みに見る「植民地支配国の強欲と狡猾」「列強のエゴと権謀」「識見不足の独立運動リーダー」「踏みにじられる民衆の自覚と成長」……弱気国をむさぼり喰う国はあってもよかれとはからう強国はなかった。宗教は結局、だましの道具。自らの実力を養う以外に活路はどこにもなかった——。

定価（本体一八〇〇円＋税）